中国名镇志文化工程

Culture Project of Local Records of China's Famous Towns

龙池镇志

LOCAL RECORDS OF LONGCHI

山东省昌邑市龙池镇志编纂委员会　编

方志出版社

Publishing House of Local Records

图书在版编目（CIP）数据

龙池镇志 / 山东省昌邑市龙池镇志编纂委员会编
. -- 北京：方志出版社，2020.11
（中国名镇志丛书）
ISBN 978-7-5144-4596-1

Ⅰ.①龙… Ⅱ.①山… Ⅲ.①乡镇—地方志—昌邑
Ⅳ.①K295.25

中国版本图书馆 CIP 数据核字（2020）第 232146 号

·中国名镇志丛书·

龙池镇志

编　　者：山东省昌邑市龙池镇志编纂委员会
责任编辑：刘　珊

出 版 者：方志出版社
地址　北京市朝阳区潘家园东里 9 号（国家方志馆 4 层）
邮编　100021
网址　http://www.zgfzcb.cn
发　　行：方志出版社图书经销中心
电话　（010）67110500
经　　销：各地新华书店
排　　版：北京纺印图文设计制作有限公司
印　　刷：北京中科印刷有限公司

开　　本：787×1092　　1/16
印　　张：19.75
字　　数：377 千字
版　　次：2020 年 11 月第 1 版　　2020 年 11 月第 1 次印刷

ISBN 978-7-5144-4596-1　　定价：159.00 元

序一

习近平总书记指出:“不忘历史才能开辟未来,善于继承才能善于创新……只有坚持从历史走向未来,从延续民族文化血脉中开拓前进,我们才能做好今天的事业。”中国优秀传统文化是在漫长的历史长河中历经无数次涤荡和沉淀而形成的思想精髓,蕴藏着无穷的宝藏和无尽的力量。发掘和继承优秀传统文化,是延续中华文明“根”与“魂”的必由之路。与时俱进,推动传统文化不断开拓创新,是中华文明常葆勃勃生机的重要保证。

“国有史,邑有志。”编修地方志是中国特有的文化现象,是中华民族的优秀文化传统。数千年来,连绵不断的志书编修为保护中华民族根脉,传承中华文明发挥了不可替代的作用。中国现存古志有8000余种,占现存古籍的十分之一。中华人民共和国成立以来,编修完成数万种省、市、县三级综合性行政区域志、部门志、行业志、专志等,编纂数万种地方综合年鉴、行业年鉴和专门年鉴等,整理出版数千种历代方志及相关研究成果,发表相当数量的方志理论与年鉴理论研究成果。这既是对我国国情、地情持续开展的大规模普遍调查,也是对各地自然与社会发展状况进行的综合研究,其成果构成了一座丰富的文化资源宝藏,为各级领导科学决策提供了重要参考,为推动经济社会发展和文化建设发挥了重要作用。

当前,中国特色社会主义进入新时代,全国地方志事业也进入新时代。如今的地方志事业围绕党和国家利益、经济社会发展,以人民为中心开拓创新,志、鉴、馆、史“四驾马车”并驾齐驱,志、鉴、馆、网、库、用、会、刊、研、史“十业并举”,加快实现在全国范围内全面推进地方志从一项工作向一项事业转型升级。在党中央、国务院的亲切关怀和各级地方志工作者的共同努力下,一批紧密结合社会发展需求、具有独特创造性的工作逐步开展,涵盖中国名镇志、中国名村志、中国名山志、中国名水志、中国名街志等“名志”系列文化工程是其中代表。作为首个“名志”系列文化工程的中国名镇志文化工程,启动于2015年,至今已是第三个年头。中国名镇志丛书在记述主体上,选择中国历史文化名镇、经济强镇、特色镇等在全国具有影响力和代表性的乡镇，旨在全面展示中国名镇的文化精髓；在内容题材选择上，重在突出不同名镇的“名”和“特”，力求集中体现不同名镇最精彩的部分，增强可读性；在志书编纂程序设置方面，志书申报、篇目设计、专家审读、专家组验收等流程环环相扣，紧密结合，力争把每一部志书都打造成精品佳志。

习近平总书记指出：“历史和现实都表明，一个抛弃了或者背叛了自己历史文化的民族，不仅不可能发展起来，而且很可能上演一场历史悲剧。”2018 年是改革开放 40 周年，40 年来中华大地发生了翻天覆地的变化，乡镇发生了极为深刻的改变，从粗茶淡饭到有机食品，从粗布衣裙到精美时装，从土屋平房到高楼大厦，人民生活水平大大提高，城乡差距不断缩小。然而，在感受辉煌成就的同时，我们也应该看到，许多精巧的古建、精湛的工艺、亲切的乡音、独特的乡俗也在快节奏的发展中与我们渐行渐远，曾经的家乡正逐渐变为记忆中的故园。

党的十九大报告提出乡村振兴战略，此后党中央、国务院又推出一系列重大举措。实施乡村振兴战略，必须全面加强乡村文化建设，培养乡村文化自信，培植文化之“根”，铸牢文化之“魂”。没有乡村文化的高度自信，没有乡村文化的繁荣发展，就难以实现乡村振兴的伟大使命。振兴乡村文化，既要塑形，更要铸魂，必须遵循乡村发展的客观规律，在发展中把文化的精髓保留下来，把乡土味道、乡村风貌的“魂”传承下去。在保留优秀乡村文化内核的基础上，用现代表现方式，把反映时代精神、先进理念的内容通过群众喜闻乐见的文化产品表达出来，才能够让乡土文化具有更强大的生命力。用创新性的模式书写乡镇志，传承和抢救乡土历史文化，激发爱国爱乡情怀，为探索中国特色新型城镇化发展经验、发展模式、发展道路提供历史智慧和现实借鉴，正是实施中国名镇志文化工程的目的和意义所在。

“月是故乡明”。中国人素有“家国情怀”，家乡的山水是最为美丽的，家乡的风俗是充满温暖的，一声亲切的乡音，一口熟悉的家乡菜，都能拨动游子的心弦，让其魂牵梦萦。中国名镇志丛书是一套全面梳理中国名镇历史人文，挖掘文化特色，突出“名”和“特”的镇志。它能让人民群众深刻感受到本土本乡自然的优美、历史的醇厚、人物的杰出、艺文的风雅等，有助于培养人民群众对家乡文化的自信，激发起人民群众浓烈的爱乡爱国情怀，助力国家新型城镇化建设和乡村振兴战略的实施。

是为序。

中国社会科学院院长
中国地方志指导小组组长　谢伏瞻

序二

连绵不断地编修地方志是我国特有的文化传统，为传承中华文明作出了巨大的贡献。在党中央、国务院的高度重视和支持下，这一古老的文化传统焕发勃勃生机，展现新的活力，成为保存、继承、发扬光大中华优秀传统文化的重要依托，培育和践行社会主义核心价值观的重要媒介，社会主义先进文化建设的重要组成部分，发展中国特色社会主义，增强道路自信、制度自信、理论自信的重要载体，在实现“两个一百年”奋斗目标和中华民族伟大复兴中国梦进程中具有不可替代的地位和作用。

事物总是在不断发展中前进。经过改革开放以来30余年的发展，中国特色地方志事业与传统的编修地方志已不可同日而语，形成了志（志书）、鉴（年鉴）、库（地情数据库）、馆（方志馆）、网（地情网站）、刊（期刊）、会（学会）、研（理论研究）、用（开发利用）等多业并举的新格局。截至2015年10月底，全国编纂完成首轮、二轮省、市、县志书8000多种，编修部门志、行业志、专业志、乡镇村志27000多种，编纂地方综合年鉴2300多种，累计整理旧志2500多种，还编纂出版了大量的地情书，字数以百亿计，形成以反映国情、地情为主要内容，全面系统、持续不断、卷帙浩繁的社会科学成果群。另外，还开通了27个省级网站、230个市级网站、816个县级网站；建成国家方志馆1个、省级方志馆16个、市级方志馆86个、县级方志馆近300个。这些成果，成为国家极为重要的文化资源，是国家文化软实力和公共文化服务体系的重要组成部分。

最近几年，地方志工作的触角在不断延伸，部门志、行业志、专业志、特色志、乡镇村志编纂方兴未艾，成为当前地方志事业发展新的增长点和亮点。特别是乡镇志，兴起了编纂热潮，从自发的民间行为逐渐过渡为政府组织的文化行为，有的省份以政府令形式将其纳入地方志编修范畴，像河南省还以省政府办公厅名义要求全省普修乡镇志。乡镇志并不是一个新生事物，据现有资料可考，宋代常棠所撰《澉水志》是现存最早的一部乡镇志。与省、市、县三级志书相比，乡镇志虽属小志，但意义却不小，特别是在当前国家全力推进新型城镇化建设的背景下，乡镇志的作用更显重要。

启动中国名镇志文化工程，是适应当前新型城镇化建设形势发展需要、地方志事业发展形势需要的重要举措，也是充分发挥地方志存史、资政、育人功能的重要手段。作为最基层行政组织的志书，镇志是最接近中国社会发展变迁的国情、地情记录文本，具有重要的历史文献价值。而作为充分反映本区域自然、政治、经济、文化和社会的历史与现状的资料性文献，镇志又能全面展示发展脉络，摸索发展经验，为探索中国乡镇未来发展方向提供借鉴和参考。当然，对于祖祖辈辈生于斯长于斯的中国人来说，故乡就是一个魂牵梦萦的地方，故乡的情怀终生难忘。留得住乡愁，记得住乡思，充分展示名镇文化魅力，激发爱乡、爱国情怀，正是中国名镇志文化工程题中应有之义。

是为序。

中国社会科学院原院长
中国地方志指导小组原组长　王伟光

序三

“国有史，邑有志”，中国自古就有注重编史修志的传统。按照我国目前地方志行政法规，国家各级地方志机构的法定职责是编纂省、市、县三级志书，并不包括县以下的乡镇志和村志。这种规定，一方面可能因为全国有数百万自然村落和数万乡镇，全部实行官修很难实现；另一方面可能因为我国历史上就有“皇权止于县”的说法，县以下的民间社会历来是一个以自治为主的领域。然而，改革开放几十年来，我国社会正在发生巨变，这种巨变在基层社会的乡镇、村落、家庭领域更为深刻。作为“乡之首，城之尾”的镇，逐渐被日益崛起的大都市淹没了光彩，村落在快速的城镇化过程中每天都在大量消失，农村家庭的小型化、空巢化趋势非常突出。在这种情况下，我一直在思考，如何留得住历史文化记忆和乡愁，如何把修志的工作向基层社会延伸？

中国人的“家国情怀”，是从“诚意、正心、修身”开始，到实现“齐家、治国、平天下”。所以从国家一统志，省、市、县三级志，到乡镇志、村志、家谱，也是一个完整的系统。

正是在这种背景下，我们决定启动中国名镇志文化工程。乡镇是无数中国人生命的底色和成长的摇篮。如何在城镇化进程中，留得住乡愁，记得住乡音，忘不了乡思，事关城镇化进程的人文关怀和文化保护，事关文化血脉的传承。同时，科学记录城镇化进程，反映城镇化成就，也为今后探索城镇化发展规律、积累经验提供了基本素材。作为全面系统记述一定行政区域的自然、政治、经济、文化和社会的资料性文献，志书是以上功能最好的载体。

我国目前有 4 万多个乡镇，全部修乡镇志还不具备条件。中国名镇志丛书选择的是传统文化名镇、历史军事重镇、革命历史名镇、民族特色名镇、特色经济名镇、旅游景观名镇等类型的乡镇，应该是最具代表性的，在中国乡镇文化传承和社会发展中具有标杆意义。

编纂中国名镇志丛书是对乡土历史文化的保护。随着城镇化进程加快，有不少乡镇被撤并，有些还是在历史上有重要意义的历史文化名镇、特色镇等。如不及时对其历史进行整理、记录，这些重要的历史资料将散佚殆尽。因此，中国名镇志丛书的编纂是对宝贵历史资料的抢救。

编纂中国名镇志丛书是对乡土意识的传承。什么东西有魅力？故乡的山水，乡音乡情的记忆，乡土的气息和家乡菜的味道，不管走到哪里，总是触动心弦。中国名镇志丛书记录的是家乡的山山水水，家乡的历史文化，家乡的风土人情，留住的是乡愁。这些最能激发远方游子和本地民众的爱乡情怀、爱国情怀。

编纂中国名镇志丛书是一种学术探索。镇志的编纂，实质也是一次深入的社会调查研究。“麻雀虽小五脏俱全”，相比省、市、县，乡镇第一手资料的获得需要付出更大的努力。我们也希望在志书编纂上有所创新，使中国名镇志丛书成为一套图文并茂、雅俗共赏的新型志书。

中国社会科学院原副院长
中国地方志指导小组原常务副组长

山东省昌邑市龙池镇志编纂委员会

山东省昌邑市龙池镇志编审人员

民居（2017年）

龙池镇党政办公室　提供

中国名镇志丛书凡例

一、以马克思列宁主义、毛泽东思想、邓小平理论、“三个代表”重要思想、科学发展观、习近平新时代中国特色社会主义思想为指导，坚持辩证唯物主义和历史唯物主义的立场、观点和方法，存真求实，全面、客观、系统记述中国名镇城镇化进程和改革开放成果，传承和抢救乡土历史文化，激发爱国爱乡情怀，留住乡愁，为探索中国特色新型城镇化建设、服务乡村振兴战略提供历史智慧和现实借鉴。

二、为全面反映入志事物发展脉络，各志上限追溯至事物发端，下限一般断至各镇志启动编修年份，个别重大事项可延至搁笔。详今明古，着重反映时代特色和地方特点，重点体现各镇的“名”与“特”。

三、记述地域范围以下限年份的行政辖区为主。为体现名镇在更大区域内的意义，可以从更开阔的区域视野记述与该镇相关的内容。

四、统一采用纲目体，设类目、分目、条目三个层次。横排门类，纵述史实，述而不论。

五、综合运用述、记、志、传、图、表、录等各种体裁，以志体为主。体裁运用适当创新，篇目设置不求面面俱到，一般意义上的乡镇级内容略去不载。

六、除引用文字和附录文献资料外，统一使用规范的现代语体文记述，行文力求朴实、严谨、简洁、流畅、优美，具有较强可读性。

七、人物部类遵循“生不立传”原则，人物传主按生年排序，只选录对本镇发展有重大影响的人物，不面面俱到。

八、各项数据一般采用国家统计部门数据。数据缺乏的，采用主管部门或主办单位正式提供的数据。

九、数字用法、标点符号、计量单位分别执行国家标准《出版物上数字用法》（GB/T 15835—2011）、《标点符号用法》（GB/T 15834—2011）、《国际单位制及其应用》（GB 3100—1993）和《有关量、单位、符号的一般原则》（GB 3101—1993）。历史上使用的计量单位，如斗、石、里、尺、磅、华氏度等，在引文时可照录。考虑到社会使用习惯，全书中亩不统一换算。

十、中华民国成立前的纪年，使用朝代年号纪年，括注公元年份；中华民国成立后的纪年，均使用公元纪年。志中所称“解放前（后）”，以该镇解放日为界；“新中国成立前（后）”，以中华人民共和国成立日 1949 年 10 月 1 日为界；“改革开放前（后）”，以 1978 年 12 月中共十一届三中全会召开为界。本志“×× 年代”，凡未加世纪者，均指 20 世纪。

十一、为节省篇幅，避免重复，本志采用条目互见法。参见条目的表示形式为：参见本志“×× 类目 · ×× 分目 · ×× 条目”。

十二、对旧志、古籍中的繁体字、冷僻字一般用简化字或通用字替换，易引起误解的则保留。

十三、记述各个历史时期的党派、机构、职务、地名等，均以当时的名称为准。对频繁使用的名称，首次用全称并括注简称，其后用简称。

十四、各镇志需要单独说明的事项，均在各自编纂始末中记述。

龙池镇在中国的位置

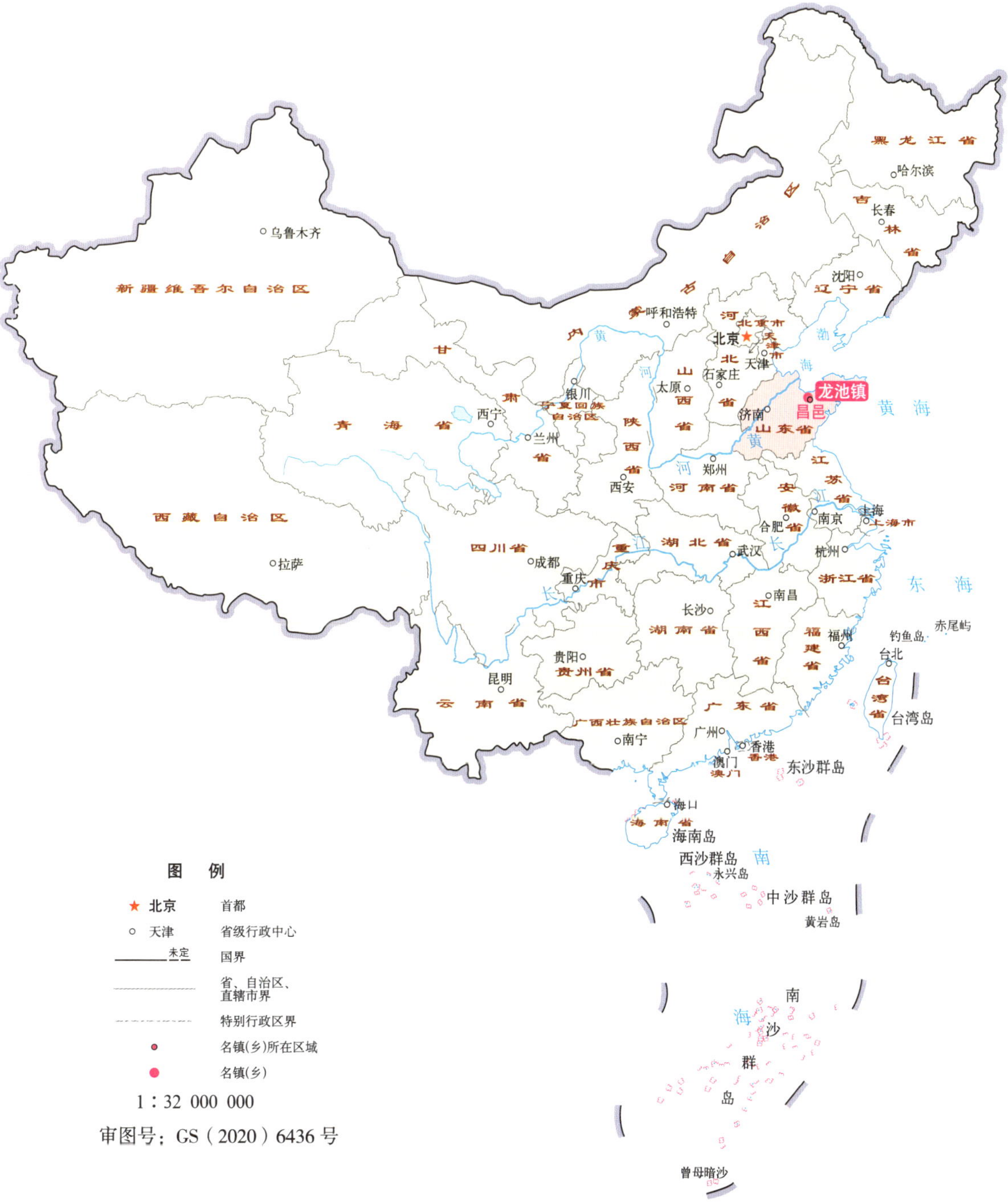

图　例

★ 北京	首都
○ 天津	省级行政中心
未定	国界
	省、自治区、直辖市界
	特别行政区界
	名镇(乡)所在区域
	名镇(乡)

1：32 000 000

审图号：GS（2020）6436 号

龙池镇在山东省的位置

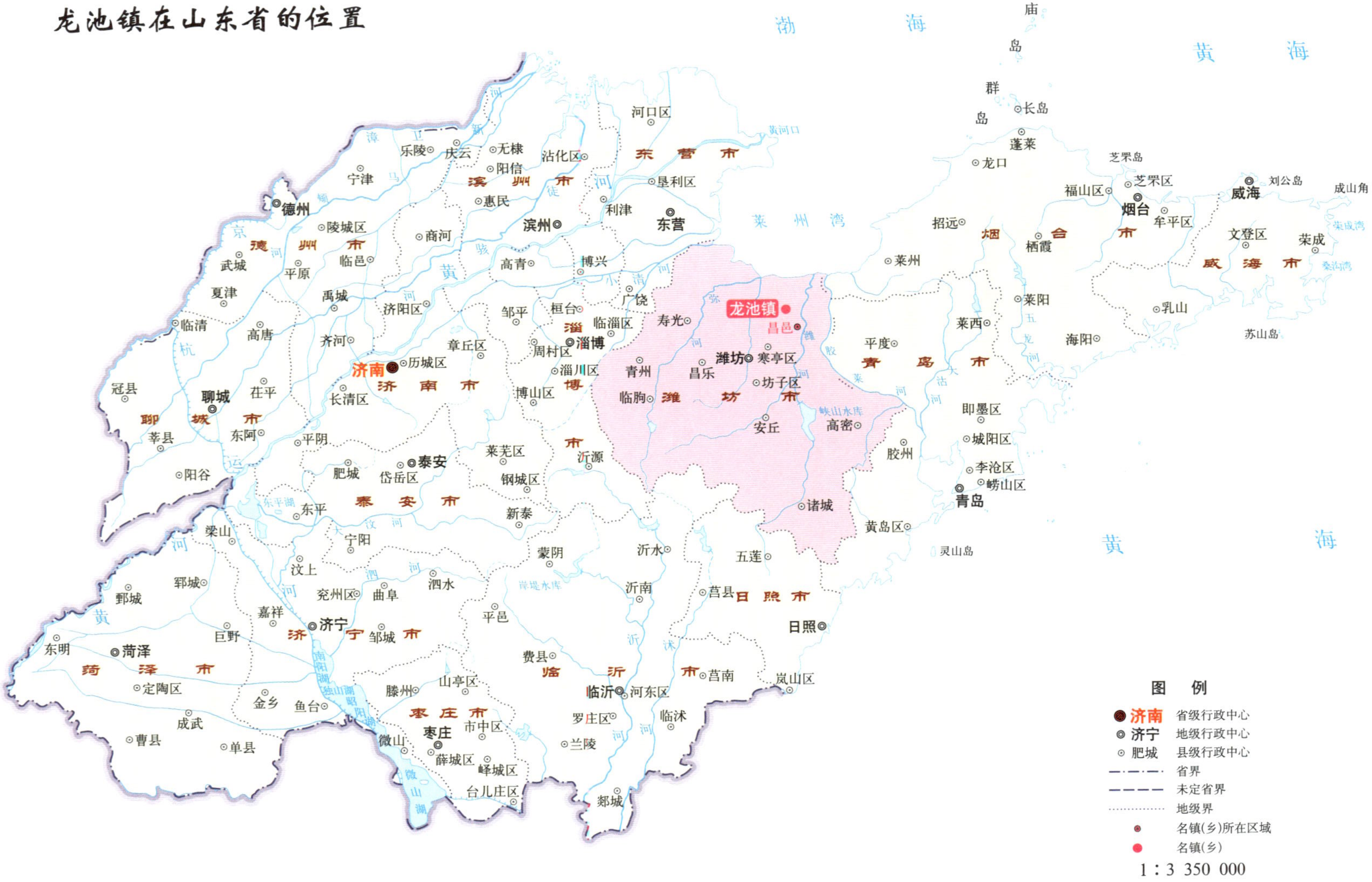

审图号：GS（2020）6436号

龙池镇地图

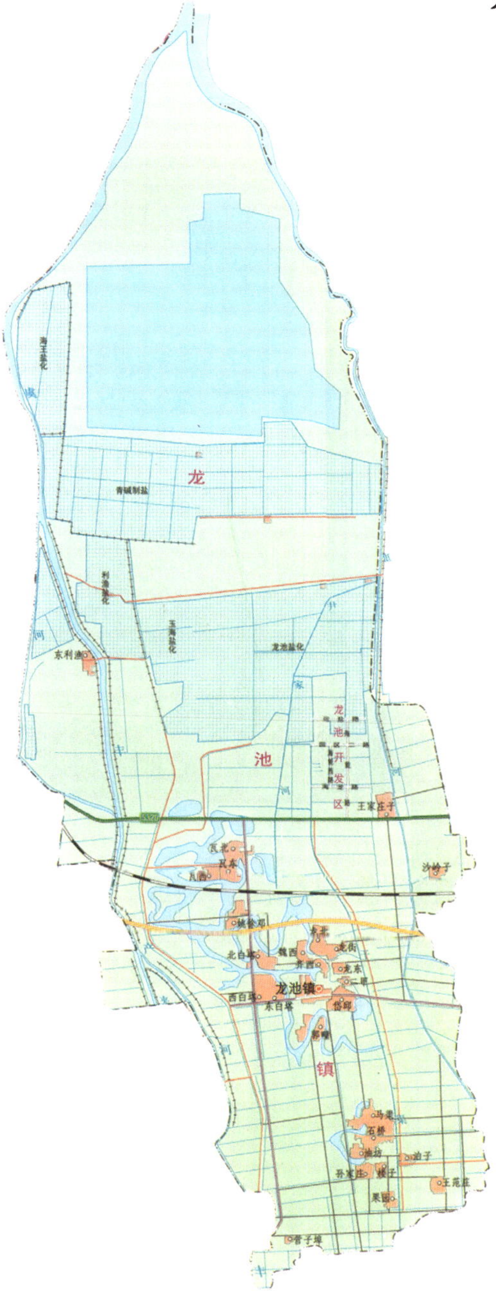
龙
池
镇
龙池开发区
青碱制盐
玉海盐化
龙池盐化
利港盐化
海王盐化
东利渔
王家庄子
沙岭子
龙池镇
西百塔
东百塔
北百塔
魏西
齐西
龙街
龙东
二联
马渠
石桥
油坊
泊子
孙家庄
王范庄
果园
营子埠

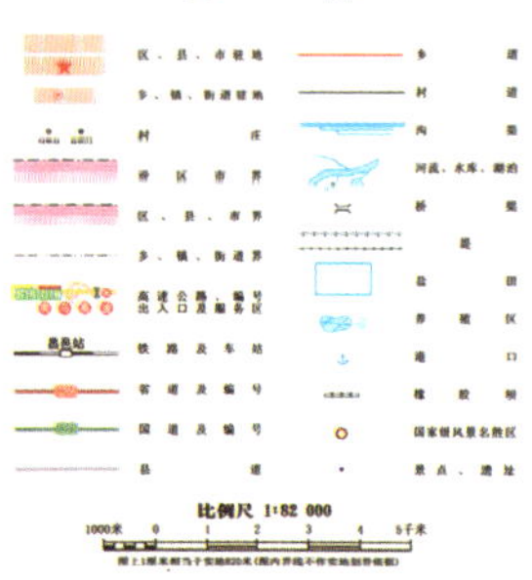
图 例
区、县、市驻地
乡、镇、街道驻地
村 庄
省 区 市 界
区、县、市界
乡、镇、街道界
高速公路、编号 出入口及服务区
铁 路 及 车 站
省 道 及 编 号
国 道 及 编 号
县 道
乡 道
村 道
河流、水库、湖泊
盐 田
港 口
国家级风景名胜区
景点、遗址
比例尺 1:82 000
1000米 0 1 2 3 4 5千米
鲁SG（2015）071号

龙池工业园（2019 年）

龙池镇党政办公室　提供

姚徐邓村农民公园（2019 年）

龙池镇党政办公室　提供

百塘镇——齐西湾塘（2018 年）　　李宁　摄

红色文化广场（2019 年）　　　　龙池镇党政办公室　提供

孙子庙（2018 年）　　高子会　摄

东白塔陈氏家庙（2018 年）　　　　李宁　摄

北部盐田风光（2018 年）　　　　龙池镇党政办公室　提供

目录

渤海明珠　多彩龙池

“新姿亮丽绽龙乡，盛世欣听古韵长。更爱碧珠升渤海，耀空待写大文章。”龙池，江北百塘镇，境内村庄碧水环绕，绿树萦围。龙池，国家级生态镇，绿色梦幻，宜居宜游。龙池，盐化产业聚集地，蓝色海洋经济可圈可点。龙池，红色革命根据地，质朴民风，仁义秉性，红色基因，可亲可敬。龙池，旅游强镇，古韵浓厚，新姿优雅，可赏可赞。

龙池概貌（2018 年）　　孙崇帅　摄

龙池镇位于山东省昌邑市西北部，北濒渤海莱州湾，境域南北长 24.4 千米，东西宽 9.6 千米，总面积 182.45 平方千米。2019 年，龙池辖瓦城、龙池、白塔、马渠 4 个社区，27 个行政村，人口 8310 户、24607 人，耕地面积 76537 亩。

美丽乡镇

“南有千岛湖，北有百塘镇。”龙池镇湾塘众多，多由鄑水冲积而成。古鄑水在境内全长 25 千米。古时鄑水雨水充沛，水量充足，主河道宽处达 200 多米。其支流众多，长年水流不断，形成众多大小不一的湾塘，大者 124 万多平方米。星罗棋布的湾塘犹如一颗颗硕大的珍珠镶嵌在茫茫海滩上，把渤海滩装点得风光绮丽、蔚为壮观。据 1987 年统计，龙池镇有大小湾塘 350 多个，平均每个村庄拥有湾塘近 13 个，水域面积约 164

万平方米。湾塘命名多以形状、大小、方位、用途、湾塘植物、掌故传说为据。塘水清澈，莲红荷碧，岸柳摇风，云棹戏鱼，可谓风声、鸟声交融，花香、水香共袭。2019年，根据文旅路线走向，着重对沿路湾塘进行改造，建成湾塘景点10个，成为游人观赏、游乐、歇息之佳处。

绿色生态环境，宜居宜业。20世纪60—80年代，大力兴建水利工程，疏浚河流。实施大规模农业综合开发，改造中低产田，调整农业种植结构，保护农业生态环境，发展绿色无公害产品。龙池镇镇村规划、建设、管理实现规范化，城镇化水平逐年提高。龙池镇多方筹集资金，加大基础设施投资力度，在镇区建设“四纵六横”主干线道路，并实施高标准绿化、亮化。积极实施道路和自来水“村村通”工程，加强镇村环境卫生和绿化管理，推进镇村环卫一体化，镇区卫生美观、村容村貌整洁，人民群众生产和生活居住条件明显改善。城镇建成区面积1.12平方千米，绿化覆盖面积44万平方米，绿化覆盖率39%，绿地总面积40万平方米，绿地率36%，人均公园绿地面积24平方米。配套建设龙文化、水文化、红色文化等主题公园12处，公园绿地面积28万平方米。打造优美滨水自然生态景观，辖区内虞河、丰产河等河道得到综合整治，绿化覆盖率达87%。因村施策，全面绿化、美化、亮化。启动镇区靓化提升工程，投资200万元，对9条主要道路路灯及周边绿化进行全面改造升级，打造出3000米独具特色的“网红打卡街”。2014年，龙池镇获国家级生态镇称号。

古韵龙乡

龙池是齐国盐都，制盐历史悠久，距今五六千年前，先民已开始自给自足的盐业生产。龙池一带至今流传着“訾鄑城，明水洼，晒盐扫硝搂绊马，晒盐的挖出汉朝罐，搂草的搂出唐朝瓦”的歌谣。考古发现证明，鄑邑故城就是一座因管理盐业而设置的商周古城，距今约有4000年历史。2005年，龙池镇及村办盐场18.2万公亩，年销量达258

万吨。2010 年，龙池镇共有盐场 7 家，23 万公亩，年产原盐 328 万吨。2019 年，共有盐场 13 家，31 万公亩，年产原盐 400 万吨，年利润 4085 万元。

龙池是孙膑采食地。清顺治《昌邑县志》载：“孙膑仕齐，食邑于此，故祠之。”孙膑为齐国效力，齐王因其功勋卓著，赐瓦城作为他的封地。当地居民感念孙膑恩泽，故而建祠祭祀。相传，孙膑总是坐着一头凶猛高大、威力无比的独角牛拉的车，指挥大军破敌制胜。孙子庙原占地面积 30 余亩，庙前建有石坊、戏楼、广场，庙内有正殿、寝殿、两廊等建筑 40 余处。正殿高大宽敞，内供孙膑塑像；寝殿西有鬼谷子塑像，东有孙膑卧像。正殿庭院广阔，中为 3 米宽的石铺甬道，两侧古柏数十棵，碑、树相间。院东有两棵古槐，干枝盘垂，弯曲百结，宛如双龙，为“昌邑八景”之一，树旁有“孙庙奇槐”赞碑。庙宇初建时间可追溯至西汉之前。

龙池是剪纸艺术之乡。明嘉靖二十三年（1544）《马氏族谱》载：“进元妻姜氏，善剪铰花卉、翎毛、人物，有巧名。”清代“杂技人物”“麒麟”“四季花”等剪纸花样，民间一直沿袭。50 年代，以陈光宗、王锡芝为代表的男性剪纸爱好者，打破剪纸系“闺阁艺术”的陈规，大胆开创剪纸表现时代主题、为社会主义建设服务的创作之路，形成剪纸创作的新生力量。1958 年，剪纸小组在山东省群众艺术馆正式备案。1959 年，陈丕芝代表龙池人民公社剪纸艺人参加省文教群英会，向大会献上集体创作的大型作品《蝶恋花》，受到省委表扬和奖励。之后，剪纸小组被正式命名为“昌邑县龙池剪纸小组”。1960 年，山东省剪纸创作研究组成立，吸收陈光宗为成员。1962 年，陈光宗剪纸新作《赶鸭》首次在全国报刊和东欧国家报刊上发表，龙池剪纸开始走出国门。2006 年，龙池剪纸入选潍坊市非物质文化遗产名录，王锡芝被确定为项目传承人。

龙池是丝绸之乡，柞蚕故乡和柞丝、茧绸的代表性生产基地。周代，龙池、柳疃一带即有“养蚕织帛”的活动。《尚书・禹贡》记载青州出产“檿丝”，檿即柞树，檿丝即柞丝。柞蚕，又称野蚕、山蚕，柞绸也叫“山茧绸”。明末清初，柞蚕放养技术成熟并广泛传播，蚕业大兴。龙池、柳疃一带兴起缫丝、织绸业。20 世纪初，以柳疃为集散中心的丝绸业进入鼎盛时期。1933 年，龙池、柳疃丝绸参加在美国举办的芝加哥世界博览会，荣获金奖。自此名声大噪，畅销欧美、印度、日本和中国香港等国家和地区。1950 年后，龙池、柳疃一带掀起恢复发展丝绸生产热潮，出现新的繁荣景象，曾流传“夜来灯火多如星，村村户户机杼声。男耕女织笑声喧，牛郎织女下天宫”的民谣。历经 200 余年风雨，龙池、柳疃丝绸传统织造工艺延续至今。2006 年 12 月 30 日，柳疃丝绸技艺被列入第一批山东省非物质文化遗产名录。项目代表性传承人为龙池镇龙北村魏耀琳。

龙池是德才之乡。龙池镇齐西村是“中国传统村落”、“中国历史文化名村”、首批“山东省传统村落”、山东省历史文化名村，入选第一批山东省“乡村记忆工程”，村内保存完好的52处清末民国初的古民居群被列入省级文物保护单位。晚清，齐氏科甲蝉联，有“一门四进士”的美传；武进士齐恩铭官至三品御前侍卫，被慈禧太后称为“山东大胖孩子”。齐西也是相声表演艺术家牛群的老家，牛群深爱故乡，曾说：“这有我的祖，这是我的根，时间越长情越深。”2013年，龙池镇发展全域旅游，打造齐西古村旅游名片，投资600多万元，对村内道路及古建筑群进行保护性修缮，建成齐西村史馆、非遗文化展示中心、特色民宿等，让游客感受齐西独特的历史文化魅力。东北塔村是辛亥革命先驱陈干将军的故乡，九曲胡同原是白塔三大门古建筑群，现存有清末民国时期的“阜盛茂”商号老宅8处，另外还有陈干故居、陈希孟故居等。清末至民国时期，三大门是“阜盛茂”商号、锦成玉等大户人家集中居住地，房屋建筑规模庞大，气势宏伟，布局集中，因有东、西、北三个大门，故称。三个大门中的东、西两个大门，坐北向南沿街而建，成为白塔的“门面”。东大门由时任山东省实业厅咨议、昌邑县商会会长陈贵谱所建，上有山东省政府主席韩复榘所题匾额“博济存心”四个大字。西大门由三大门持家掌柜陈贵彩所建，上有匾额“孝贞垂范”四个大字。北大门由陈干亲自督建，是当时最豪华、最壮观的建筑。北大门以北是陈干住所。在青岛回归谈判结束之后，康有为对陈干的外交才能大加赞赏，亲题“鲁案砥柱”四个字，悬挂于陈干将军府的门楣之上。“三大门”在柳疃、青岛、上海、济南、香港都有买卖和房产，在青岛火车站设有货站，在青岛河南路有工厂，盛极一时。

工业大镇

龙池镇地处黄河三角洲高效生态经济区和山东半岛蓝色经济区两大国家战略叠加区

域，属环渤海经济圈、潍坊半小时经济圈和青岛一小时经济圈。西距潍坊市区 40 千米，东距青岛市区 160 千米，境内荣乌（荣成—乌海）高速、大莱龙铁路等交通干线横贯东西，路网密布，四通八达，具有得天独厚的区位优势和空间优势。龙池镇海洋化工产业优势突出，蓝色海洋经济发达。域内滩涂辽阔，地下卤水资源丰富，盛产海盐。龙池镇以盐及盐化工为主导，大力兴办镇村企业，形成镇办、村办、中外合资、股份制、个体私营等多种经营模式。2005 年，镇区北部规划建设 15 平方千米的龙池工业园区，落户山东昌邑海能化学有限责任公司、潍坊三力本诺化学工业有限公司等 22 个项目，总投资 60 多亿元，成为龙池海洋经济开发的重要载体。2015 年，工业园区获批潍坊市循环经济示范园区。2016 年，获批潍坊市首批化工园区。2018 年，龙池镇拥有盐田 2700 公顷，年产海盐 130 万吨、溴素 1.5 万吨。2019 年，山东省发展改革委、山东省海洋局认定昌邑龙池海洋化工产业园为第二批省级海洋特色产业园区。

红色龙乡

龙池是红色革命老区，山东省爱国主义教育基地。抗日战争时期，龙池中华民族解放先锋队在瓦城组建，昌邑第一支由共产党领导的抗日武装在龙池诞生。龙池“渤海走廊”是连接胶东、清河和鲁中抗日根据地的重要纽带，在最艰苦的时期发挥了护送过往干部、协助跨区调兵、秘密运送战略物资的历史作用，有多名党员干部在保卫“渤海走廊”的革命斗争中赴汤蹈火，以身许国。龙池素有昌邑“小延安”之称，昌邑县第一届人民政府在瓦城成立。解放战争时期，龙池人民为推翻国民党反动统治，积极参军参战。在淮海战役和渡江战役中，龙池数百名青年推起小车，随解放大军转战南北，建功立业。抗美援朝期间，龙池青年积极参加志愿军，保家卫国，多人血洒朝鲜战场。渤海走廊革命斗争陈列馆、昌邑县抗日殉国烈士祠、龙池抗日战争纪念馆永远铭记着这些烈士的英名，讲述和传颂着他们的英雄事迹。龙池镇马渠村作为昌北县委驻地，是保卫胶东通往延安红色交通线的指挥中心，被称为“革命干部的摇篮”和“红色莫斯科”。

旅游强镇

龙池是山东省旅游强镇，有丰富的旅游资源。“古韵新姿，龙乡绽放”，这一直是龙乡文化发展的主题。龙池镇农耕文明和海洋文明融合，传统文化和红色文化共生。有昌邑县抗日殉国烈士祠、鄑邑故城遗址、东利渔盐业遗址群、孙膑庙、陈干故居（墓园）、齐西古村落等国家级、省级文物保护单位；有柳疃丝绸技艺、孙膑崇拜、龙池剪纸（昌邑剪纸）、传统制盐、龙池年俗等省级、市级非物质文化遗产；有全国首家乡镇承建的龙池抗日战争纪念馆等。齐西村是首批山东省传统村落、山东省历史文化名村和中国传统村落、中国历史文化名村。龙池镇整合全镇文化旅游资源，连续举办龙乡文化节，积极宣传推介龙池湾塘文化、海洋文化、名人文化、古迹文化、非遗文化、红色文化，实施梦幻花海生态园、红色马渠、齐西古村、渤海走廊革命斗争陈列馆等文化建设工程，以红色文化传承为主线，科学规划设置旅游景点，串点成线，聚线成面，形成传统文化展示区、农家生活体验区、革命教育示范区，成为山东省民间文化艺术之乡、山东省爱国主义教育基地、山东省文明乡镇。

特色精致、古朴典雅的小镇，“宜居、宜业、宜游”。海风从这里吹起，绿韵从这里延伸，红色基因在这里传承。

基本镇情

龙池镇北濒渤海莱州湾。4000年前，一座为盐业管理而设的城镇在这里诞生，号为鄑邑，亦是昌邑市旧称。先民依托渔盐之利，开疆拓土，生生不息。鄑邑故城遗址、商周盐业遗址，见证和述说着龙池独具特色的海洋文明和农耕文明。龙池化工产业园是昌邑蓝色海洋经济发展的前沿阵地。龙池湾塘遍布，岸青波碧，绿色宜居，为国家级生态镇，素有“小江南”之称。龙池是抗日革命根据地，是“渤海走廊”的重要枢纽，为民族解放和中华人民共和国成立，龙池人民进行了艰苦卓绝的斗争，做出了重大牺牲和突出贡献。绿色宜居环境、蓝色海洋经济、红色文化传承是龙池镇亮丽的名片。

革命老区·龙池（2017年） 龙池镇党政办公室 提供

建置区划

历史沿革 周代，龙池境域属纪国郚邑。周庄王四年（前693）十月，齐国占领郚邑，龙池改属齐国都昌县。秦，属胶东郡都昌县。西汉时期，为青州北海郡都昌县属地。东汉时期，为青州北海国都昌县属地。三国时期，为曹魏青州北海郡都昌县属地。晋至十六国时期，先属齐郡都昌县，后改属北海郡都昌县。南北朝时期，先属南朝刘宋，继属北魏青州北海郡都昌县，后属北齐青州南阳郡都昌县。隋代，先属青州潍州都昌县，后属青州北海郡都昌县。唐朝，为河南道青州府北海郡北海县属地。五代十国时期，属河南道青州府北海郡北海县。宋、辽、金时期，属山东东路潍州昌邑县。元代，属山东益都路潍州昌邑县。明代，属山东青州府、莱州府昌邑县。清前中期，属山东省莱州府平度州昌邑县。清末，属昌邑县西北乡。民国初，属山东省胶东道西海专区昌邑县。1938—1939 年，属山东省胶北区昌潍县。1940—1941 年，属山东省胶东区西海专区昌邑县。1942—1943 年，属山东省渤海区西海专区昌邑县。1943—1944 年，属山东省渤海行政公署五专区昌邑县。1945—1946 年，属山东省胶东区清河专员公署昌北县。1946—1948 年，属山东省胶东区西海专区昌北县。1949 年 10 月至 1950 年，属山东省西海专区昌邑县。1950—1967 年，属山东省昌潍专区昌邑县。1967—1981 年，属山东省昌潍地区昌邑县。1981—1983 年，属山东省潍坊地区昌邑县。1983—1994 年，属山东省潍坊市昌邑县。1994—2019 年，属山东省潍坊市昌邑市。

辖区变迁 清光绪三十三年（1907），龙池境内称西北乡，辖太盈、白塔、瓦城、忠民、太安 5 个社，17 个村。1925 年，废社设区、乡，昌邑县划为 10 个区，境内属第三区。1931 年，境内设 3 个镇、4 个乡，共 26 个村。1939 年，西流河、新立两乡并入忠民乡；郭疃乡并入太盈镇。1941 年 2 月，昌邑抗日民主政府在瓦城成立，将第三区划分为东三区、西三区，龙池属西三区（南部为游击区），辖 3 个镇、19 个村。1942 年，西三区改为第九区，辖 1 个镇、4 个乡、23 个村。同年 2 月，东利渔村划入潍北县（1944 年划回第九区）；第一区的油坊、石桥、孙家庄、楼子、果园、王范庄、马渠 7 个村划入第九区马石乡。马东、马西、马北 3 个村合并为马渠村。1945 年，第九区改为马渠区。1952 年 6 月，撤销马渠区，改为第九区，辖 8 个乡、30 个村。1955 年 11 月，第九区改为龙池区；撤销姚瓦乡，并入瓦城乡；撤销双合乡；岱邱村并入龙合乡；郭疃村并入白塔乡；双台区营子埠村划入第九区；辖 6 个乡、28 个村。1956 年 4 月，东利渔村划归渔业区青阜乡。第一区的虫埠、西逄翟、东逄翟 3 个村划入果园乡。1958 年 2 月，龙池区改为龙池乡；渔业区青阜乡东利渔村划入龙池乡，虫埠、西逄翟、东逄翟划归城关镇，龙池乡辖 23 个高级农业合作社、29 个村；9 月，龙池乡改为龙池先锋人民公社；12 月，龙池先锋人民公社改为龙池人民公社，辖 8 个管理区、23 个生产大队。1967—1982 年，龙池人民公社辖 27 个生产大队。1983 年 8 月，龙池人民公社改为龙池乡，生产大队改为村，辖 27 个行政村。1993 年 7 月，龙池乡改为龙池镇，辖 27 个行政村。2019 年，龙池镇设 4 个社区，辖 27 个行政村。

白塔社区（2019 年）　　龙池镇党政办公室　提供

社区村庄

白塔社区　白塔社区驻岱邱村，辖岱邱、郭疃、东白塔、西白塔、北白塔 5 个行政村。2019 年，白塔社区有 2001 户、6231 人，耕地面积 865.6 公顷。堤河、丰产河流经社区，辖区内有湾塘 12 处。全国第一个乡镇级抗日战争纪念馆坐落于北白塔村，东白塔村有陈干故居、陈氏家庙等历史遗迹，岱邱村建有渤海走廊革命斗争陈列馆。

白塔社区设有为民办事大厅、儒学讲堂、文化活动室、社区老年协会、银龄安康工程服务室、社区警务室、党员活动室、人大代表活动室、多功能活动室、统战工作站、综合办公室、农业综合服务室、法律顾问室、司法行政工作室、社区组织服务室、普法活动室等，建筑面积 5000 平方米。

岱邱村　据各姓家谱记载，岱邱村始建于明永乐二年（1404）。相传村北有一丘陵，故取名大丘村；又因与孔子名讳相犯，明朝末年改称岱邱村。岱邱村织绸和手工加工业历史悠久。1957 年，岱邱丝绸厂合并到柳疃丝绸厂。至 2009 年，产品仍为丝绸、白布、腰带子（丝绦）等。70年代，村成立草编组。农闲时节，70%以上妇女在家从事草制工艺品加工，为昌邑外贸出口编织以蒲草、玉米皮为原料的地毯、篮子等；以生产队为单位的刺绣组，为昌邑外贸出口加工纺织品，从业人员达120余人。1981年，在岱邱小学旧址建岱邱丝织厂，厂房40余间，安装织布机26台、绕纬机4台、整经机2台、捻丝机6台、发电机2组，从业人员112人，年利润10余万元。1982年以后，村内有纺织个体企业十几家。其中昌邑兴龙纺织品有限公司有织布机66台，从业人员80余人，年产值千万余元；龙源织造有限公司有织布机36台，从业人员60余人，年产值800余万元；风华织布厂拥有280型剑杆织布机32台，从业人员20余人，年产值千余万元；燕居家纺加工厂主要制作床单、被罩、枕套等床上用品，从业人员30余人；龙源旗业有限公司有缝纫机80余台，从业人员180余人，加工世界各国各类旗帜，年产值2000余万元。2011年，建设居民楼房两栋，沿街门店20间。

2017年，建设迎宾广场、文化广场、健身广场各1处。改建无害化厕所300户，安装监控摄像机30台，新装高效太阳能路灯80盏，村内硬化、绿化、亮化实现全覆盖。投资1600万元，在村西创建渤海走廊革命斗争陈列馆，2019年6月29日建成开馆，占地面积19亩，总建筑面积3850平方米。投资160万元，新建村委大院。投资6万多元，对明代古井进行修缮。村内有迟氏祖茔古墓碑、清道光年间（1821—1850）郝氏六代墓碑各1个。2017年，岱邱村获“山东省美丽乡村示范村”称号。

2018年，岱邱村有90周岁以上老人18名，最年长者104周岁，是远近闻名的“长

岱邱村凤凰湾龙头（2018年） 龙池镇党政办公室 提供

寿村”。2019年，全村有478户、1558人，村集体经济收入160万元，村民人均纯收入1.8万元。

龙池社区　龙池社区位于龙池镇东北部，东接柳疃镇，西邻瓦城社区，面积约45平方千米，辖龙北、王家庄、齐西、二甲庄、龙东、魏西、龙街、沙岭子8个行政村。其中齐西村是中国历史文化名村，龙北村是龙池镇传统名村。龙东村齐氏牛街美食民俗街集文化、旅游、美食为一体，打造成为昌邑美食新地标。2019年，有1340户、5590人，耕地面积833公顷。辖区内湾塘较多，其中龙北、齐西、龙东、二甲庄、魏西以村间河流、湾塘为分界线。社区有古树3棵，树龄均在300年以上。2016年，在齐西古村举办第一届乡村旅游节。至2019年，共接待旅游参观团8万余人次。

龙池社区设有为民办事大厅、图书阅览室、儒学讲堂、文化活动室、社区老年协会、银龄安康工程服务室、社区警务室、戒毒所、党员活动室、电子商务室、人大代表活动室、多功能活动室、统战工作站、综合办公室、农业综合服务室、法律顾问室、司法行政工作室、社区组织服务室、普法活动室等，建筑面积约5000平方米。

齐西村　明永乐十八年（1420），齐氏始祖从四川成都府金堂县吉格大巴村迁居龙池村。明嘉靖年间（1522—1566），齐姓一支由龙东村迁此，以种菜为生。清乾隆年间（1736—1795），齐氏第十世齐以山借钱贩卖布匹、经营百货，足迹遍及昌邑柳疃、淄博周村、东北等地，一时闻名遐迩。在他的带动下，齐西人或到东北淘金，或出钱增资入股，或外出打工，逐渐积累起财富。清咸丰年间（1851—1861），因修土围子，故

龙池社区（2019年）　龙池镇党政办公室　提供

齐西古村老胡同（2018年）　张宝民　摄

齐西古村民居（2018 年） 张宝民 摄

村名齐家围子。清同治六年（1867），村挖壕筑圩，形成四面环水格局。清光绪年间（1875—1908），齐氏家族齐忠甲、齐绅甲兄弟和齐耀珊、齐耀琳兄弟先后考取进士，齐恩铭考取武进士，进入仕途。齐氏家族出商入仕，村进入全盛时期。1950年后，称齐西村。

村内有保存完好的清末齐氏工商业者老宅 52 处，建筑精良，风格古雅，布局集中。内有“旗杆胡同”、“一门四进士”和武进士故居。龙池镇在齐西村建成齐氏家风家训馆、齐西村史馆、龙池非遗展示中心等 16 个文化展示场所，对村内 6 条胡同、3 条主干道及古民居进行保护性修缮，最大限度地恢复齐西古村落昔日的建筑风貌和格局。2013 年，齐西村被命名为“山东省历史文化名村”“山东省文物保护单位”。2014 年，被确定为第一批省级传统村落，并入选中国传统村落。2019 年 2 月，齐西村入选第七批中国历史文化名村。

龙北村 明永乐年间（1403—1424），魏氏始祖兄弟 3 人自成都府迁至此定居。因魏家巷子内有一龙形池塘而名龙池村。1955 年，与龙街村、魏西村分村，名为龙北村。龙池周围村庄，按方位分别称龙东、龙南（齐西）、龙西（魏西）、龙北、龙街。龙北村北临莱州湾，东傍堤河，地处平原，地势平坦。村北部建有防风林带，植被面积 30 公顷。2019 年，全村有魏、孙、齐、刘、徐、马、李、王、郝、陈、周、赵 12 个姓氏，

382户、1175人，均为汉族。

1963—1964年，村里大搞农田水利建设，将大片洼地、荒地整成条田，并实现渠路配套，能排能灌。1965年春，开始种植水稻，当年稻谷平均亩产300多千克，后逐年提高到400千克。1978年，粮食平均亩产403千克，总产83.14万千克。1982年，推行家庭联产承包责任制，村民生产自主权扩大，粮食生产积极性提高。1983年，粮食亩产增加到453千克。1992年始，全村小麦、玉米全部实现良种化，机耕、机播、机收，种子由村免费提供。2013年，全村粮食亩产900千克，总产实现225万千克，农业总产值3160万元。

1943年，抗日人民政府在村中建制鞋厂。1960年，小机房和小磨坊开始起步运作。1967—1970年，相继建油坊和面粉加工厂，村办企业从业人员200人。1984年，建丝织厂，年产值200万元。1987年，建印染加工厂。1989年，建网络丝厂，并成立昌龙实业总公司。1991年，建色织厂，并与台湾企业合资成立昌麦染料化工有限公司。1992年，建石业艺术有限公司。1996年，由各企业和盐场组建山东昌龙集团公司，主营纺织、漂染、印花、染料化工、弹力丝网、石材加工、原盐采选等。1997年，建起规模较大的剑杆织布厂。2013年年底，昌龙集团公司有职工500人，固定资产总值2200万元，年总产值3400万元，实现利税600万元。2014年，改制成个人企业。

1979年，村建设盐田18公顷。到1987年，增加到50公顷。2000年，新建盐田100公顷，盐田总面积150公顷，年均亩产原盐3吨。2007年，盐场固定资产150万元，销售收入530万元，从业人员200人。2013年12月，承包给个人经营。2019年，村有

龙北村（2018年） 龙池镇党政办公室 提供

盐场 8 个，面积 170 公顷，年收入 120 万元。2010 年，山东省精神文明建设委员会授予龙北村“山东省文明村”称号。2017 年，获昌邑市“美丽乡村标准化建设示范村”称号；村党支部获潍坊市“先进基层党组织”称号。

马渠社区　马渠社区驻马渠村，辖马渠、泊子、楼子、石桥、孙家庄、王范庄、营子埠、油坊、果园 9 个行政村。2019 年，社区有 2740 户、6851 人，耕地面积 866.67 公顷。马渠村是龙池镇人口第一大村，有 980 户、3150 人。营子埠海拔 11.3 米，为全镇海拔最高点。社区分布有大小河渠 4 条。其中峡山水库第二干渠和第三干渠，分别从村东、村西穿过。有树龄 400 年以上古树 4 棵，其中 700 年以上的 1 棵。辖区内古迹众多，有土地庙 1 座，古碑 15 个，战争遗迹 1 处，出土文物有古钱币、青铜器、铜鼓、青铜箭头、铜镜等。马渠村在解放战争时期是昌北革命根据地，有“红色莫斯科”“革命干部的摇篮”之称。村内有马渠村史馆、魏坚毅故居、魏惜珍故居、陈志强故居、书记胡同等历史遗迹。

马渠社区设有为民办事大厅、图书阅览室、儒学讲堂、文化活动室、社区老年协会、银龄安康工程服务室、社区警务室、戒毒所、党员活动室、电子商务室、人大代表活动室、多功能活动室、统战工作站、综合办公室、农业综合服务室、法律顾问室、司法行政工作室、社区组织服务室、普法活动室等，建筑面积约 6000 平方米。

马渠村　马渠村位于昌邑城北 12.5 千米，南与石桥、油坊、泊子相连，北与郭疃岱邱为邻，东临堤河与柳疃镇南范家庄村搭界，西以夹沟河、丰产河与博乐埠、潍北农场

红色马渠（2019 年）　　龙池镇党政办公室　提供

接壤，辖区面积 9.5 平方千米，距龙池镇政府 2.5 千米。2019 年，有 1120 户、3129 人，均为汉族。相传宋太祖赵匡胤率军作战路经此地，在村南水渠饮马而得名马渠。马渠村建于元朝初年，姓氏有“先有朱黄二户，后有魏吴姜陈”之说。朱、黄两户何时迁入无考，后朱姓外迁，至今仍有“朱家老荒”地名。魏姓在明永乐二年（1404）自成都府迁居龙池，四世祖入赘黄氏后定居马渠。姜姓自湖广襄阳府枣阳县迁至山东莱州府昌邑西北乡瓦城居住，复自瓦城迁至马渠。陈姓于明朝末年移居马渠。1937 年“七七事变”后，在潍县广文中学求学的魏惜珍、李杰等回到家乡马渠村开展抗日救亡运动，并经孙汉三介绍加入中国共产党，在马渠村成立龙池最早的党支部。1938 年 2 月，日军侵占昌邑城，中共鲁东工委和昌邑县委在瓦城村领导抗日武装起义，成立八路军鲁东抗日游击队第七支队，马渠村数十名青壮年参军到部队，并成为第七支队活动的重要基地。抗日战争时期，昌邑县委和独立营大部分时间吃住在马渠村，马渠村成为昌北抗日根据地的核心。1940 年春，马渠村成立自卫团。10 月，柳疃据点的日伪大队袭击马渠村时，村自卫团的青壮年迅速带枪支弹药迎击，日伪军狼狈撤回据点。1941 年冬，为改变不利于游击战的平原地形，马渠村响应号召，男女老少齐上阵，奋战 42 天，在村西大洼挖宽 2 米、深 2.5 米、纵横交错、形同蛛网、长达 40 多千米的“抗日沟”。村内堵大门、开小门，截大街、转小巷，村民在家里挖地道、砌假墙。马渠村成了敌人望而生畏的堡垒，敌人再也不敢轻易进犯。

抗日战争时期，昌邑县 9 个区 25 任书记中有 10 人出自马渠。解放战争时期，马渠

马渠村民委员会（2019 年）　　龙池镇党政办公室　提供

村在县、区担任领导干部的有26人。原赁铺胡同出过6位区以上干部，被人们称为“书记胡同”。

解放战争时期，马渠村青年积极应征入伍、参军参战。1946年大参军时，有50人入伍。1947年冬，115人参军，再次轰动全县。抗日战争、解放战争中，全村有39人为国捐躯，22人负伤致残。到中华人民共和国成立时，马渠村烈、军、工属达370余户。1957年，马渠村在职县、团级以上干部57人，人们赞誉马渠村是“革命干部的摇篮”。2018年4月，村史馆建成开馆，被昌邑市委命名为“政德政风教育基地”。2019年，全村人均收入达1.5万元。

瓦城社区 瓦城社区位于龙池镇西北部，北临渤海，西接潍坊滨海经济技术开发区，南邻白塔社区，东邻龙池社区，面积90平方千米，辖瓦东、瓦西、瓦北、姚徐邓、东利渔5个行政村。2019年，有居民1829户、5535人，耕地面积1180.47公顷。

社区地理位置优越，卤水、溴素、滩涂等资源丰富。姚徐邓双子庙、鄑邑故城遗址等文物古迹众多。在东利渔村东北滩涂发现商周、宋元时期盐业遗址40多处。商周时期，盐务管理官方机构——富国盐场大使署位于东利渔村。春秋战国时期，瓦城是著名军事家孙膑的封地。2016年，民间自发筹款在遗址上重建孙子庙，每年农历正月十四孙膑演旨烧大牛的盛大仪式，被列入省级非物质文化遗产。龙池剪纸糅合鲁西剪纸的粗犷简练、概括浑厚和胶东剪纸的细腻精巧、玲珑剔透，形成鲜明的地区特色，植根于农家生活，题材广泛，意蕴深厚。2012年，龙池剪纸入选昌邑市非物质文化遗产代表性项目。2013年，被列入潍坊市非物质文化遗产名录。

瓦城社区设有为民办事大厅、图书阅览室、儒学讲堂、文化活动室、社区老年协会、银龄安康工程服务室、社区警务室、戒毒所、党员活动室、电子商务室、人大代表

瓦城社区服务中心（2019年）

龙池镇党政办公室　提供

瓦东村委会（2019年）

龙池镇党政办公室　提供

活动室、多功能活动室、统战工作站、综合办公室、农业综合服务室、法律顾问室、司法行政工作室、社区组织服务室、普法活动室等，建筑面积约 4500 平方米。

瓦东村 据各家族族谱记载，明永乐二年（1404），赵永富携家眷自湖广襄阳府，王姓自南直隶淮安府携家眷，徐姓自山西洪洞县携家眷迁至此。后陆续迁入姚、魏、郑、孙、李姓，形成多姓村落。瓦东村位于莱州湾南畔，距昌邑城西北 20 千米，村驻地距龙池镇政府驻地 3 千米。东至堤河，隔大莱龙铁路与姚徐邓村相望；西接瓦西村，以西井子河为界；北与瓦北村接壤，以洮河（古鄑水）为界。海拔 4.3 米。村北 1 千米处即 320 省道辛沙路。瓦东村地处平原，抗日战争时期是中共昌邑武装的重要根据地，“渤海走廊”重要通道；解放战争时期是昌邑“小延安”，为抗日战争和解放战争胜利做出重大贡献。

1937 年，张智忠、李福泽、孙汉三等早期共产党人在瓦城孙子庙创办民众夜校，宣传抗日主张，搜集武器弹药，并建立瓦城第一个党支部，为武装斗争做准备。同年 11 月，中共鲁东工委书记季方华到昌邑县组织武装起义，住在瓦城村孙子庙内。1938 年 2 月 14 日，昌邑各路抗日武装齐集瓦城，发动起义，宣布成立八路军鲁东抗日游击队第七支队。3 月 26 日，第七支队与第八支队会师瓦城。1941 年 2 月 20 日，昌邑县参议会在瓦城成立。之后，昌邑县人民政府成立。

2017 年 4 月，瓦东村史馆建成。以图文和实物形式，从不同层面全面展现瓦东村在革命战争、社会主义建设和改革开放等不同时期中共基层党组织活动、传统文化、村情民俗等。同年 7 月，瓦东村党支部被昌邑市委授予“过硬基层党支部”称号。2018 年，瓦东村党支部被评为潍坊市先进党组织，瓦东村被省政府授予“山东省文明村”和“党风廉政建设示范村”称号。2019 年，瓦东村人均收入达 1.5 万元。

瓦东村农家书屋（2019 年）

龙池镇党政办公室　提供

孙子庙（2018年）

龙池镇党政办公室 提供

东利渔村鸟瞰图（2019 年） 龙池镇党政办公室 提供

东利渔村 东利渔村北濒莱州湾，西临虞河，与潍坊滨海经济技术开发区为邻，东傍丰产河，南靠 320 省道。全村属滨海平原地带，海拔 3 米。东汉时期，百姓以捕鱼、熬盐为生，因获渔盐之利，故取名利渔。2019 年，有 337 户、1038 人，除蒙古族 1 人外，均为汉族。原始姓氏有徐、王、孙、朱、胡、翟、陈 7 个姓氏，其余姓氏大部分是因婚姻关系迁入的外来人口。

郡邑故城遗址位于村东 3000 米处，面积 5.33 万平方米，遗址高出周边 1.5 米。遗址内有一古井，井口以石板覆盖。1985 年，郡邑故城遗址被昌邑县人民政府公布为昌邑县文物保护单位。2009—2010 年，山东省考古人员在东利渔村东北发现商周、宋元时期盐业遗址 42 处。遗址群占地面积约 9 万平方米，发现陶窑 22 座以及灰坑、沟、井等遗迹。陶窑均由工作间、火门、窑室等组成，各部分保存基本完整。发现生活陶器和制盐用具较多，另有众多筒瓦、板瓦、瓦当以及少量铜钱等。1984—2000 年，完善土地承包责任制，使集体经济更加壮大。2009 年，村集体开始向村民分发红利，每人 600 元。2017 年年底，村集体资产总额达 473.68 万元，其中经营性资产总额达 135.06 万元。同年获潍坊市民主法治示范村称号。2018 年，家家有液晶彩电、冰箱、洗衣机，60% 以上的农户使用电脑，100% 的农户安上有线电视。全村有家用轿车 100 余辆，农用拖拉机几乎每家都有。2019 年，人均收入达 3 万元。

2018 年龙池镇各村庄基本情况一览表

表 1

社区	村名	建村时间	村名来历	户数（户）	人口数（人）	人均纯收入（元）	村民姓氏
白塔社区	岱邱村	明永乐年间（1403—1424）	曾名大丘。因村北有一大土丘，故名。明末，雅化为岱邱	478	1558	25000	迟、郝、刘、张、徐、崔、王、赵、齐、陈、杨、唐、辛、周、史、董
	北白塔村	元至元年间（1264—1294）	曾名白塔、河北。因村西南有座圆形白石高塔，得名白塔。村南有条东西河，因村民居河北岸，改名河北。1947 年称北白塔	432	1171	15000	陈、赵、方、张、唐、刘
	西白塔村	元朝初年	曾名白塔、河南。因村西南有座圆形白石高塔，命名白塔。村北有条东西河，又因村民居河南岸，村名改称河南。1947 年称南白塔。1948 年，南白塔又分东、西白塔两个村	297	797	25000	温、陈、尹、姜、王、赵、满、齐、殷、刘
	东白塔村	元朝初年	同上	344	1020	25000	陈、李、姜、王、张
	郭疃村	明洪武年间（1368—1398）	曾名东庄、南庄、北庄。明洪武年间，郭姓从四川迁至此安家落户，以姓取名郭疃。继李、满等姓迁入，因村中有河流经过，按方位分为南庄、北庄、东庄	566	1656	25000	李、满、陈、邓、魏、赵、董、温、徐、邢
龙池社区	龙北村	明朝初年	曾名龙池。因村北有形似龙形的土丘和池塘得名，分龙北、龙街两个村	382	1175	15000	魏、孙、齐、刘、徐、马、李、王、郝、陈、周、赵
	龙街村	明朝初年	同上	243	670	15000	魏、齐、刘、赵、盛、安、孙、高、王、李、龚
	龙东村	明永乐十八年（1385）	曾名龙池东崖、龙东村。在龙池东南侧。因村坐落于龙池东岸，得名龙池东崖。清末，改名龙东村	132	380	20000	齐、魏、赵、李、王、盛
	二甲庄村	明永乐十四年（1381）	齐姓从四川迁此立庄。因原系二甲庄人，村名沿袭	88	250	25000	齐、孙
	沙岭子村	明隆庆年间（1567—1572）	孙姓从杨家河崖迁此定居，继王、李、寇等姓陆续迁入。因村立于沙岭高地上而得名	217	636	15000	孙、李、魏、寇、王、崔

续表 1

社区	村名	建村时间	村名来历	户数（户）	人口数（人）	人均纯收入（元）	村民姓氏
龙池社区	齐西村	明嘉靖年间（1522—1566）	曾名齐家菜园子、齐家西崖、齐家围子、南崖。齐姓由龙东迁此定居，以种菜为业，称齐家菜园子。后因村民集居龙池河西岸，亦称齐家西崖。清咸丰年间（1851—1861），又因修筑围墙，改名齐家围子。又称南崖。1940 年改称齐西村	156	459	15000	齐、阎、刘、唐、肖、方
	王家庄子村	明万历年间	清乾隆年间（1851—1861），山东巡抚国泰到此地巡察修筑海堤时，取名万顺庄。清末，以姓更名为王家庄子	435	1324	20000	王、张、孙、傅、赵、戚、齐、刘、李、宋、
	魏西村	明弘治年间（1488—1505）	原名魏家西崖。魏氏后裔从龙池迁此，时亦称龙池。后因村坐落于河西崖，称魏家西崖。1958 年改称魏西村	191	635	15000	魏、金、孙、李
马渠社区	马渠村	元朝初年	村南有一水渠，相传，因宋太祖经此地以渠饮马而得名	1120	3129	15000	魏、吴、姜、陈、毕、董、齐、王、张、高、任、盛
	泊子村	明朝初年	曾名泊、石油联合村。明初立村，因村前有潍河渡口停泊渔船，取名泊。后称泊子。1941 年改称石油联合村。1945 年复称泊子村	134	353	20000	姜、范、王
	楼子村	明洪武年间	原名土楼子村。相传，先有陈姓立村，因居住在一栋二层土楼子里，故以土楼子命村名。洪武年间，范姓自湖北枣阳县迁此定居。明成化年间（1465—1487），因村名不嘉，改称楼子村	124	358	20000	陈、张、闫
	王范庄	明洪武年间	原名北草岭。洪武年间，范姓自湖北枣阳县迁此立村，之后王姓迁入。因村东北有一土岭，野草丛生，取名北草岭。到清代，因村名不嘉，取王、范两姓命今名	224	689	20000	王、范、张、朱、马、石、曹、闫、田
	石桥村	明成化年间	曾名南马渠、石油联合村。成化年间，魏姓从龙池迁此落户，因村南古潍河支岔有一石桥，得名。该村与马渠相连。1938 年前，村北半部曾称南马渠。1941 年，由石桥、油坊、泊子合并成立石油联合村。1945 年，石桥与南马渠合称石桥村	246	642	20000	魏、李、姜、陈、付、翟、毕、刘、王、赵

续表 1

社区	村名	建村时间	村名来历	户数（户）	人口数（人）	人均纯收入（元）	村民姓氏
马渠社区	孙家庄	明洪武年间	孙姓由山西省洪洞县迁此立村。以姓取名孙家庄	224	634	20000	孙、魏、张、范、宫、朱、吴、郝、王
	营子埠	清乾隆年间	齐姓从博乐埠迁此安家落户。北依土埠，因唐太宗东征时，曾在土埠上扎过营，故名	59	152	15000	齐、王
	油坊村	明永乐年间	曾名石油联合村。永乐年间，魏姓由四川射洪县迁此立村，因有油坊榨油而得名。1941 年改称石油联合村。1945 年复称油坊	222	577	20000	魏、齐、张
	果园村	明永乐年间	因村坐落于潍河故道畔，以栽培果树为业，故名	166	478	15000	刘、王、李、尹、朱、张、田、阎、徐、姜、高
瓦城社区	瓦东村	明朝初年	明初因庙宇多，皆覆琉璃瓦，演变为瓦城，今分为瓦北、瓦西、瓦东	338	923	15000	赵、徐、王、郑、邓、姚、孙、李
	瓦北村	明朝初年	同上	493	1503	15000	马、于、王、代、田、吕、孙、朱、陈、李、宋、张、郎、郑、姜、姚、赵、郭、徐、傅、谭
	瓦西村	明朝初年	同上	390	1056	15000	赵、于、王、郭、魏、温、徐、陈、杨、张、宋、韩
	姚徐邓村	宋朝初年	原名窑瓦街。宋代，姚姓立村，因在此建有窑瓦场，以烧砖瓦为业，取名窑瓦街。后因姚姓兴，改称今名。与徐家村、邓家庄合为姚徐邓村	329	914	15000	姚、徐、邓、李、董、魏、韩、乔、张、赵
	东利渔村	东汉末年	原名利渔。位于虞河东岸。相传东汉末年建村。百姓以捕鱼熬盐为业，故取名利渔。后因有西利渔，改称今名	337	1038	30000	徐、王、孙、朱、胡、翟、陈
合计	27			8368	24183	18800	

链接：龙池镇二十七村诗

孙家小楼马渠旁，石桥弯弯通油坊。后院泊子能养鱼，前庭果园花正香。东邻王范迎日出，西域营子送暮阳。二甲兵丁沙岭外，三龙齐聚岱邱旁。郭氏拥有百里疃，魏家种地到西乡。白塔之巅西北望，瓦城姚街呈瑞祥。大海茫茫唯利渔，芦苇深处是王庄。纵横二百五十里，大小二十七村庄。乡风淳朴人忠厚，吾辈发小皆同乡。龙乡子弟多才俊，颂我家乡美名扬。

自然地理

区位交通 龙池镇位于山东省昌邑市西北部，地处北纬 36° 56′，东经 119° 18′。

堤河（2018 年）

南接都昌街道，北濒渤海莱州湾，西以虞河为界与寒亭区为邻，东与柳疃镇接壤。境域南北长24.4千米，东西宽9.6千米，面积182.45平方千米；海岸线长8.4千米。镇政府驻齐西村，距昌邑市区15千米，西距潍坊市中心区40千米，东距青岛市区160千米、距烟台市区240千米。潍坊、青岛、烟台三市交会，整个山东半岛环渤海区域均在辐射范围内。新海公路、荣乌高速、大莱龙铁路横贯东西，官靶路贯穿南北，连接206国道，路网密布，交通便利。

地形地貌　龙池镇地处华北地台东南部、山东半岛西北端、沂沭断裂带潍坊凹陷区，属新生界地层第四系。域内厚度变化大，在0～1300米之间，海拔一般3～6米，坡降大于万分之一。地势南高北低，东为堤河入海口，西为虞河入海口，境域大部为冲洪积平原和滨海洼地，北部沿海为粉沙淤泥质海岸。土壤主要为盐土、潮土和水稻土，母质为冲积物。潜水埋深极浅，矿化度高，近海地带常受海潮淹渍。

河流

堤河　旧称低河，发源于昌邑县城，经柳疃镇、龙池镇，在王家庄子村东、灶户村西北注入莱州湾。全长23千米，流域面积119平方千米。据清咸丰《青州府志》载：“低河，县西北二十里北流入海，因地势低下，故名。”1961年起，与王士仪沟接通，并于两岸修筑堤坝，遂更名“堤河”。经马渠村入龙池境，自南向北流。

龙池镇党政办公室　提供

堤河属季节性河流，旱季干涸，雨季浸溢。因地形低洼，每遇海潮，必先逆注堤河。2019 年，境内全长 12 千米，流域面积 80 平方千米，主河道宽 40 米，设计排洪能力 100 立方米 / 秒。

虞河 又名溉水、东丹河。发源于安丘灵山，由潍北农场入龙池境，自南向北流，在东利渔村注入莱州湾。虞河属季节性河流。2019 年，境内全长 10 千米，流域面积 890 平方千米，主河道宽 300 米，设计排洪能力 1000 立方米 / 秒。

丰产河 为 1954 年开挖的人工河，自潍北农场入龙池境，在东利渔村北汇入虞河。2019 年，境内全长 11.8 千米，流域面积 450 平方千米，主河道宽约 100 米，设计排洪能力 200 立方米 / 秒。

尹家河 位于龙池镇北部，主河道从瓦城起自南向北流，至国防路与堤河合流汇入莱州湾。尹家河属季节性河流，为全镇洼地排洪与排碱主河道。2019 年，境内全长 7.5 千米，流域面积 29 平方千米，主河道宽 15 米，设计排洪能力 20 立方米 / 秒。

气候　物候 受全球气候变化影响，龙池镇近 50 年来气候变化总体特征：年平均气温、各季节平均气温均呈上升趋势，年降水量呈明显下降趋势。龙池镇北濒渤海，属暖温带半湿润季风气候。年平均气温 12℃左右，最高气温 38℃，最低气温 −17℃。年平均降水量 664 毫米，降水量最多年份 1964 年为 1754 毫米，降水量最少年份 1981 年为 342 毫米。7—8 月降水集中，占全年降水量的 53%。特点是春旱秋涝，晚秋又旱。全年日照时间较长，春分、秋分昼长 11.5—12 小时，夏至昼长 14 小时，冬至昼短 8.5 小时。谷雨至霜降为 180 天无霜期，小雪至惊蛰为 100 天冰冻期。

龙池镇呈典型的暖温带半湿润季风气候特征，气候温和，四季分明。夏季受东南海洋性季风影响，盛行偏南风，高温多雨；冬季受大陆性季风控制，多偏北风，寒冷干燥；春季是冬季风与夏季风交替季节，天气多变，干旱少雨且多风沙；秋季是冬季风取代夏季风的过渡季节，天气晴朗凉爽，冷暖适中。

自然灾害 气象灾害多春旱、秋涝以及寒潮、沙尘暴、冰雹、干热风；海洋灾害主要为台风和风暴潮；地质灾害为海水入侵；生物灾害多为病虫害。

自然资源

土地资源 2019年，全镇有土地237525亩，其中工矿、村庄6323亩，沟渠路河29660亩，水库、湾塘866亩，林地、荒地15114亩，耕地76537亩（含东黄农场103亩）。潍北农场二分场占地16338亩，三分场占地14245亩，六分场占地6769亩，不在全镇实有土地面积内。

矿产资源 龙池镇位于莱州湾沿岸中国最大的滨海卤水矿区，卤水是龙池镇的特色资源。地下卤水埋藏深度20～70米，卤水浓度一般为5～20波美度，平均浓度10波美度左右。主要用于晒盐和制溴，镇域内卤水储存量25亿立方米。

生物资源

植物 木本植物有51个科，90个属，167种。其中柽柳、酸枣为野生树种。药用植物79个科，160种。观赏植物61个科，180种。浮游植物85种。

动物 鸟类有16个目，44个科，199种。兽类15种，两栖爬行类12种，昆虫类23种，浅海鱼类70多种，虾蟹类50多种，贝类3种，其他浮游类63种。

海洋资源 龙池镇辖海域40万亩，渔业资源主要有鲅鱼、海鲫鱼、沙光鱼、梭鱼、

盐田收获（2019年） 孙永博 摄

白虾、对虾、海蟹、文蛤、白蛤以及海蜇等。其中滩涂面积 10.9 万亩，主要养殖贝类。

人口

人口总量 1954 年第一次全国人口普查统计，全乡有 5780 户、23336 人，其中男 11230 人、女 12106 人。回族 4 户、17 人；满族 1 户、1 人。

1964 年第二次全国人口普查统计，全乡 5896 户、23300 人，其中男 11228 人、女 12072 人。满族 1 户、1 人。

1982 年第三次全国人口普查统计，全乡 7510 户、26725 人，其中男 12885 人、女 13840 人。回族 1 户、3 人。

1990 年，第四次全国人口普查统计，全乡 8879 户、27110 人，其中男 13196 人，女 13914 人。

2000 年，第五次全国人口普查统计，全镇 8613 户、25526 人，其中男 12654 人、女 12872 人。

2010 年，第六次全国人口普查统计，全镇 8054 户、25923 人，其中男 13447 人、女 12476 人。

2019 年年底，全镇户籍人口 8310 户、24607 人，其中男 10699 人、女 13908 人。

源流迁徙

机械变动 龙池境内人口 80% 以上为移民后裔，主要来自山西洪洞、山东寿光、河北玉田等地。民国年间，乡民为度饥荒或躲债避险举家外迁，其主要流向是东北三省。中华人民共和国成立后，人口变动的原因有工作调动、青年服兵役、学生上学等。1959 年，动员境内青壮年 131 人迁去吉林省汪清县支援边疆建设。1970 年 11 月，峡山水库库区移民，由安丘县迁入龙池 51 户、260 人，分布于 22 个自然村。改革开放后，越来越多的农民外出打工，以离土不离乡的居多。2000 年后，陆续有一些农民工在工作所在城市购房居住，常年在外地工作生活，不再回老家种地。2011 年，随着户籍制度改革、城乡一体化推进和现代化户籍管理，“农转非”、异地上学、工作迁移户口等制度逐渐废除。

自然变动 中华人民共和国成立前，由于经济落后，加上战乱不断，瘟疫流行，缺医少药，境内人口呈高出生、高死亡、低增长状态。中华人民共和国成立后，境内工农业生产得到迅速发展，人民生活改善，社会安定，人口出生率上升，死亡率下降，人口自然增长率逐年提高。1956—1959 年是龙池第一个人口生育高峰期。1959—1960 年，受自然灾害影响，经济暂时困难，出现低出生、高死亡、人口负增长。1965 年以后，国民经济得到恢复，人民生活开始好转，人口出生率上升，死亡率下降，自然增长率提高。1969—1972 年，人口自然增长率超过 20‰，是龙池的第二个人口生育高峰期。1973—1990 年，实行计划生育政策，境内人口出生逐步得到控制。由于人口基数大，加之第二次生育高峰出生的女性人口在此期间进入生育期，出现第三次人口生育高峰期。1991—2010 年，随着改革开放的深入和人们思想观念的转变，人口转为低出生率、低死亡率。2017 年，全镇人口出生率 17.8‰，死亡率 5.9‰，人口自然增长率 11.9‰。2019 年，全镇人口出生率 7.4‰，死亡率 9.9‰，人口自然增长率 -2.5‰。

人口构成

性别构成 1985 年，龙池乡人口 18963 人，其中男性 9617 人、女性 9346 人，性别比为 102。2014 年，全镇 22502 人，其中男性 11488 人、女性 11014 人，性别比为 104。2017 年，全镇 24912 人，其中男 12065 人、女 12847 人，性别比为 93。2019 年，全镇 24607 人，其中男 10699 人、女 13908 人，性别比为 77。

年龄构成 1984 年，龙池乡总人口 18963 人。其中，15 岁以下 4741 人，占总人口的 25%；15 ~ 64 岁 11098 人，占总人口的 58.5%；65 岁以上 3129 人，占总人口的 16.5%。2000 年，龙池镇总人口 25526 人。其中，15 岁及以下 4897 人，占总人口的 19.9%，15 ~ 64 岁 17321 人，占总人口的 72%；65 岁及以上的 3308 人，占总人口的 13.4%。2014 年，全镇总人口 22502 人。其中，15 岁以下 4207 人，占总人口的 18.7%；15 ~ 64 岁 14648 人，占总人口的 65.1%；65 岁以上 3645 人，占人口总数的 16.2%。2019 年，龙池镇人口 24607 人。其中，15 岁及以下 4132 人，占总人口的 16.8%；15 ~ 64 岁 13014 人，占总人口的 52.8%；65 岁及以上 7461 人，占总人口的 30.4%。100 岁以上 2 人，年龄最大的 103 岁；15 岁以下人口保持平稳；15 ~ 64 岁人口增多；65 岁及以上人口逐年增长，老龄化趋势明显。

职业构成 龙池历史上除少数手工业者、经商者及公职人员外，绝大多数居民从事农业生产，职业结构比较单一。1983年起，职业结构逐步发生变化。2019年，全镇从业人员15911人，占总人口的64.7%。其中从事农林牧渔业2811人，占总从业人数17.7%；从事建筑、运输、商业、餐饮、厂矿企业、文教卫生、公用事业等13100人，占总从业人数82.3%。

文化构成 中华人民共和国成立后，农村兴办学校，开展扫盲活动。1985年，龙池乡设成人教育机构，配备专职成人教育人员。开办政治夜校，成立农民技术教育中心，开展多层次、多形式的农民扫盲教育和农业技术培训。到1990年，境内基本扫除青壮年文盲。2000—2017年，随着成人教育工作的持续开展和九年义务教育的普及，全镇人口受教育程度不断提高。至2019年，全镇取得各层次教育文凭10990人，占总人口的44.7%。其中大专以上3085人，占总人口的12.5%；高中、中专3015人，占总人口的12.3%；初中4630人，占总人口18.8%；小学2540人，占总人口的10.3%；文盲半文盲1650人，占总人口6.7%。

姓氏构成 明初，境内原住居民有匡、张、李、任、邢、丁、穆、赵8个姓氏。明永乐年间（1403—1424），境内十村九空，官府从山西洪洞等人口稠密地区迁入大批移民定居。明末，因清军入关，境内两次战乱，导致人口数量锐减。清初，官府从山西洪洞、河北玉田、山东寿光等地迁民至龙池境内定居，迁入姓氏有30余个。中华人民共和国成立前，零星迁入或境内村庄居民分支析出至此的有20多个姓。2019年年底，原住居民穆姓、丁姓人口消失。境内有于、马、王、方、尹、邓、石、田、史、付、代、邢、毕、吕、朱、乔、任、刘、齐、闫、安、孙、李、杨、肖、吴、辛、宋、迟、张、陈、范、金、周、郑、郎、赵、郝、胡、姜、宫、姚、徐、高、郭、唐、曹、戚、龚、盛、崔、阎、寇、董、韩、傅、温、满、谭、翟、魏61个姓氏。

2019年，全镇人口24607人，其中汉族24569人，回族、满族、蒙古族、朝鲜族少数民族38人，比例为647：1。

镇域经济

经济总量　1993 年 7 月，龙池撤乡设镇。镇域总面积 158.4 平方千米，辖 27 个行政村。到 2019 年，行政区划一直未变。2000 年，全镇地方财政收入 422 万元，农民人均纯收入 3832 元。2005 年，全镇地方财政收入 930 万元，农民人均纯收入 5372 元。2010 年，龙池镇拥有盐田 2700 万公顷，年产海盐 130 万吨，溴素生产能力达 1.45 万吨。是年，地方财政收入 2995.6 万元，农民人均纯收入 8412 元。2015 年，全镇地方财政收入 7831 万元，农民人均纯收入 13525 元。2019 年，全镇地方财政收入 5830 万元，农民人均纯收入 20358 元。

农林牧渔业　农业是龙池镇的主要产业。1982 年，实行家庭联产承包责任制。1998 年，对 3.7 万亩土地进行第二次延包。主要粮食作物为玉米和小麦。经济作物面积 2.1

麦秋播种（2019 年）　　徐庆恩　摄

田间管理（2019 年） 龙池镇党政办公室 提供

万亩，主要为棉花和果树。1986—1995 年，农机具以小型为主；1996—2005 年，推广先进农机具，联合收割机、农用汽车、拖拉机、挖掘机等大型农业机械相继进村入户。2000 年，全镇改造中低产田 5900 亩，达到旱能浇、涝能排、田成方、林成网、路相通、沟相连。2016 年，投资 1200 余万元，高标准治理农田 1 万亩，硬化出村路及生产路 19 千米，龙池镇南部村庄群众生产生活条件有所改善。

龙池镇注重农田林网建设，营造防护林带，发展果品生产。1995 年，昌邑市实施十大跨世纪兴市富民工程，其中 10 万亩防护林工程在龙池镇北部建成两条防风林带，面积 4213 亩，有效抵御了沿海风沙。果园发展到 4500 亩，年产水果约 4000 吨。到 2005 年年底，全镇林网覆盖面积 3.64 万亩，"四旁"（村旁、路旁、水旁、宅旁）植树 20 多万棵，林地面积达 8751 亩，林木覆盖率 19.4%。宜林荒地全部绿化，公路、街道形成绿色长廊。2010 年，东利渔村在丰产河东岸种植葡萄采摘园 500 亩，形成旅游观光、采摘体验一体化新型农场。2016 年，龙池镇对荣乌高速、新海路等 445 亩林带补植更新，对海丰路两侧进行高标准绿化。投资 60 余万元，将境内 3 条主要道路及工业园区进出路域治理托管，对旅游景区进行绿化托管，镇区和园区环境明显改善。2018 年，东利渔村引进种植文冠果树 200 亩，并制作养生茶系列，年收入 100 万元。2019 年，在抗击台风"利奇马"攻坚战中，加固堤坝、河道 3000 余立方米。全镇林地面积达 1.8 万亩。是年，投资 1686 万元，启动占补平衡土地整治项目，治理农田 1250 亩，硬化田间道路 10 条

14 千米，新建桥涵 11 座，排水沟清淤 2.1 千米。

畜牧养殖是村民重要经济收入来源之一。1986 年，全镇有畜牧养殖专业户 80 户，年出栏生猪 3000 头、家禽 13 万只。到 2005 年，全镇建成饲养小区 50 个，畜禽饲养专业户 350 户，年出栏生猪 9700 头、家禽 330 万只，年产鸡蛋 36 万千克，年孵化肉食鸭苗 720 多万个。2019 年，生猪出栏 2.25 万头、家禽 338 万只。

1986 年，全乡淡水养殖水面 5000 多亩。2005 年，养殖水面 850 亩，年纯收入 476.5 万元。2019 年，养殖水面 300 亩，年纯收入 180 万元。

工业 清末民国初，龙池丝绸业逐步发展壮大，纺织印染渐成规模。1907—1921 年，瓦东、瓦西、南白塔村有复兴店、利盛斋、锦盛茂等商号，木制织机 20 余台。1956 年，成立丝绸小组，拥有木制织机 100 多台。1959 年，共有铁制织机 10 台、木制织机 105 台。1977 年，重建丝绸厂，日产丝绸 2000 米，年产值 41 万元。1985 年，龙池丝织二厂年产值 93 万元。

1984 年，龙池塑料厂年产值 84 万元，1985 年年产值 268 万元。1986 年，乡镇企业有农机维修、丝织、建筑、冷藏、汽修、化工、砖场、盐场等，1996 年全部改制为民营企业。

龙池素称“渔盐之乡”，盐化工是全镇工业主导产业。90 年代，开始推广塑苫技术。至 2005 年年底，结晶池全部实现塑苫化，避免阴雨天雨水化盐造成损失，原盐产量和质量大幅提高。

2003 年 10 月起，龙池镇开始发展溴素生产。2005 年，投资 10 亿元，引进海能氯碱项目、海玉盐化工项目。到年底，全镇有溴素厂 8 家，年产溴素 1.35 万吨，出口东南亚、韩国等国家和地区。2013 年，设立龙池工业园。2014 年，引进项目 38 个，引进资金 15.5 亿元，为龙池提供就业岗位 1800 多个，完成税收 1500 万元。2015—2017 年，引进项目 46 个，总投资 59.06 亿元。2018 年，投资 3000 万元，建设工业园至柳疃污水处理厂排污管道，建成日供水 1 万立方米中水供水管道，解决园区企业用水紧张问题；建设自来水公司至工业园日供水 2 万立方米管线和 220 千伏变电站 1 座。

2019 年，储备项目 27 个，总投资 119 亿元。引进总投资 29.5 亿元的美诺光引发剂和海能化学蒽醌新材料、废盐资源化利用等项目，三力本诺总投资 15 亿元的 10 万吨果糖制呋喃二甲酸二甲酯项目，与济南大学共建山东卤素精细化工研发中心。全镇有民营企业 462 家，总资产达 100 万元以上个体企业 16 家。总资产 2413.7 万元，年产值 22.46

曙光（2018 年）　　龙池镇党政办公室　提供

亿元，年收入 22.71 亿元，利税 1.91 亿元，实现税收 1.38 亿元，从业人员 2548 人。

商贸服务业　1903—1937 年，岱邱村迟文秀在柳疃开办日新镶牙馆；龙街村齐恩州开办周记车行，齐作文开办汇昌祥布匹杂货店；白塔村陈兆祥开办中原商店，经营布匹、绸缎及杂货；马渠村陈有三经营水饺；岱邱刘昌礼经营车子铺。1938—1945 年，白塔村陈少惠在昌邑县城内经营百货，瓦城村赵吉太、马渠村魏邦告在柳疃经营丝绸。1949 年前，商贸流通主要通过集市、庙会交易。1956 年，私营商户过渡到合作社。1970 年后，个体私营商业消失，商品实行计划供应。1986 年后，个体商业、服务业兴

龙池市场（2019 年）　　龙池镇党政办公室　提供

盛。1993 年，龙池供销社改由个人经营。境内有 6 处集市、4 次山会，以交易农副产品和日用品为主。2000 年起，龙池镇区街道两侧陆续建成楼房，商贸服务业发展迅速，形成千米商贸服务中心。2005 年，全镇共有注册商贸服务业户 450 户。2007 年，先后对政府街等商业网点配套完善，又建成 4 路、4 条商贸街。到 2017 年年底，辖区内共有各类工商企业 193 家，个体工商户 904 户，农民专业合作社 83 家。2019 年，全镇有各类工商企业 218 家，个体工商户 1127 户，农民专业合作社 88 家。

社会事业

学校教育 1995—1997 年，基本普及九年义务教育，教学设施得到根本改善，教育资源进行优化组合，形成布局合理的教育网络。2019 年，龙池小学投资 200 万元，新

昌邑市龙池初级中学（2019 年） 李宁 摄

建塑胶跑道和运动草坪广场、图书室、阅览室等学习、活动场所，配备文体活动器材、健身器材。2019 年年底，龙池镇有初级中学 1 所，教职工 39 人，在校生 321 人；有小学 1 所，教职工 36 人，在校生 517 人。

医疗卫生 1956 年，规模较小的村选配 1 名保健员，配备保健箱，为村民开展医疗服务；较大村庄开办卫生室，主要以中药、针灸、偏方、验方为村民防病治病。1970 年，全公社 27 个大队均设卫生室。1986 年后，开始规范合并个人卫生室，由乡镇医院联合管理，称“村办院管”。1986—1990 年，全镇共有 27 个村办院管卫生室，56 名乡村医生持证上岗。1991 年，全乡有 23 个卫生室达到市合格标准。1996 年，有 42 名村医取得山东省卫生技术人员职业证书，其中 30 人获得医师职称，中专及以上学历达 75%。1997—1999 年，有 11 个卫生室达到“乡村一体化卫生室”标准。2002 年年底，西白塔村建成“潍坊市规范化卫生室”并验收合格。至 2005 年年底，有 9 个卫生室建成“乡村一体化卫生室”，其中西白塔村、瓦北村、东利渔村建成潍坊市“十百千”标准化卫生室，实行“五统一”管理（统一人员管理，统一业务管理，统一财务收支管理，统一药品及医疗器械购销管理，统一绩效考核和薪酬分配管理）。2002—2004 年，4 名村医参加潍坊市卫生局举办的乡村卫生技术人员培训班，取得助理职业医师资格证书。2003—2004 年，13 名村医参加山东省中医药知识培训班。2005 年，全镇 36 名村医参加相关培训班。2006—2008 年，全镇 27 个行政村有油坊、利渔、姚徐邓、东白塔、王家庄、镇区、瓦北、龙北、马渠 9 个标准化卫生室，9 名乡医获得职业医师资格，所有卫生室纳入一体化管理，持证上岗，定期培训，统一进药渠道，确保患者用药安全。2017 年，全镇有卫生室 9 个，乡村医生 15 人，全部为新农合定点卫生室，均实行一体化管理。其中提升服务能力卫生室 7 个，标准化卫生室 80 平方米，社区卫生室 210 平方米。

1969 年 6 月，龙池人民公社 27 个大队均建立合作医疗制度。至 1970 年，全社普及。之后停办。1976 年，龙池卫生院再次实行合作医疗制度，由于保障水平、报销比例、就医范围等因素制约，未能延续。

1991 年，启动合作医疗工作，每人每年筹集资金 3 元，全镇有 22 个村参加。但由于报销比例有限，群众积极性不高，一年后停办。1997—1998 年，再次建立合作医疗制度，仍因保障及报销等原因，无果而终。2003 年 6 月，龙池镇卫生院开始实行新型农村合作医疗制度，随着筹资水平、报销比例和范围逐渐增高，最高限额逐渐增加。2011 年开始，实施新型农村合作医疗一卡通，为每位参合人员发放新型农村合作医疗卡。

2012 年，辖区内 27 个行政村参合率 100%；住院报销比例 80%，基本药物和中医药报销比例为 90%。2012 年 9 月，为方便患者，龙池镇卫生院正式启动新型农村合作医疗即时结报制度，参合农民携带新型农村合作医疗卡到医院就诊、住院时，先报销后结算。2013 年 7 月，启动新型农村合作医疗大病保险即时结报，山东省规定的 20 种重大疾病，在龙池镇卫生院住院报销后，个人承担部分，根据比例，实施即时结报。2014—2017 年，龙池镇卫生院住院报销比例最高报销 90%，门诊费用最高报销 55%，定点卫生室报销 45%，全镇平均每月报销 50 万元左右。2019 年，龙池镇卫生院住院报销比例最高报销 90%，门诊费用最高报销比例为 60%。下设定点卫生室报销比例 60%，全镇平均每月报销 13 万元。

龙池医院 1952 年 7 月，区卫生所同 3 个联合诊所在齐西村合并成立龙池医院，流动资金 25.83 万元，从各生产大队筹集保健资金 23.46 万元，加昌邑县补助，到 1960 年 8 月，流动资金为 42.03 万元。1971 年，龙池医院迁至魏西村南路东，占地面积 7800 平方米，建筑面积 3560 平方米，改称昌邑县人民医院龙池分院，病床由 3 张增加到 27 张。90 年代，龙池镇卫生院投资 77 万元，先后引进 B 超机、X 光机、高频电刀、半自动生化分析仪、尿液分析仪等先进医疗设备。1998 年，龙池镇卫生院投资 16 万元，新建病房 342 平方米，同时新建手术室。1999 年 10 月，投资 65 万元，新建综合门诊楼 824 平

龙池医院（2019 年） 龙池镇党政办公室 提供

方米。2002 年，设预诊室、接种室、观察室、冷链室和资料档案室共 8 间。2009 年，全镇开展居民健康档案、慢性病管理等 11 类国家基本公共卫生服务项目。2019 年，卫生院有干部职工 26 人，其中医生 17 人、护士 5 人。门诊量 2.7 万人次，业务收入 240 万元。全镇设卫生室 9 个，乡村医生 16 人。2000—2019 年，龙池镇卫生院先后被潍坊市卫生局、昌邑市政府、昌邑市卫生局授予“妇幼保健工作先进单位”“新型农村合作医疗工作先进单位”“人大代表评议满意单位”“服务农村经济工作先进单位”“潍坊市卫生系统先进集体”称号。

社会文化 龙池文化娱乐活动，以民间传统形式为主，如耍龙灯、舞狮子、跑旱船、打花鼓、踩高跷等。鼓书说唱有《包公案》《大八义》《水浒传》等话本。业余剧团俗称“子弟耍”，传统剧目有《打彩楼》《桑园会》《武家坡》《捉放曹》《空城计》《战宛城》《大保国》等。

中华人民共和国成立后，群众文化活动日益丰富。1959 年，龙池人民公社成立文化站，自编、自演戏剧、快板、相声等节目。2013 年起，举办各种文娱表演、演唱会，组织秧歌队、舞蹈队、京剧演唱等，自编、自导、自演。

1974 年，龙池人民公社成立电影放映队，巡回到各村放映，每年放映 300 余场。1975 年，马渠村、王家庄子村办起电影队，每周至少放映一次。90 年代末，部分村成立电影队，由镇电影站负责发片，村放映队负责本村电影放映。2006 年，镇电影队撤销。

1958 年秋，昌邑县广播站向龙池直线广播。1979 年，全乡广播户户通，有舌簧喇叭 6500 多个。1982 年，有 17 个大队购买彩色电视机，为村民播放电视，群众也开始购买电视机。2004 年，龙池镇广播电视管理站成立。2008 年，改属山东广电网络有限公司昌邑分公司，全镇有线电视用户 6000 多户。2010 年，全镇实现有线电视村村通。2011 年，全镇更换数字电视机顶盒 6380 户。2014 年，全镇实现光纤全覆盖，安装广电宽带用户 1100 户。至 2017 年，智慧龙池、龙池天网、龙池初中视频监控和宽带专线、可视会议、三务公开、医院接种门诊监控等工程完成。

2011 年，镇图书馆建成，总面积 600 多平方米，设有图书室、多媒体教室、电子阅览室、书刊阅览室、少儿阅览室和低幼儿活动室。图书馆藏书 3 万册，电子音箱资料 100 余盒，其中农民用书 1 万册、学生用书 8000 册、幼儿用书 2000 册、机关干部用书 1 万册，书刊种类 30 余种，阅读座席 60 多个。2017 年，镇图书馆有专职管理人员 4 人，其中 1 人为研究生学历，3 人为全日制本科学历，全部经过培训上岗；有村级图书馆 18 个。

2002年4月，成立昌邑文山诗书社龙池北海分社。2017年，会员发展到54人。2004年7月，成立龙池镇老年学校，设书画、诗词、京剧、秧歌、舞蹈班。2018年，有学员230多人。2015年5月，成立昌邑市民间文艺家协会龙池分会。2017年，有会员136人。2014年，成立昌邑市书法家协会龙池工作站。2017年，有省级会员1人、潍坊市级会员4人、昌邑市级会员16人。2019年，文山诗书社龙池北海分社有会员49人，老年大学有学员100人，昌邑市民间文艺家协会龙池分会有会员126人，昌邑市书法家协会龙池分会有会员16人。有锣鼓队10支，舞蹈队19支。举办诗词书法展2次，锣鼓舞蹈演出12次。

体育健身 2003年，各村修建健身广场，并安装健身器材，有篮球场地和乒乓球室。广场舞、扇子舞、秧歌等健身活动天天都有。每年春季，镇团委组织举办篮球比赛；秋季，各社区举办乒乓球邀请赛。

居民生活

收入消费 1949年，龙池人均年收入仅数十元。1964年，人均年收入不足300元。1978年，人均年收入约600元。80年代起，居民生活水平逐年提高。1996年，农村人均年收入4783元，比1964年增长近15倍。全镇职工人均年收入6738元，比1958年增长20多倍。2000年以后，城乡居民收入稳步增长。2019年，城镇居民人均可支配收入36789元，农民人均纯收入20358元。

1950年，实行土地改革，百姓逐步摆脱贫困，逢年过节可以添置土布新衣。60年代后期，居民始有的确良、化纤布衣裤，取代纯棉布衣裤。70年代，男女结婚彩礼有手表、缝纫机、自行车“三大件”。镇上公职人员大都租住公房，出门骑自行车。70年代后期，自建住房渐多，泥墙草屋逐渐绝迹。80年代，农村居民大多翻建住房，多为砖木结构，或砖混结构；外出以自行车代步，部分骑摩托车；衣着大多以化纤、毛线为材料。90年代起，建房向别墅发展，安装自来水，配有卫生设备；出门坐公交车，乘出租车。据1996年抽样调查，城镇居民人均住房14.04平方米，农村居民人均住房30平方米；居民每百户拥有彩电87台、黑白电视机51台、洗衣机107台、电冰箱90台。2000年起，轿车进入居民家庭。2019年，全镇私家汽车拥有量约1.8万辆。

社会保障 1999年9月，龙池镇成立人力资源和社会保障所。先后开展农村社会养老保险、新型农村社会养老保险、城镇居民养老保险、城镇居民医疗保险和就业困难人员统计、农村劳动力输出统计、小微企业年检、离退休人员动态管理等。

2011年4月，龙池镇新型农村社会养老保险和城镇居民养老保险工作全面开展。2014年，不再分为新型农村养老保险和城镇居民养老保险，统称为城乡居民社会养老保险。2014—2015年，缴费标准改为100元、300元、500元、600元、800元、1000元、1500元、2000元、2500元、3000元、4000元、5000元10个档次。参保人自主选择缴费档次，按年缴费，多缴多得，但不得超过最高缴费档次，参保人45周岁以上的，累计缴费年限不得少于实际年龄到60周岁的剩余年数，允许补缴，但补缴后累计缴费年限不得超过15年，参保人45周岁（含）以下的，应按年缴费，累计缴费年限不少于15年，补缴部分政府不给予缴费补贴。县政府对参保人缴费给予补贴，缴费即补，补贴标准为30元/年·人，2015年1月起，对缴费500元以上档次补贴60元/年·人。对重度残疾人等特殊困难群体，由镇政府按照每人每年100元的标准代缴养老保险费。到2017年，全镇养老保险参保缴费7359人，共缴纳保险费383.24万元，政府补贴27.71万元，参保率90%以上。

参保人员年满60周岁的，次月开始领取养老金；城乡居民养老保险制度实施时，年满60周岁、未享受城镇职工基本养老保险待遇的，可不用缴费，每人每月领取基础养老金55元。2012年10月起提高到60元；2013年10月起提高到65元；2014年10月起提高到75元，全镇领取基础养老金6179人；2015年1月提高到85元；2016年7月提高到100元。

2014年，龙池镇保障所相应开展城乡居民医疗保险业务。参保范围为龙池镇行政区域内，不属于职工基本医疗保险参保范围的包括农村居民、城镇非从业居民、大中专院校学生以及其他在本地长期居住的居民。2014年起，缴费设为两个档次。一档为每人每年110元，二档为每人每年200元，居民以家庭为单位选择同一缴费档次。2015年，一档为每人每年130元，二档为每人每年240元，政府补助不低于每人每年360元。选择

秧歌（2019 年） 窦宝军 摄

一档缴费的，参保人员在县内可任意选择二级以下定点医疗机构，到三级定点医疗机构住院应经二级医疗机构出具转诊证明，报参保地社会保险经办机构审核批准，一、二、三级医疗机构支付比例分别为 80%、70%、60%；参保人员未经转诊直接到三级医疗机构住院治疗的，按转诊支付比例的 70% 支付；选择二档缴费的，参保人员在市内可任意选择定点医疗机构，一、二、三级医疗机构支付比例分别为 90%、80%、70%。对城乡低保对象、农村五保供养对象、政府供养城镇“三无”人员、政府供养的孤儿和生活困难的重度残疾人以及因病造成生活特别困难并经当地政府批准的其他人员，根据市城乡医疗救助有关规定，由当地政府按一档标准对其个人缴费部分予以全部或部分资助。2017 年，全镇医疗保险缴费人数 20066 人，缴费 505.21 万元。2019 年，全镇医疗保险缴费人数 20829 人，缴费 510 万元。

高度关注弱势群体，深入开展精准扶贫。2019 年，投资 100 万元，修缮房屋 59 户，入户走访 5000 余人次，为贫困户解决各类困难问题 200 余件，在昌邑市精准扶贫满意度调查中，龙池镇位列第一名。

六七十年代，尤其是“文化大革命”期间，学唱样板戏，演出革命现代京剧《红灯记》《智取威虎山》等，还有独幕剧、舞狮子、跑旱船、打花鼓、踩高跷等。农闲时打扑克，如三打一、够级、要分、吊主等，八九十年代以够级、保皇为主。还有下棋，如象棋、军棋、通天棋、小猫老鼠棋、五子棋、顶牛及麻将、掷骰子等。小朋友则玩捉迷藏、指星落月、开火、打纸牌等，还有跳绳、踢毽子、跳方、顶拐、打木棍、掷铅坨等。1982 年后，少数村庄以踩高跷为主。1999 年起，人们逐渐走入歌厅，唱卡拉 OK。2010 年后，扭秧歌、扇子舞、广场舞成为村民娱乐活动主流。2015 年，卡拉 OK 走入广场，还有锣鼓、秧歌，成为龙池各大广场夜间的一道靓丽风景。2017 年后，各种现代健身舞蹈盛行。

精神文明建设

道德模范评选 20 世纪 80 年代，开展“五讲四美三热爱”（讲文明、讲礼貌、讲卫生、讲秩序、讲道德；心灵美、语言美、行为美、环境美；热爱共产党、热爱祖国、热爱社会主义）活动。1982 年，瓦东村民张爱华被昌邑县表彰为“新时期道德风尚模范”，出席潍坊市道德模范表彰大会，被授予“好媳妇”称号，并当选为昌邑县第九届人民代表大会代表。进入 21 世纪，开展以“整治村庄环境、建设美丽家园、促进生态文明”为主题的文明评选活动和以“弘扬孝敬友善、尊老爱幼传统美德”为主题的孝行月、“好婆媳、好妯娌、好夫妻、好邻居”评选活动。2010 年，赵中伟家庭获评“潍坊市十大幸福家庭”，2017 年获评“潍坊市文明家庭”；2018 年，赵中伟被授予全省“担当作为”好书记。2018 年，龙池镇农业综合服务中心主任寇玉湘、抗日战争纪念馆解说员魏铁良入选善行义举四德榜“榜上有名”先进模范人物。2019 年，魏铁良获山东省优秀共产党员称号。

2018 年，龙池镇举办第一届“感动龙乡 · 十佳楷模”活动，镇党委、政府制定详细实施方案，经各村、各部门党员大会和群众代表会议举荐，然后将候选人事迹在龙乡新闻网和各处广告栏内公布，利用网上投票方式选出入围者 20 名，由组委会投票最终选定。2019 年 6 月，评选第二届“感动龙乡 · 十佳楷模”活动，选出老百姓身边的模范榜样。两届活动共选出好婆婆、好媳妇、好医生、好警察、好书记、好干部、最美园丁、

“感动龙乡·十佳楷模”龙池镇十佳楷模颁奖典礼　　　龙池镇党政办公室　提供

最美企业家、最美农技员、最美红色传承人、最美扶贫典型等20人，徐宝伟、寇玉湘、赵中伟、秦少堂、王锡芝、魏铁良、姜言杰、尚庆霞、鞠振宝、迟文山、刘伟、王成芝、明淑莲、王全武、刘同训、王艳红、蒲伟、王代弟、宫慧芳、魏永杰榜上有名。

文明单位创建　20世纪90年代，开展创建文明单位（镇、村、部门）、五好家庭、文明农户、学雷锋树新风、移风易俗树新风、刹“三风”除“六害”等精神文明建设活动。2018年，龙池镇获“2017—2018年度四德工程建设示范镇”荣誉称号；瓦东村被评为“山东省乡村文明家园示范村”；齐西村被住房城乡建设部评为“中国历史文化名村”；龙北、瓦北、王家庄子、王范庄、瓦东、齐西、岱邱村入选“山东省文明村”；龙池镇获“山东省文明乡镇”荣誉称号。

田间雀跃（2017 年）　徐庆恩　摄

绿色宜居环境

“南有千岛湖，北有百塘镇。”龙池镇凭借数百个天然或人工形成的湾塘，拥有独特的人居环境。绿树环绕，荷风送香，每一个湾塘都有一个美丽的传说。龙池街道绿化布局合理，绿树成行，四季有花。全镇城乡环卫一体化管理，城镇、村庄街道洁净卫生。以绿化、美化、亮化为主导，因村施策，美丽乡村建设一年一个新台阶。人居环境提升，村居建设重点打造花园式村落，美丽庭院以环境优雅、文化气息浓郁为主调，实现家家有花有画、有文化内涵。镇区建有龙乡梦幻花海农业生态观光园、龙文化观光园、红色文化广场等，各村皆建有文体广场。2014 年，龙池镇入选国家级生态镇。

荷花池塘（2018 年）　李宁　摄

江北百塘镇

百塘渊源　龙池镇湾塘众多，多由鄑水冲击而成。古鄑水自都昌街道鄑水村经龙池镇果园村东入龙池境，经石桥、楼子、孙家庄、马渠、岱邱、二甲、龙东、龙街、龙北、魏西诸村，转西向北经白塔、姚徐邓、瓦东、瓦西、瓦北，与虞河交汇后流入渤海，境内全长 25 千米。古时鄑水雨水充沛，河水量充足，主河道宽处达 200 多米。其支流众多，长年水流不断，历史上曾因洪水泛滥数次改道。龙池境域为半沙质土壤，北部受海潮影响，土壤沙质化更为严重，受湍急水流冲击或河道拐弯水旋影响，形成大小不一的众多湾塘，大者8000平方米。星罗棋布的湾塘犹如一颗颗硕大的珍珠镶嵌在茫茫海滩上，把渤海滩装点得风光绮丽、蔚为壮观。当地流传着“南有千岛湖、北有百塘镇”的佳话。

龙池镇特殊的地理位置，导致地下淡水资源贫乏，人畜用水全靠湾塘蓄水，迁徙而来的人们择水而居，引水而耕，形成村庄有湾塘、塘边有人家的“水乡”格局。随着人口不断增加，村庄逐渐扩大，距离湾塘较远的人家为用水方便，人为开挖许多湾塘。也有一些湾塘因为建筑取土而成。据1987年统计，龙池镇有大小湾塘350多个，平均每个村庄拥有湾塘近13个，水域面积约164万平方米。湾塘多以形状、大小、方位、用途、湾塘植物、掌故传说等命名。自2000年始，由于干旱少雨，水源匮乏，许多湾塘渐渐枯竭。部分湾塘被填土造田，或填为建设用地。据2019年统计，全镇仅存湾塘103个。湾塘主要用途也不再是蓄水饮用，或为雨水排放，或为水产种养，或为绿化美化的生态湿地公园。

百塘风采

龙池　位于龙北村内，古鄗水流经处。80年代末，仍有18000平方米水域。池周围长满蒲苇，周围村民仍于此日常取水。90年代开始，随着旱情日趋严重，加之村庄扩建回填，水域逐渐缩小。2000年，仅有6000平方米水域。2019年，仅剩一条水沟，上接龙街河，下通马家河。

凤凰湾　位于岱邱村北，与龙东、二甲村交界。湾上有一石桥，名为凤凰桥，桥

池塘（2018年）　李宁　摄

西有一石牌坊。东接黄家崖，南通郭疃河，是古鄑水支流，水面面积 6 亩，呈东西长、南北短的椭圆形，下与龙池相通。传说明朝初年，因龙池有龙，吸引凤凰到此飞舞嬉戏，人们为纪念吉瑞祥兆，遂将该塘取名“凤凰湾”。80 年代，塘边曾出土石碑，记载小龙河形成等事。

玉带河 位于北白塔村北，上游与马家河相连，下游与姚徐邓村张井湾相通，是古鄑水支流，像一条玉带缠绕村子，由此得名。相传北宋时，有马御史路过此地，看到这条河像一条玉带从魏西蜿蜒流向瓦城，且魏西村马家河桥和姚徐邓村张井桥像两个扣子，白塔村沙板桥像一块宝玉嵌在中间，东、西邓家庄又像两个马镫，为风水宝地，遂择居于此，后其果官运亨通。

五龙汇 位于北白塔村中变压器房旁，有 5 条水流从 5 个方向流入，月光下波光粼粼，似 5 条龙在塘中嬉水，遂称五龙聚汇，亦名庙前湾。塘中鱼雪白如银，不与他塘鱼相类。传说村民喝了此塘水，从不染瘟疫。

车门前湾 位于齐西村内，原名车门前，因位于齐恩铭家场院大门前而得名。随着“广顺号”的兴盛，齐西村部分富裕户大兴土木，修房盖屋，在村东门、西门和西南角地势低洼处取土，形成 6 个较大湾塘。东门内 3 个湾塘呈品字形排列，为人畜用水和防火带来便利。南门内有一水塘，紧靠齐恩铭家场院。因场院四面围墙，南为宽约 3 米的车门，旁边有厢房，木制栅栏封门，被称为“车门前”。门前湾塘原有水面面积 3600 多平方米，村民取饮用水俱在此塘，塘内有淡水鱼、河蚌以及荷花，塘边有垂柳，景色宜人，夏秋季节经常有人垂钓于此，门前是老人们的娱乐场所。2016 年清理水塘时，挖出一副不知何时丢到河里的铁瓦车轮。2019 年，车门前湾水面面积 1200 平方米，改称小里河水塘。

洮河 瓦东村内河塘，是与瓦北村的界河，古鄑水支流。东通杨墓田河、菩萨庙湾河、柳树湾，西入大庙湾。洮河东西长 500 米，宽 15 米，河中长满蒲苇。两边原有围墙，古树环绕。中间有一宽阔水面名洮河湾，长 100 米，宽 50 米，平均水深 3 米，深时可达 5 米，水面呈绿色，有多种鱼类。旧时两岸种植桃树，桃花飘落河内，又名桃河。河东西两端皆有石桥，是瓦东与瓦北村的通道。80 年代末断流并被填平修路，成为瓦东与瓦北村的界路。

白玉溪 源起东白塔村东，流经村中至西白塔村，古鄑水支流。长 1000 米，宽 30 米。东有万里桥，系当年陈干组织修建，康有为题写桥名。白玉溪河底为沙质，水常年清澈如玉，遂名。据村民讲，有一奇怪的现象，东来的水很浑，到此便清，西面以西白塔村理想桥（此桥系台胞陈延常捐资修建）为界，流过桥的水便浑。溪内不生绿苔不长恶草，游鱼清晰可见。

西井子塘 瓦东村和瓦西村的界河，也称瑞河，是古鄑水流入渤海的一条分叉河流。南北长 600 多米，河北半部宽 20 多米，南半部宽 10 多米。夏季发大水时望不到边际，水深 3 米，常年不干。河北部有一水井，何时修建已无考证，1983 年仍供村民日常饮用，后因上游断水，水位下降而弃用。河南端有一石桥，俗称瑞桥，修缮多次，是瓦东村与瓦西村交通的必经之路。南通前河，北绕过真武庙后入大庙湾。后村庄改造，村民不断填土，加之上游断流，已干涸，只存小沟可见。

2019 年龙池镇水塘情况一览表

表 2

序号	湾塘名称	湾塘面积（平方米）	湾塘位置
1	车门前湾	1200	齐西村委门前
2	龙湾	37000	齐西村南 500 米路西
3	饮水塘	4000	齐西村东 200 米
4	南斜湾	7500	二甲村东 200 米路南
5	三圣庙北湾	2800	二甲村东北角 200 米
6	东湾方塘	7000	二甲村东 200 米路北
7	西龙河	1000	二甲村西 150 米古牌坊西
8	小龙池	700	二甲村西 150 米路南
9	祥河	3000	龙街村与龙东村之界河
10	祥河东湾	1500	龙街村东北 100 米
11	小瑞河	1800	龙街村与齐西村之界河
12	刘家河	3000	姚徐邓村东 300 米
13	东水塘	2000	龙街村东 300 米
14	前河	30636	龙北村南
15	玉皇庙湾	5500	龙北村内
16	史庙湾	7992	龙北村东 300 米
17	北窑湾	39960	龙北村北 500 米
18	马家河	8658	龙北村西北 200 米
19	龙池	108	龙北村西北
20	鳖湾	5328	龙北村东北 300 米
21	祥龙湾	8000	龙东村东
22	东井湾	1500	龙东村东 200 米
23	辅庙河	1000	龙东村西
24	佐龙湾	5000	红旗路西

续表 2

序号	湾塘名称	湾塘面积（平方米）	湾塘位置
25	潜龙湾	1000	龙东村西
26	小龙河	3000	龙东村东堤河西
27	玉笔沟	1000	龙东村南
28	墨池	600	龙东村家庙前
29	老龙湾	3800	魏西村东北
30	小马家河	3600	魏西村西北
31	小九龙湾	3500	魏西村东南
32	老龙湾	27000	东白塔村东（桥北）
33	海家湾	32000	东白塔村东（桥南）
34	龙源河	99000	东白塔村北
35	白玉溪河	7500	东白塔村东
36	花海西湾	61750	花海西政府街桥南
37	丰粮湾	10400	原粮管所路南
38	西丰塘	26000	丰产河西
39	后界河	10800	东白塔村希望桥西
40	延玖湾	11200	东白塔村高速路北
41	寺庙湾	28000	西白塔村西
42	紫玉溪	17900	西白塔村北
43	迭北湾	13500	西白塔村西（桥北）
44	迭南湾	1500	西白塔村西（桥南）
45	塔西湾	1000	西白塔村西
46	元宝河	10000	北白塔村内
47	菩萨庙湾	8000	北白塔村幸福饭店西
48	六亩地河	14000	北白塔村西 500 米
49	八亩河	12000	北白塔村西 800 米
50	元明地窝塘	9000	北白塔村西 1000 米
51	澡洗湾	6000	北白塔村西 200 米
52	牛道湾	5000	北白塔村西 300 米
53	南界河	8000	北白塔村与西白塔村之界河
54	柳湾	4000	北白塔村中
55	玉带河	60000	北白塔村北
56	三家湾	4000	北白塔村北、高速路南
57	关帝庙湾	100	北白塔村内
58	介明地洼子	50000	北白塔村玉带河东北
59	宝龙塘	40020	郭疃村内南村与北村中间
60	护村湾	93380	环郭疃村东、南、西三面
61	央子河	40020	郭疃村东岱马路两侧
62	东坡塘	53360	郭疃村东坡湿地

续表 2

序号	湾塘名称	湾塘面积（平方米）	湾塘位置
63	官靶路西湾	33350	郭疃村西、官靶路西
64	丰河西湾	30682	丰产河西 200 米
65	南池	33350	郭疃村南
66	凤岭湾	1500	沙岭子村委门前
67	升龙塘	5000	沙岭子村北
68	海眼井塘	6000	沙岭子村西
69	姚瓦街前湾	19980	姚徐邓村姚瓦街庄前
70	斗转星移塘	33300	姚徐邓村东斗一西至斗二东
71	夕至湾	39960	姚徐邓村东斗二西至江河
72	邓西湾	26650	姚徐邓村邓家庄西
73	双庙湾	13320	姚徐邓村徐家庄西
74	南河湾塘	18000	瓦东村南
75	荷花塘	10800	瓦东村委门前
76	二等壕	5000	瓦城孙子庙西
77	马家河湾塘	17333	魏西桥东、西
78	飞龙河	44000	瓦东村南
79	天增湾	6400	瓦东村南
80	三家湾	10000	瓦东村内东南
81	东沟	124000	瓦东村东
82	杨墓田河	50000	瓦东村东 200 米
83	柳树湾	3330	瓦东村东北
84	赵家大湾	13333	瓦东村东桑行北
85	葡萄洼	2000	瓦东村西
86	河北河	4000	瓦东村西、瓦西村南
87	西崖河	5000	瓦西村西
88	鞍子河	8000	瓦西村北
89	洮河	12000	瓦东村与瓦北村之界河
90	大庙湾	20021	瓦城孙子庙南
91	西井子	6000	瓦东村与瓦西村之界河
92	葫芦头	4000	打靶场东
93	南北挺	3000	辛沙路北
94	牛富湾	3000	瓦西村委南 30 米
95	牛栏湾	7000	瓦西村西
96	宝大湾	5000	东利渔村南
97	幸福塘	10500	东利渔村西
98	和谐塘	10500	东利渔村西
99	希望塘	7000	东利渔村东
100	滩子湾	6000	瓦北村东南

续表 2

序号	湾塘名称	湾塘面积（平方米）	湾塘位置
101	北音庙湾	35000	瓦北村北、北环路以北
102	三官庙湾	10000	瓦北村西北
103	菩萨庙湾	5000	瓦北村东南角
104	家西河	46000	瓦北村西
105	一河大水库	100000	瓦北村北、辛沙路北
106	官宅湾	22000	瓦北村委东 50 米
107	大庙湾	15000	瓦北村西南角
108	东南窑湾	21000	瓦北村东南 300 米
109	村东咸水库	45000	瓦北村正东
110	东北井子湾	30000	瓦北村东北角
111	葡萄洼	210000	潍北靶场以北
112	村西水湾	5000	瓦北村正西
113	刘家沟	5000	岱邱村东 200 米
114	菩萨庙湾	4000	岱邱村中部
115	滩子河	8000	岱邱村东 500 米
116	凤凰湾	18000	岱邱村北
117	红星塘	19000	岱邱村东柳龙路与红旗路间
118	红旗池	3600	岱邱村东柳龙路北、红旗路东
119	伏龙湾	12000	岱邱村南、堤河东
120	蓄洪池	12000	岱邱村东、柳龙路南
121	龙河	3600	岱邱村东、龙头河北
122	风水湾	7600	岱邱村东南角处
123	幸福塘	24000	岱邱村与马渠村交界处
124	饲养池	3000	岱邱村原饮水池南与公营间
125	金盆塘	1200	岱邱村东支五路东
126	飞龙池	24000	岱邱村东海昌路东、柳龙路南
127	凤凰池	3300	岱邱村西北角
128	月亮湾	1500	岱邱新区东
129	吉祥池	2500	岱邱村海昌路西与柳龙路南
130	龙门池	4000	岱邱村千里龙门西北角
131	大道河	33333	马渠村西
132	二河崖	8000	马渠村北
133	望子河	30000	马渠村中
134	赵家湾	26666	马渠村北
135	南河	23333	马渠村南
136	魏家湾塘	1000	油坊村西桥南、北
137	幸福塘	800	油坊村委南
138	绿水湾	600	油坊村东路南

续表 2

序号	湾塘名称	湾塘面积（平方米）	湾塘位置
139	南湾	500	王范庄村西南
140	西湾	600	王范庄村西北
141	望楼塘	15000	楼子村东南
142	驯龙河	5000	果园村西、海昌路东
143	小龙河	3200	齐西村东堤河西、红旗路东
144	西大湾	130000	齐西村农场三分场南
145	辅庙河	3600	齐西村东桥北

百塘治理 70 年代起，龙池人民公社对一些湾塘进行疏浚、合并、回填。2013 年开始，龙池镇发挥龙池湾塘、河道众多的优势，以生态承载力和环境容量为约束，以可持续的生态安全格局为支撑，把美丽生态理念融入百塘治理，精心规划，统筹安排，制定具体推进方案，对辖区内小型水库、灌区渠道、湾塘沟渠等各类水域环境，开展清淤清障、堤岸绿化美化等，推动形成美丽生态百塘新景象，打造“江北最大的百塘镇”。

实施湾塘河道垃圾清理工程。对河道、灌区渠道、沟渠、湾塘等水面漂浮物，生产生活和建筑垃圾，畜禽养殖粪便及各类废弃物、堆积物等进行分阶段彻底清理，共清理垃圾 4800 多吨。

实施河道行洪障碍清除工程。对河道内的鸡棚、鸭棚、猪棚、鱼棚、养鱼网箱、拦河网具和非法建筑物、构筑物及影响行洪的高秆作物，乱采滥挖形成的阻水障碍物、围堰、竹节坝等进行清除，共清除各类养殖棚 70 个，养鱼网箱 150 个，非法建筑物 40 处、建筑面积 9000 多平方米，围堰、竹节坝等影响泄洪障碍物 30 多处。

老龙湾（2018 年） 李宁 摄

实施湾塘河道生态绿化工程。在河道行洪范围内种植不影响行洪的低矮的陆生、水生植物；在辖区内各湾塘周边以及河道行洪范围以外选择适应性强、病虫害少、绿化效果好、经济效益高的植物进行绿化，共栽植各类树木40余万株，湾塘河道生态环境改善。

龙池镇地处峡山水库灌区末端，灌溉周期长，用水困难。2013年5月，龙池镇建设堤河、小龙河交界处北50米拦河蓄水节制闸工程，提高农业用水保证率，做到旱能浇、涝能排。8月起，对湾塘河道进行清淤连通治理，共清淤98万立方米，湾塘河道生态功能逐步恢复。2016年，主要恢复湾塘的旧时风貌，依照传说掌故，打造人文景观，并用科学方法恢复塘内绿藻微生物，塘边植树，重新引来水鸟栖息和繁衍，逐渐再现昔日风声鸟声交融、花香水香共袭的美丽景致。2019年，根据文旅路线走向，着重对沿路湾塘进行打造，建成湾塘景点10个，成为游人观赏、游乐、歇息之佳处。

镇村建设

镇村规划

镇域规划 1998年，开始镇域规划。2001年1月，龙池镇党委、政府委托潍坊规划设计院对全镇小城镇建设进行全面规划。3月，编制《昌邑市龙池镇规划文本》。规划年限，近期定为2003年，城镇化水平20%；中期定为2010年，城镇化水平达40%，与山东省城市化水平基本一致；远景定为21世纪中叶。

2009年8月，编制《昌邑市龙池镇控制性详细规划》，规划采用"片区—街坊—地块"三级管理单元，分别进行规划控制和引导。规划范围为北至富龙街、南到南环路、西至龙河潭路、东到龙泉街，占地面积109.7公顷，其中规划城镇建设占地面积102.44公顷，水域等非建设占地面积7.26公顷，规划片区人口总量8000人。聘请山东省城镇规划建筑设计院编制《龙池镇龙海路商业街规划》，规划范围南起政府街、北至油漆厂北侧支路段，总长786米，红线宽30米，建筑后退红线7米以上，规划控制面积9.77

公顷。近期龙池镇空间分为三级，一级为镇府驻地，二级为各中心村，三级为各基层村。各基层村人口随城镇化进程，逐渐向镇驻地和中心村转移。远期形成以镇驻地为主体、以南北两个组团为翼的两极结构，一级为城镇驻地，1 万 ~ 1.2 万人；二级为居住组团，7500 人左右。

专项规划 2009 年，编制《昌邑市龙池镇服务业园区规划》。服务业园区位于龙池镇区的西南部，规划范围北至商业街北部河流、南至南环路南部支路、西至龙海路、东到龙泉路，占地面积 41.7 公顷。

2017 年，编制《昌邑市龙池化工园区产业发展规划（2017—2030）》。近期为 2017—2020 年，远期为 2021—2030 年。同年，编制《昌邑市龙池化工园区总体发展规划》。规划范围为丰收路以东、堤河以西、规划一路以南、新海路以北，规划总占地面积 1293.94 公顷，其中建设占地面积 1274.5 公顷，非建设占地面积 19.44 公顷。

2015 年，编制《昌邑市龙池镇齐西村传统村落保护发展规划》。规划范围为齐西村村域，规划占地面积 71.8 公顷。规划近期为 2015—2020 年，中期为 2021—2025 年，远期为 2026—2030 年。

2016 年，编制《昌邑市龙池镇·齐西村历史文化名村保护规划》。核心保护区面积 3.6 公顷，建设控制地带 19.5 公顷，环境协调区 48.7 公顷。规划近期为 2015—2018 年，中期为 2019—2025 年，远期为 2026—2030 年。

龙文化公园鸟瞰（2019 年） 龙池镇龙池镇党政办公室 提供

沿政府街自西向东把龙池镇西入口梦幻花海生态园、镇政府综合服务中心、红色文化广场、文化体育中心等串联起来，打造一条文化、生态、活力共融的景观轴线，根据轴线沿线整体功能布局和景观资源布局特征，规划政府街逐步发展成为镇区重要公共建筑的展示景观轴线。道路两侧建筑延续现代简约和中式简约风格，突出“富美靓丽”定位，彰显小镇魅力。沿现状水体形成的生态环状水系，打造镇区滨水景观带。鼓励沿河设置中小型休闲设施并增加公共活动场地及设施，塑造滨河开敞性公共休闲廊道景观特征。近期重点推进河道综合整治，主要包括水质改善、河道整治、岸线设计和改造、沿河防护绿带和公共绿地建设等，塑造优美的滨水自然生态景观特征。

公共服务景观风貌区是城镇景观面貌的核心展示区，部分建筑以现代风格为特征，新建建筑以中式建筑风格为主，建筑色彩以灰色、白色、红色为主色调，营造厚重、唯美的色彩氛围。

生态文旅风貌区基于古村保护，建筑色彩以灰色、白色、红色为主色调，体现古朴、文雅的建筑风格，体现“千年古村”文化旅游特色。

居住景观风貌区采用简洁大方的建筑风格，体现色彩淡雅、错落有致、生态宜居的田园居住风貌。

镇区建设 1980 年，龙池人民公社驻地齐西村只有一条东西大道，宽不过 10 米，两侧有几家小商铺，路两侧是公社机关、卫生院、供销社、粮站等单位。2005—2006 年，龙池镇不断创新融资机制，通过“土地生一点、财政挤一点、上级拨一点、向外引一点”的方式，多元化筹措资金，狠抓基础设施建设，不断完善小城镇载体功能。投资 300 万元，完成院校街、北海路等道路改造，形成四通八达的农村公路网络，全镇道路实现“村村通”；对境内主干道两侧和商住区进行全面绿化、美化和亮化，实现“区净、灯亮、地绿”。2009 年，发展“沿路商业”，在龙海路、政府大街等主干道两侧兴建商住楼，同时在镇驻地西侧规划新建一处新的商业居住区，鼓励引导更多农民进镇落户、建店经商，走“以商带住、以住促商”的路子。结合新农村建设，鼓励镇驻地村和周边村，按照“紧凑、合理、适用、安全”和节约用地的原则，兴建农民公寓楼，按照社区化管理模式，逐步改变群众生产生活方式，以优美的生活环境、舒适的居住条件、和谐的社会氛围，让群众切身感受到现代生活气息，把龙池镇建成经济繁荣、功能齐全、特色鲜明、环境优美、秩序优良的“乡村城镇”。2010 年，投资 400 余万元，进行河道整治，整砌护堤、种植树木，建成龙池镇文化公园；在郭疃村建成样式新颖独特的商住楼；

龙池绿地建设（2019 年） 徐庆恩 摄

在魏西村建成花园式小别墅区。通过土地置换方式，盘活闲置土地，建成住宅小区，改善居民生活环境。

2011 年，成立小城镇建设管理领导小组，设立社区综合服务中心，在土地、房屋、规划等方面，严把审批关、建设关、质量关，从源头上杜绝不合理开发，避免恶性循环。在物业管理和环境卫生方面，保证水、电、暖正常供应，成立日常保洁队伍，实行动态管理，落实责任制，促进城镇管理的稳步有序提升。改造驻地大街，拓宽到 30 米，沿街建成连片商住两用二层楼，有 180 余户商户入驻，成为全镇最繁华的地段。2012 年，镇政府加大投入，主街两侧铺设地板砖，建起绿化池，种植花木，安装路灯，修建供排水设施，安放垃圾桶，配备专职保洁员、花木管理人员。

村居建设 改革开放以前，龙池镇农村居民建筑院落狭小，住房为土木结构，人均居住面积不足 15 平方米。院内搭建牲口棚、草料棚，堆积垃圾，村里街上搭猪圈、堆柴草，居住条件、环境卫生条件差。改革开放以后，随着经济条件的改善，村民建房面积扩大，标准提高。1985 年始，建房改为砖瓦结构、玻璃门窗，庭院多为 16×16 米，院内不再有牲口棚、垃圾堆等，多以花木、菜园取代。1986 年，开始统一规划建房，统一安排宅基，统一规划布局。2009 年开始，社区建设、合村并居成为趋势。社区建设以农村小康型和城镇小区型为基本模式。农村小康型，如建成沿街二层楼房，从平面布局、立体造型上，既有传统农村住房特点，又可开店经商，发展个体经济。城镇小区型，如岱邱新村、君逸家园、圣福苑小区，以“4+1”高层、一梯两户式住宅楼为主，其规划建筑设计标准不低于城市居住小区。

基础设施

道路建设 90年代初，龙池开始对镇域内市级公路和镇村公路进行硬化。1994年11月，对丰收路4200米路面由6米拓宽至10米。1994年11月，修建商业街、龙源路（二甲庄至东白塔）。1997年3月，丰收路改官靶路（柳瓦路南），铺设9米宽沥青路面。1996年，对柳瓦路岱邱至国防路段路面由9米拓宽至17米，改建二干渠1150米，建设建筑物4座。1998年3月，修建干尾路1700米，路面宽6米。2000年，柳瓦路北丰收路改官靶路，铺设7米宽沥青路面。2002年4月，修建希望路1828米。2002年7月，修建龙昌路、王庄运盐路6800米。2003年7月，修建蚕茧路、南环路、龙源路。2005年，一号公路铺石硬化6500米，岱马路4000米、政府街2280米铺设为水泥路面。2006年，修建海玉运盘路4000米。2010年，兴昌路50米、太马路1900米铺设水泥路面。2014年，东利渔土地整理项目出村路铺设水泥路面3400米。2015年，希望路1100米铺设为水泥路面。2016年，龙街出村路635米、龙东出村路60米、沙岭子路1400米铺设为水泥路面，对院校1170米进行沥青罩面，二干渠七支路2800米、北白路（富龙街）1470米铺设为水泥路面。2017年，三瓦路1000米铺设为水泥路面，万亩高标农田串干路铺设水泥路面2900米。龙池镇农村公路养护63.77千米，其中乡道28千米，村道35.77千米；传统性养护43千米，其中水泥路12.7千米，砂石路30.3千米；季节性养护20.77千米。2019年，对硬化路面进行统一养护保养，养护经费全部由镇政府财政解决。连接昌邑市区到龙池的“民心路”海昌路建成通车，打开龙池镇区乃至园区的“北出口”。投资60万元，安装高标准遮挡式公交站牌10个，进一步方便群众生产生活。

水利配套 自70年代始，对蓄水系统进行改造扩建，特别对各村湾塘进行清淤。到90年代初，清淤改造湾塘108个，清淤98万立方米。2000年，对部分湾塘的圩堤进行加固加高。2013年，龙池镇对103个水塘进行环境保护，清淤面积达8000平方米。2017年，在东利渔村南、大莱龙铁路以东、辛沙路以北，利用废弃河道，修建一座占地约700亩的小型水库，利用丰水年的峡山水库水，胶东调水工程的长江、黄河水，位于虞河、丰产河之间丰水年的存水，合理调节利用水源。水库建成后，库容400万立方米，有效增加地表水蓄水量，增加区域内工农业用水，改善生态环境以及发展旅游业，提高供水保障能力。该水库及配套设施工程投资8000万元。

70 年代起，每年秋冬季节对干渠进行清淤疏通。90 年代后，对主要干渠实施防漏处理。2010 年，投资 25 万元，对主要干渠进行硬化处理。2019 年，投资 30 万元，对主干渠全面实施防渗漏硬化处理。

80 年代以前，实行自流灌溉。90 年代开始，由于干旱严重，开始打井和湾塘日常蓄水灌溉。2000 年，连续每年投资 30 万元，开始建设泵房提水。2010 年，投资 600 万元，将农电线路延伸到所有农田。2018 年，投资 700 万元，将农电线路架到所有农田末梢，保证涝时可排、旱时可灌、用水安全和生态稳定。

2019 年，全镇有蓄水池 104 个、小（1）型水库 15 座、小（2）型水库 17 座，总蓄水量达 300 万立方米，控制灌溉面积 2 万亩；有骨干渠道 2 条、渡槽 1 座，总长 12.1 千米；有农灌井 56 口，高效节水井 97 口，农电灌溉台区机井 41 口。

电信服务 中华人民共和国成立前，境内邮政业务由柳疃邮局（四等邮局）代办，没有专门的投递员。日常通信依靠私人商铺购买邮票和代收信件，不具备邮寄物品和拍电报的条件。1945 年，境内设一名投递员，常住柳疃乡，步行投递信件，并发送报纸 100 多份。1950 年，成立龙池邮政代办所，报刊发送量增加到 300 多份。1954 年，龙池邮政代办所开办电报、电话业务，有电话机 3 部，实行“四到门，五不出村”的业务活动，即送信、送包、送款、送报到门，群众寄信、汇款、寄包、打电话、打电报不出村。1955 年 2 月，龙池邮政代办所改为龙池邮电所。1955—1960 年，龙池邮电所共发送报刊 3700 份，收发电报 189 封，往外汇款累计 1.27 万元。1960 年，龙池邮电所改为龙池邮电支局。1961 年，龙池邮电支局改为龙池人民公社邮电局。1963 年，恢复龙池邮电支局。1965 年，龙池邮电支局改为龙池邮电所。1973 年 10 月，龙池邮电所由龙北村迁至镇政府驻地，改为龙池邮电支局。1982 年，发送报刊 3800 多份，其中《少年报》1045 份。

1995 年，在镇政府前征地 2.76 亩，建设 704 平方米的邮电支局办公楼。1996 年，开办特快专递业务。1998 年 9 月，邮政、电信分营，仍称龙池邮电支局，开办高考录取通知书、法院文书送达，机动车年审、换证手续及交通违章通知书寄件业务。1999 年，龙池邮电支局迁至龙池法庭原办公楼。2007 年，开办次日通业务，实现省内特快业务次日投递，并开通邮政物流服务。2010 年，随着互联网技术的进步和高速物流业的发展，普通信件、电报业务基本消失。2017 年年底，龙池邮电支局平均每周营业 6 天、36 小时，开通印刷品、普通包裹、汇兑、报刊、储蓄、包裹快递业务，开办全部普通服务业务。

1959年，龙池邮电所安装总机一部，各生产大队先后安装磁石电话。1960年，境内有电话总机两部、电话机36部。1981年，电话机发展到50多部。1982年，马渠村设总机1部。1989年，龙池乡总机由磁石交换机改为程控交换机。1996年，境内部门、企业、农户开始安装程控电话，并实现村村通电话。

1998年，邮电分营，设龙池电信支局，主要经营电信通信业务。1999年7月，电信拆分重组，移动公司从电信局剥离，龙池电信支局主要经营固定电话业务。2000年，龙池电信支局进行大规模电话镇建设。至年底，境内安装固定电话7900多部，电话普及率70%。2002年5月，设龙池网通龙池营业部。2008年10月，原中国网通与中国联通合并成立新联通，在龙池设昌邑联通龙池营业部。2009年，发展2G业务、融合套餐业务，2G放号3409个。2010年，将固话、2G、3G、宽带业务融合为一个套餐，融合用户3160户。2012年，进行通信线路光纤改造，新建交换设备17套，宽带ADSL设备扩容9000多线。新建宽带接入EPON设备122套，当年，全镇宽带用户增至4196户。新建GSM2G基站9个、3G基站6个、4G基站8个，2G信号实现全覆盖，3G信号覆盖率明显提升。在部分网络信号弱的村庄进行补站，改善GSM信号网络，整治老化电缆及设备，提高通信质量。2012年，全镇固话网络一体的用户为3160多户。到2017年年底，全镇宽带业务实现光缆入户，IPTV联通电视直播138个频道，并实现回放功能。

1999年7月，移动营业厅与邮电局正式分离，在龙池镇驻地设立中国移动龙池营业厅。营业厅面积116平方米，职工3人。1989年，开始建设移动模拟电话业务。1995年，开始发展数字电话业务。2000年前后，境内移动电话开始普及。2011年，龙池镇每百户家庭移动电话拥有率99.5%。2014年1月，开始建设4G网络，并对全镇27个行政村进行规模化宽带建设。2019年，全镇移动电话用户1.2万户，4G用户6000户；移动宽带覆盖27个行政村，宽带用户1500户。

公用事业

电力建设 1971年，境内架设10千伏线路4.85千米，电源来自济南军区潍北靶场14号线；9月，瓦西大队、龙池人民公社农修厂各安装50千伏安变压器1台，为龙池电网供电。1980年，境内共有10千伏供电线路43千米，低压供电线路49千米，配变压器34台，容量2070千伏安，可解决电灌农田8000亩。1982年，17个大队的供电由潍北靶场14号线改接到昌邑110千伏变电站107号线供电。1983年年底，境内高压线增至45.5千米，低压线55千米，配电变压器43台，容量2485千伏安，电机369台，功率1015千瓦，照明5450户，电灌面积8000亩，用电村25个。1985年年底，全乡拥有高压线46.2千米，低压线65千米，配电变压器52台，容量3095千伏安，电机739台，功率1418千瓦，照明6042户，电灌面积8490亩，用电村26个。1987年，龙池乡在龙池供电站东建设35千伏变电站，占地面积3000平方米，建设资金由按用电单位人口、变压器容量、用电量分别筹集资金。1989年12月建成投运，安装主电变压器1台，容量3150千伏安。至1991年1月，先后架设01号马渠线、02号乡直线、03号瓦城线、04号靶场线、05号龙北线5条10千伏出线。全境共有35千伏线路1条、5.1千米（龙池境内），导线为LGJ—70裸铝线；10千伏线路55千米，导线为LGJ—35裸铝线；低压线路67.9千米，配电变压器61台，容量5085千伏安。

1996年5月，龙池变电站新增2号主电变压器1台，容量3150千伏安。至年底，龙池变电站共有2台主电变压器，容量6300千伏安；5条10千伏线路，63千米；配电变压器67台，容量6670千伏安。1997年，将10千伏02号乡直线、03号瓦城线（01～30号杆）、04号靶场线（01～30号杆）、05号龙北线主线导线更换为LGJ—35裸铝线，将所有线路P—185瓷横担更换为铁横担和PS—15型绝缘子。1998年7月，将10千伏01号马渠线导线更换为LGJ—70裸铝线。1998年年底，开始农村低压电网改造的筹备工作，1999年年初，自龙北村开始，对26个统管村进行低压农网技术改造，对各村原0.4千伏以下线路重新规划，更换电杆、金具、导线、绝缘件以及下户线、进户线，统一安装电表箱，加装二级漏电保护器。至2000年年底，统管村改造全面完成。

2002—2003年，进行第二次农网改造，主要是10千伏支线改造和统管村配电盘更换。至2003年，改造营子支线、王家庄支线等10千伏线路20.6千米，更换楼子村等配电盘17个。2002年12月，山东裕源集团公司在军盐变电站电源线306军盐线50号杆建设35千伏用户站，主电变压器4000千伏安，产权和管理权归用户。随着用电负荷的增长，同年5月，龙池变电站2台3150千伏安的变压器更换成2台5000千伏安的变压器。同年底，军盐变电站更换主电变压器2台，容量1万千伏安。2007年，再次更换主电变压器2台，容量2万千伏安。其间架设和改造10千伏线路4条，分别是01号炮师线、02号盐田线、03号溴素线、04号民康线（用户专线），主线全部为LGJ—120裸铝线。2005年5月，改造35千伏龙池站03号瓦城线、04号靶场线、05号龙北线，更换8基铁塔、22基15米电杆、4基18米电杆、55基12米电杆，主线01～18号杆为JKLGYJ—120绝缘线，18～89号杆为LGJ—120裸铝导线。2006年5月，35千伏龙源变电站投入运行，有主变 1 台 1 万千伏安，新建 35 千伏线路 4.65 千米，新建和割接 10 千伏线路 2 条，分别是 11 号龙滕线、12 号盛海线。昌邑市海能化学公司成立，新建自备发电厂，功率为 2.5 万千瓦，并配有 2 台 2 万千伏安的整流变压器。2009 年上半年，配合小城镇建设，完成近 3 千米 10 千伏沿街线路的迁移改造，迁移沿街配电变压器 19 台，沿街高低压线路全部使用地埋电缆，实现沿街无架空高低压线路和露天配电变压器。

2010 年年底，境内有龙池站、军盐站、龙源站 3 座 35 千伏变电站，主电变压器 5 台，总容量 4 万千伏安；35 千伏直供户 1 户、4000 千伏安；热电厂 1 处，功率 2.5 万千瓦。管辖 35 千伏线路 4 条、13.05 千米，10 千伏线路 11 条，总长度 164.1225 千米，用电村 26 个，配电变压器 331 台，总容量 47035 千伏安。管辖高压用户 106 户，各类低压统管户 9309 户，低压线路 274.59 千米。2012 年，实施户表改造工程，统一更换电表，安装电表箱，加装二级漏电保护器，完成北白塔、魏西、瓦北、瓦西、孙家庄、龙东、二甲、龙街和镇区低压智能表更换，实现远程采集数据功能；实施王范庄村 4.3 千米、北白塔村 3.9 千米低压线路改造工程，并增加 160 千伏安变压器 1 台。2013 年，完成剩余村庄的智能表更换工作，全部实现远程采集功能。为东白塔、瓦北、龙街、魏西 4 个村各增设 1 台 200 千伏安变压器，并对 4 个村的 13.4 千米高低压线路进行改造；军盐变电站溴素线农网改造升级中压工程更换 LGJ—240 裸铝导线 2.7 千米、15 米电杆 43 基、13 米铁塔 3 基。

饮水工程 1978 年以前，村民生活用水来源于旧式砖井，靠肩挑人抬取水，家庭存水用水缸。水源水质较差，个别村庄水源含氟量超标。遇大旱年，井水供应不足，人畜饮水困难。80 年代初，部分村民在庭院内打井，用压水机取水代替人工肩挑。1994 年，昌邑市投资 5000 余万元，实施北部沿海供水工程，共铺设供水管线 210 多千米。二期工程于 1995 年 11 月 15 日开工，1996 年 1 月 29 日竣工，供水范围扩大至龙池等 3 个乡镇。北部沿海供水工程结束了祖祖辈辈饮用咸水和湾塘水的历史。2017 年，全镇 27 个村实现村村通自来水，饮用自来水用户达 90% 以上。

环卫管理 按照“突出风格，打造精品，建设生态园林式特色小城镇”的目标，确定“一区、一园、两组团”的空间发展模式，明确“五纵六横”路网建设规划，小城镇建设更加科学化、规范化、制度化；规划建设岱邱新村、君逸家园和圣福苑 3 个居民小区；新建垃圾中转站 1 处，安装果皮箱 40 个、垃圾箱 600 个，清除违章建筑 5000 平方米，实现垃圾处理户集、村收、镇处理；2013 年 10 月，全镇设 4 个环卫管理区，对全镇城乡环卫实行一体化管理。改造输电线路，实行弱电入地、强电出镇区，保证供电。

国家级生态镇

城镇园林绿化 龙池镇主题文化公园位于镇政府驻地。公园占地面积 3 万平方米，绿化面积 2.5 万平方米。2012 年 3 月开工建设，11 月竣工并投入使用。公园呈“葫芦”形，公园内有 10 处代表龙池的历史文化遗迹，同时建 10 面文化墙，展示龙池剪纸、齐西故居群、孙子庙、陈干、白塔烈士祠、龙池由来、武进士齐恩铭、马渠书记胡同、江北百塘镇、郚邑古城等龙池人物与文化。

龙池镇高度重视城市园林绿化工作，园林建设立足高点定位，聘请知名机构和北京建筑大学生态修复专家，制定园林城镇建设规划，突出“绿、园、绕”三大特色，构建“一心一环、双轴六区、多节点”的景观系统结构，全力打造特色鲜明的精致园林小镇。以“全域覆盖、满目皆绿”为目标，采取规划见绿、拆墙透绿、见缝插绿等措施，打造出“塘清、路畅、镇绿、景美”的动人景色。对全镇“四纵四横”道路进行了立体式、全方位绿化、美化、亮化。配强创建要素，突出综合施治，管理人员、维护队伍、建设资金优先保障。2018 年，对绿化投入建设管护资金 520 余万元，实现镇区、景区、园区“应托尽托”，确保“专业人干好专业事”。同步将美丽乡村建设、人居环境整治、精品旅游村庄建设融入园林城镇创建，推动园林城镇建设与乡村振兴、产业腾飞同频共振。

2019 年，龙池镇建成区面积 1.12 平方千米，人口 1.18 万人，绿化覆盖率 39.16%，绿地率 35.71%，人均公园绿地面积 23.43 平方米 / 人，建成区道路绿化普及率 92.51%，道路绿地达标率 83.78%，建成区公园绿地面积 27.57 万平方米。

镇村道路绿化 2003—2006 年，实施“村村通”工程，各村在修建公路的同时做好道路绿化，其间共栽植补植各类用材、观赏树木 1.35 万余棵。2009 年，完成道路绿化 4 千米，新增绿化面积 4.6 万平方米，绿化覆盖率达 40%；投资 1800 余万元，打通 4

条镇区道路 5.7 千米，新修柳龙路 1.5 千米、太马路 5 千米，修补镇区路面 4 千米，硬化 20 个村内道路共 40 千米；安装路灯 200 盏，覆盖镇区所有道路。2011 年，在 315 省道龙池镇驻地段，东起枣林旅游路口，西至开元东大道东首 600 米路段两侧全部建起高标准绿化池，栽植法国梧桐、冬青、小叶黄杨等名贵苗木树种 1.5 万余棵。镇政府大院及部门单位门前庭院种植国槐、垂柳、冬青、月季等各种观赏类花木 3000 余株，配备专门的绿化工作人员，及时浇水、施肥、管护，形成三季有花、四季常绿的美景。新建岱邱休闲广场和东白河湿地公园。2013 年，开辟 400 亩绿化苗木繁育基地，引进法国梧桐、合欢、竹柳等国外名贵树种，培育种植垂柳、白蜡树、月季、木槿等数十种花木。

公园绿地建设

梦幻花海生态园 位于镇政府西 1000 米，柳龙路南，总投资 5000 万元，占地面积 500 亩，内有假山、花木林、大舞台等。观光园共分四大板块，油菜花田、葵花田观赏景区和花卉繁殖区，葡萄、火龙果、百香果、蓝莓、猕猴桃等特色水果采摘园，龙虾、毛蟹等水产品养殖区，拓展训练营、钓鱼场、跑马场等休闲娱乐区，是集生态观光、休闲娱乐、绿色采摘于一体的新型农业生态观光园。日接待游客 500 人次。第二届、第三届龙乡文化节在这里成功举办。

龙文化观光园 位于龙池中心小学北、龙池社区南，占地面积 100 亩，2016 年建成开放。园内竹木遍植，有龙生九子广场、皮萨尔植物迷宫、中草药示范园等特色景观，四季有花，全年常绿，风景怡人。

龙乡葵花园 位于齐西古村落东、龙东村西，与齐氏家庙牌坊林相连，是凤凰湾

梦幻花海生态园（2019 年） 龙池镇党政办公室 提供

葵花园（2019 年）
徐庆恩 摄

流入古鄑水，通向齐西的流经处。占地面积 80 亩，2015 年建成并对外开放。中有露天大舞台，能进行大型节目展演，可容纳观众 8000 人。第一届龙乡文化节在此成功举办。大舞台南为 40 亩葵花园，园内还有各种果树，供游人欣赏和采摘。

姚徐邓农民公园 位于姚徐邓村西，占地面积 100 亩，建于 2000 年。内有湖泊，湖中有石桥、观鱼亭，湖岸上有大型假山，是瓦城社区居民消夏的好去处。

美丽乡村建设 80 年代起，路旁、河湾边以及村街两旁广种柳树、杨树、梧桐树。2006 年始，龙池镇开展以秸秆焚烧治理为重点的蓝天行动，以饮水质量保护为重点的碧水行动，以企业排污治理为重点的绿地行动，以村民生活污水和垃圾治理为重点的家园行动，以居民文明习惯养成教育为重点的文明行动，提升人居环境。2010 年后，镇党委、政府先后制定《龙池镇驻地管理办法》《龙池镇关于村镇规划建设意见》《村庄综合环境整治活动方案》《关于在全镇开展生态文明建设实施意见》。实现“两区同建”与保留村貌、综合环境治理同步进行，达到城镇建设与管理由无序到有序，由“脏乱差”到“整洁美”，由随意管理到法治管理。2011 年，投资 360 万元，兴建活动景点 4 处。2012 年，

美丽乡村（2019 年） 龙池镇党政办公室 提供

镇驻地改装太阳能路灯，铺设花砖人行道3500平方米，栽植景观苗木2万余株，埋设地下管道1800米，沿315省道两侧安装宣传社会生活为主要内容的文化墙。2012年，加强镇驻地综合治理，对沿街部门、单位、经营门店落实“五包”责任制。成立75人的村庄环卫队，委托昌邑康洁公司管理，镇政府投资购置环卫垃圾车3辆，设置垃圾箱455个。2012年，开展国家级生态镇创建，各项指标技术检测全部合格。2018年，龙池镇入选国家级生态镇。

2014年，镇政府投资300万元，新建村级文化广场38处，并配备健身设施210套。镇驻地及多数村庄、交通要道，全部达到硬、亮、美、净“四化标准”，被评为昌邑市生态文明建设先进单位。

2018年，西白塔村和北白塔村投资242万元，完成创建省级美丽乡村示范村项目。2019年，实施道路硬化、绿化、美化、改厕全覆盖提升工程，投资900万元，硬化道路6.8万平方米，绿化面积4万平方米，粉刷美化墙体9.8万平方米，清理改造排水沟渠4700米，规整湾塘120亩，新增旱厕改造320户。镇区实施10村连片整治美化提升项目，投资600万元，整合镇政府驻地周边龙北、龙街、齐西等10个村庄，因村施策，全面绿化、美化、亮化。启动镇区靓化提升工程，投资200万元，对9条主要道路路灯及周边绿化进行全面改造升级，打造出3000米独具特色的“网红打卡街”。

美丽庭院建设 2019年，龙池镇将“美丽庭院”创建作为人居环境提升的重要抓

美丽庭院建设（2019年） 龙池镇党政办公室 提供

手，开办美丽庭院微信课堂，邀请优秀示范户在群内传授创建经验，策划“大手拉小手”等志愿活动，带动青少年一起参与，推动全镇创建“家家有花、家家有画、家家有文化内涵”的特色美丽庭院。建成县级示范村 4 个、县级示范户 96 户、镇级示范户 159 户。

文化广场建设

红色文化广场 位于白塔社区东，占地面积 80 亩。四面丛林环抱，分南、北两块。南面为革命先烈和英雄的雕塑画像和事迹简介，广场上有大型红色火炬雕塑，气势宏伟壮观。北面为龙文化广场，广场之间有曲径相通。经常有中小型演出，晚上有锣鼓、秧歌、广场舞、现代舞等活动，还有年轻人喜爱的卡拉 OK，是龙池镇民间休闲娱乐中心。

孙子庙文化广场 位于孙子庙前，西有遏云楼和庙湾，南至瓦东进村路，风景怡人。占地面积 40 亩，2017 年建成开放。戏楼可举办大型文艺、戏剧演出。广场可供居民休闲，晚上有锣鼓、秧歌、广场舞等文艺演出和活动。

五龙溪文化广场 位于北白塔村西南部，占地面积 30 亩。南有旧时五龙溪改造的湾塘，风景秀丽。广场内有篮球场、羽毛球场和各种体育器械。晚上还有广场舞、秧歌等活动，是白塔村村民的休闲场所。

红色文化广场（2017 年） 李宁 摄

蓝色海洋经济

商周时期，龙池沿海地带已是重要的盐业基地。太公姜望封国建邦，齐国依靠渔盐之利，兵强势壮，富甲一方。齐桓公成为春秋五霸之首。齐国被称为海王之国，龙池亦成为齐国盐都、孙膑采地。2009 年起，龙池镇加入打造山东半岛蓝色经济区行列，大力发展海洋经济，科学开发海洋资源，培育海洋优势产业，形成资源配套总体开发框架。2011 年，昌邑市被中国矿业联合会授予“中国溴·盐之乡”称号。龙池镇整合小型、分散盐场，实行规模化生产，合理利用地下卤水资源，科学配套溴素厂，打造出以盐及盐化工系列、溴系列为主，上下游产品配套发展的产业链。2019 年，形成溴素化工和制盐工业联合开发的规模发展态势，综合经济效益进一步提升。

盐都新貌（2019 年）　　解伟　摄

海盐生产

齐国盐都　龙池制盐历史悠久，距今五六千年前，先民已开始自给自足的盐业生产。龙池一带至今流传着“訾郚城，明水洼，晒盐扫硝搂绊马，晒盐的挖出汉朝罐，搂草的搂出唐朝瓦”的民谣。

相传，炎帝黄帝时期，夙沙氏生活于渤海莱州湾一带，首开海水煮盐之先河，被称为“盐宗”“盐祖”，在寿光、寒亭、昌邑一带传授“煮海为盐”的技艺。春秋时期，管仲拜相，首创“官山府海之策”“筏薪煮盐，计口授食”，辅佐齐桓公富民强国，成“春秋一霸”。此时，龙池一带盐业生产已具规模化，有“齐国盐都”之称。秦汉以后，盐业成为重要税源，汉代盐官设 34 个县，利渔村所在都昌是其一。考古证明，鄑邑故城就是一座因管理盐业而设置的商周古城，距今约有 4000 年历史。

制盐工艺 早在春秋战国时期，盐民以火煎日晒，化卤为盐。自夏开始，采取淋卤、煮熬的制盐方法。春秋时期，用青铜锅煮熬。汉代时改用铁锅。因工艺落后，产量一直较低。清初，盐民采用“日晒盐”工艺，秋天打卤水井，翌年春天晒盐。打井一般在滩井子（水池）周围，最大的滩井子有 70 多亩。滩井子皆建在西面，然后依次往东用池堰子（池埂）圈起 4 个制卤圈（每个圈 3 ~ 7 亩），地势西高东低。到春天晒盐时，人们在凌晨 3 点就从井里打水到滩井子里，滩井子每天要保持约 6 厘米的水深。之后将滩井子里的水依次放到 4 个制卤圈里，靠太阳蒸晒成盐。当时没有钟表，人们便把当地一种比麻雀稍大、叫声像画眉鸟，总是在黎明前 3 点左右开始啼叫的“啊拉鸟”当成闹钟。检验滩井子里的水是否成卤，人们多将莲蓬丢进去，莲蓬漂上来便是成卤了。把头（即今领头技术员）最关心天气的变化，一旦被雨淋就要重新制卤。把头依靠观察当地一种叫“叮当”的蜘蛛判断天气，一旦发现“叮当”用泥蛋子堵住窝，便指挥人们赶紧抢盐，将盐池中的盐提前捞出。抢盐时用的是杏木锨，因为杏木硬，而且抗腐烂，有韧劲。龙池盐民靠天晒盐。清乾隆十九年（1754），境内制盐形式有煎有晒，产量增加，并开始挖井晒盐。据《中国盐政实录》载，清乾隆年间（1736—1795），在瓦城村北建有富国场，为官办的十二盐场之一。1951—1955 年，盐业生产沿用老方法。1958 年，盐田归公社所有，盐场改为社办企业，共有 3 处盐滩，每处盐滩年产原盐 125 吨。1957—1958 年，境内原盐产量 1400 吨。1981 年，盐场原盐生产半机械化，用压池机、拖拉机、打坨机等机械进行盐业生产。并开始用砖护池坝，用无纺布护池埂，用塑苫覆盖结晶池。2005 年，结晶池塑苫化达 100%。

龙池盐场 东汉时期，百姓聚集到利渔村一带，依虞河安家，因渔盐获利，故名“利渔”。元代，山东设有 19 个官办盐场，其中富国场设在龙池镇东利渔村附近。明清时期，山东设有 12 个官办盐场，富国场仍设在东利渔村。

清康熙年间（1662—1722），制盐方法开始由煎制改为晒制，东利渔仍属富国场。据《中国盐政实录》载，富国场公署设在瓦城，朝廷派驻大使李昱。上属山东盐运司滨乐分司，下辖利渔、榆英、黄埠三社滩。清乾隆十九年（1754），利渔滩仍属富国场，当时有滩地26处，“春晒八副半，秋晒一副半”，共有晒盐滩10处，其余荒废停晒。富国场下辖的利渔、榆英、黄埠三社滩，共有滩地11845亩，灶地1459.95亩。民国初年，富国场所属盐滩7处，其中包括龙池利渔、瓦城两处：利渔滩地26处，内正滩25处，半滩1处，春晒8.5处，秋晒1.5处，停晒1处，荒5处；瓦城滩地13处，内正滩10处，半滩3处，均荒废。1917年，裁撤西由、富国两场，改组为莱州场，在富国场旧址（东利渔村附近）设莱州分场，场署驻昌邑城。东利渔盐滩于当年停晒。1928年春，东利渔村盐民自动复滩晒盐。1930年，因盐霸阻挠，东利渔村制盐被县令勒令停止。1931年3月，东利渔村盐民派代表徐清政到山东省政府请求复滩，经主席韩复榘批准，恢复建滩57处，占地面积6840亩，隶属莱州盐场，并设立莱州府昌邑县东利渔验放处。1932年，山东盐务局在东利渔村设盐务分局，有盐警一个排，30多人；后增加到一个连，约120人。

1949年年底，昌邑县面对产大于销的现状，将原有167处滩减转为124处，其中利渔减转40处。1953年，利渔滩全部减转停晒。1957年秋，昌邑恢复盐滩35处，总面积3060公亩，有效生产面积2817公亩，其中利渔建滩24处，总面积1926公亩。

1975年10月，龙池人民公社在利渔盐场以东建龙池盐场。1976年投产，盐田有效面积191公亩，职工25人。有砖管井3口，卤水浓度10波美度左右，年产海盐358

龙池盐田（2018年） 龙池镇党政办公室 提供

吨。1977年，淘汰砖管井，打机井3口，生产面积扩大到1900公亩，年产海盐2173吨。1979年年底，龙池乡有效盐田面积4450公亩。1988年，龙池镇瓦北村采取把荒滩土地承包给村民建盐田的办法，规定每公亩每年缴纳土地费10元，承包期5年，到期将盐田归还村集体。

2005年，龙池镇及村办盐场18.2万公亩，年销量达258万吨。2010年，龙池镇共有盐场7家、23万公亩，年产海盐328万吨。2019年，共有盐场13家、31万公亩，年产海盐400万吨，年利润4085万元。

海洋渔业

龙池镇北濒渤海，河流湾塘纵横，鱼虾贝类资源丰富。1961年开始，境内利用自然湾塘淡水养殖，有鱼塘84亩，年产10多万千克。1974年，公社渔业收入20.3万元。1977年，公社重视副业生产，北部生产队组织劳动力挖蛤蜊，年产500余吨。除在当地集市销售外，其余销往胶东、青岛。1980年后，连年干旱，湾塘大部分干涸，淡水养鱼逐渐衰退。1981年，公社海产收入为19.5万元。

海洋捕捞 龙池地处莱州湾南岸，辖区内有两处入海口，分别位于东利渔村北5千米处的丰产河和古鄑水入海处，没有码头，因古鄑水和虞河相继断流，丰产河水量小，已不能停泊渔船。1949年以前，有东利渔村民使用帆船出海的记载。村民出海捕捞一般采用步行挑担或推独轮小车。1954年，人工开挖丰产河后，涨潮时船只可以直接驶入渤海莱州湾，村集体和部分村民购买船只，做专业捕捞。70年代，东利渔村组织副业队，购买木制轻型帆船进行海捕。80年代初，出海捕捞，利用海潮涨落，在滩涂及沿海区域用小船下网捕捞。80年代后期，有个人购买轻型挂机船从事海捕，捕捞方式均为传统网具。2001—2005年，从事海水捕捞的渔船有9艘，皆为木制船，属下营渔政站管辖，主机功率大部分是17.6千瓦，长8～10米，宽2～2.5米，只能在近海岸进行捕捞作业，范围仅限于沿龙池海域内，海洋生态环境得到有效保护。2016 年，在丰产河下游建橡皮坝和扬水站，阻止海水南侵，扩大海滩养殖面积 5000 亩并建立生态养殖基地。2019 年，捕捞作业的船只全部集中到昌邑市下营港区，龙池海域内只进行生态贝类养殖。

海水养殖 1983 年实行家庭联产承包责任制后，个体承包户对滩涂、水塘进行承包开发，形成规模养殖。同时在淡水养殖基础上，增加海水养殖，利用网箱、新开水塘，养殖贝类和海虾等。1999 年，有养殖户 36 户，养殖面积 9.6 万平方米，年收益 152 万元。2000 年起，开始大棚养殖，一年四季轮换，利用海水和地下井水，主要养殖鳎目鱼（又称鳎米鱼）、大菱鲆、海鲳鱼等。2009 年，逐渐形成规模化养殖，年养殖 95 万尾，年产 17 万吨。2011 年，养殖户达 60 户，养殖种类达 26 种，户均年收入 25 万元。龙池镇积极推广应用滩涂池塘养殖排放水的梯度利用关键技术，建立渔业循环经济示范基地，维护和改善莱州湾生态平衡。2019 年，全镇有养殖户 64 户，养殖面积 10.6 万平方米，户均年收入 27 万元；有养殖大棚 15 个，建筑面积 1.35 万平方米，年产鱼虾 25 万吨。

滩涂养殖 90 年代起，主要养殖文蛤（又称花蛤）、兰蛤。2010 年，增加海蛏、牡蛎等品种，养殖面积 300 公亩，户均年收入 20 万元。2015 年，养殖面积增加到 400 公亩；2019 年，养殖面积 420 公亩，户均年收入 32 万元。

水塘养殖 1971 年，龙池人民公社在北部滩涂，利用海水修池养虾，由于经验不足，被海水污染，以失败告终。80 年代初期，为解决人畜吃水和灌溉用水，借用湾塘和低洼地带修建蓄水池和小型水库，养殖的主要品种有鲫鱼、鲢鱼、草鱼、鲤鱼、鲶鱼、黑鱼、螃蟹等，养殖面积 4000 多亩。80 年代中期，养殖户引进外地养殖技术和品种，生产效益大幅度提高，对虾养殖增长迅速，大面积滩涂建成虾池。主要养殖品种有中国对虾、草虾、日本对虾、南美白对虾。90 年代起，在原有水塘基础上扩建或新建水塘，以传统淡水鱼类养殖为主。2002 年开始，淡水海水混合养殖鱼类和海虾，镇域北部村多用井水，效益可观。2011 年，养殖水塘和虾池共 39 个，水域面积 10.9 万平方米，户均年收入 18 万元。2013 年，龙池养虾专业户 44 户，养殖面积 850 亩。到 2019 年，有养殖水塘 37 个，水域面积 9.9 万平方米，户均年收入 26 万元。

设施养殖 90 年代后期，随着海水养殖技术的推进，海水大棚养殖逐步发展。养殖品种主要有大菱鲆（多宝鱼）、半滑舌鳎、黑鲷、对虾等。来自海城、葫芦岛以及莱州、烟台等地的技术人员，为境内海水养殖起到推动作用。2010 年以后，受地下水和市场因素影响，养殖成本增加，收入降低。2015 年，东皇农场、龙池镇农场、济南军区盐场、沙岭子西、王家庄子北等养殖区大部分养殖户停产，养殖大棚闲置荒废。2019 年，在镇政府的扶持下，部分养殖大棚恢复养殖，主要养殖鳎米鱼和北美淡水虾，市场前景好。

休闲渔业 龙池镇充分利用滩涂等自然资源以及渔村等人文资源，以养殖场、鱼塘为依托，开发养殖观赏、休闲垂钓、生态观光、生活体验等系列休闲观光旅游项目，并建设渔家乐园、渔俗新村、垂钓观景中心等，形成集垂钓、娱乐、餐饮为一体的休闲渔业。观光垂钓基地以姚徐邓张桥湾、瓦北村北窑湾为主。渔村农家乐以利渔村为主，并开发盐场半日游。2010 年，接待游客 5000 人次，年收益 70 万元。

2013 年开始，每年 6 月 6 日全国“放鱼日”，龙池镇组织开展增殖放流活动，政府统一购买鱼苗、虾苗、蟹苗等，放流捕捞水域中，促进生态良性循环。2013 年，投资 20 万元，购买鲢鱼、草鱼、鲤鱼、鲫鱼等 100 万尾，分别投放到水塘中，还购买对虾、海蛏等投放到丰产河入海口和滩涂。2019 年，投资 30 万元，购买各类鱼苗 150 万尾，投放到水塘和丰产河下游。

海洋化工

海盐化工 龙池海盐化工主要是制盐业。针对制盐工场多和杂的特点，龙池镇健全重点盐田海域保护制度，控制莱州湾地下卤水资源开采规模，使卤水资源有序开发和高效利用。1985 年，龙池镇有盐场 6 处，年产原盐 100 万吨，生产工艺比较落后。1995 年，制盐业逐渐转为以市场为导向，淘汰落后工具和工艺，鼓励技术进步、科研创新，降低能耗，改变资源能源消耗大的状况。10 年间，产量翻番。2010 年，盐业生产集约化发展，投资 2300 万元，更新节能环保设备，全面使用塑料苫布覆盖盐田，消除雨季雨水影响，并扩建和新建盐场 4 处。2011 年，根据客户需求，投资 400 万元，建立精盐和专用粒盐加工厂，当年收回成本。2015 年，投资 2000 万元，对盐碱涝洼地进行改造，扩建盐田

8 万公亩。2019 年，有盐场 13 处，年产原盐 400 万吨。在巩固盐业、溴化工业基础地位的同时，将精细化工作为发展方向，着力建设海洋精细化工产业基地。

海水化工 龙池镇将先进工艺技术推广应用到海洋化工链条建设中，形成以卤水为要素资源、以海洋化工为主导的工业体系。1998 年，形成溴系列、盐系列、苦卤化工、藻类系列体系，实现卤水资源高效利用。2011 年，完善生态工业综合信息系统，及时公开污染物排放情况，固体废物产生、供需及流向信息，清洁生产信息，生产工艺信息，环境污染物处理技术、设备及国内外最新环保动态，进一步加强环境管理。2016 年，将海水养殖、制盐工业、溴素生产、苦卤化工串联在一起，通过对以卤水为原料的海洋化工行业循环经济产业模式的创建，实现卤水资源“一水四用”和梯级利用，实现提溴废水、制盐废水、酸性废水的循环利用。

重点发展高纯溴、高纯无机溴化物、新功能含溴专用化学品以及高性能溴系阻燃剂、溴化树脂、溴化橡胶、医药中间体、染料中间体等新产品。2000 年，龙池镇有溴素厂 4 家，年生产规模 7000 吨，年总产值 1800 万元。2019 年，溴素厂发展到 10 家，利渔盐化、昊龙盐化、裕源盐化、民康盐化、海玉盐化、利源盐化年生产规模超过 1500 吨，年总产值 8500 万元。

2017 年 9 月，山东华维藻业有限公司落户龙池镇。公司依托龙池镇丰富的地下水资

龙池化工产业园俯瞰（2018 年） 龙池镇党政办公室 提供

源和海水资源，与中国科学院海洋研究所联合建立中国科学院海洋研究所微藻产学研示范基地，进行小球藻、盐藻等新资源食品级微藻的生态化养殖、提取及深加工，总投资8000万元，其中一期投资5000万元，占地面积300亩，建设微藻培育面积20万平方米，生产加工车间5000平方米。二期投资3000万元，占地面积500亩，建设微藻培育面积30万平方米。项目养殖用水实现循环利用，全部环节无废水排放。项目一期全部建成投产后，年产食品级盐藻粉20吨、小球藻粉100吨，年产值8000万元。2018年，华维公司获评潍坊市农业龙头企业。2019年，通过潍坊市工程技术实验室和山东省乡村振兴示范站认检。

盐溴企业

利渔盐场　位于龙池乡东利渔村北。1958年由农村生产队联合兴建，称龙池乡盐场。1960年1月划归昌邑县盐场一工区，1962年改为昌邑县利渔盐业合作社，1975年组建为昌邑县利渔盐场。所产原盐，1981年获省优质产品称号。1988年，共产原盐2.8万吨，工业总产值260.4万元，利润27.3万元，被省一轻业厅命名为全省盐业先进单位。1988年，获省一轻厅优良产品称号。2017年有职工116人，盐田1845亩，年产能力为2万吨左右。

龙池化工产业园（2017年）

昌邑市龙池盐化有限公司 1961 年，社办盐场交县盐务局管理，改名为昌邑县利渔盐场。1975 年，重新筹建龙池人民公社盐场，盐田 2 公顷。1979 年，北部的王家庄子、龙北、东利渔、瓦北等村分别办起盐场。1981 年，公社共有盐场 5.4 公顷，年产原盐 6000 吨，产值 14 万元。2003 年 10 月，利渔盐场改制为昌邑市利渔盐化有限公司，开始生产溴素。2008 年盐田整合后，原盐生产归昌邑市龙池盐化有限公司。

昌邑市青碱制盐有限公司 2008 年，山东省潍北盐场、昌邑市青碱制盐有限公司 2 家企业开始合并。2009 年，合并成立昌邑市青碱制盐有限公司，有盐田净水面积 622 公顷。合并后，公司产权归属中国人民解放军东部战区某部。

山东省昌邑市玉海盐化有限公司 2008 年，昌邑市潍北盐场、昌邑市龙杯盐场、昌邑市昌北盐场、昌邑市泰瑞恒制盐有限公司 4 家企业开始合并。2009 年，合并成立山东省昌邑市玉海盐化有限公司，有盐田净水面积 703 公顷。合并后，公司产权归属中国人民解放军东部战区某部。

山东省昌邑市龙池盐化有限公司 2008 年，现代盐化（潍坊）有限公司、昌邑市盛海盐化有限公司、昌邑市王家庄子盐场、昌邑市龙池丰利盐场、昌邑市瓦城盐场、昌邑市利渔盐化有限公司和昌邑市海玉盐化有限公司共 7 家企业开始合并。2009 年，合并成

龙池镇党政办公室 提供

龙池化工产业园航拍（2018 年）

立山东省昌邑市龙池盐化有限公司，有盐田净水面积 1377 公顷。合并后，公司产权归属各股东单位。

昌邑市利渔盐化有限公司 2003 年 10 月成立，前身为昌邑市利渔盐场。2008 年，盐田与昌邑市龙池盐化有限公司整合，保留溴生产机组。2017 年，公司有 2 套溴生产机组，年生产能力 1000 吨。

昌邑市民康制溴有限公司 2003 年 6 月成立，为镇内招商企业。2017 年，公司有 4 套溴生产机组，年生产能力 2000 吨。

昌邑市海玉盐化工有限公司 2004 年 10 月成立。2008 年，与昌邑市龙池盐化有限公司整合，保留溴生产机组。2017 年，企业有 2 套溴生产机组，年生产能力 1000 吨。

昌邑市昊龙盐业有限公司 2004 年 6 月成立。2017 年，企业有 2 套溴生产机组，年生产能力 1000 吨。

昌邑市大海溴业有限公司 2004 年 4 月成立，为镇内招商企业。2017 年，企业有 1 套溴生产机组，年生产能力 500 吨。

昌邑市天龙盐化工有限公司 2004 年 4 月成立，为镇内招商企业。2017 年，企业有 1 套溴生产机组，年生产能力 500 吨。

山东裕源集团有限公司昌邑第二化工厂 2004 年 12 月成立，为镇内招商企业。2017 年，企业有 2 套溴生产机组，年生产能力 1000 吨。

龙池镇党政办公室　提供

昌邑市利源溴素厂　2006 年 3 月成立。2017 年，企业有 2 套溴生产机组，年生产能力 1000 吨。

昌邑市曙光化工厂　2011 年 9 月成立，为镇内招商企业。2017 年，企业有 1 套溴生产机组，年生产能力 500 吨。

昌邑市龙信化工有限公司　2012 年 8 月成立，为镇内招商企业。2017 年，企业有 1 套溴生产机组，年生产能力 500 吨。

海水淡化利用　2019 年 2 月，投资 2000 万元，引进海水稻示范项目，推广农业海水灌溉。瓦城社区有种植水稻的成熟经验，并开展海水稻种植试验示范。引进美国红梣（又称毛白蜡）等耐碱树种 12 种，栽种面积 500 亩，扩大防风林带建设，并利用海水淡化技术实施淡化海水灌溉。

园区建设

2005 年，龙池化工产业园开始建设。产业园位于龙池镇北部，起步区规划面积 4.89 平方千米。园区重点发展精细化工、海洋化工、生物化工、新材料化工等产业，旨在打造精细、循环专业化工园区。

2013 年 5 月，经昌邑市政府批准，设立昌邑滨海（下营）经济开发区龙池工业园区。2015 年 7 月，龙池工业园区获批为潍坊市循环经济示范园区。2016 年 9 月，被潍坊市政府批准为第一批发展类化工园区。2019 年 1 月，顺利通过山东省第三批化工园区认定。

园区规划 园区东至盐田路，西至规划四路，南至新海路，北至规划一路，批复起步区面积 4.89 平方千米。

园区规划结构为“一带、两轴、三组团”。“一带”为沿堤河西岸形成防护绿化景观带。“两轴”为沿友谊路形成东西向功能轴线，沿海丰路形成南北向功能轴线。“三组团”分别为由园区主干路分隔形成的三个功能组团，即海洋化工综合产业组团、精细化工综合产业组团、新材料综合产业组团。

园区优势 大莱龙铁路、荣乌高速、320 省道横贯镇区北部，交通便捷通畅，整个山东半岛环渤海区域均在辐射范围内。2019 年，龙池化工产业园正式通过山东省第三批化工园区认定。园区北扩回收盐田 9000 亩，用于项目落户。地下卤水资源丰富，具有海洋化工产业循环发展优势。园区供水、供电、供热、通信、道路、消防、绿化、污水处理等基础设施配套完善，承载能力强。至 2018 年，完成基础设施投资 3 亿元，配套面积 3.3 平方千米。

2019 年，园区共落户山东昌邑海能化学有限责任公司、潍坊三力本诺化学工业有限公司等 21 家企业近 40 个项目，总投资 56 亿元，其中化工企业 14 家。园区规模以上工业企业 11 家，实现工业总产值 21 亿元，主营业务收入 21.38 亿元，利税 1.7 亿元。引进高端人才 12 人，培养本土“泰山学者”1 人，建设山东龙池卤素精细化工研发中心 1 处。

园区主要企业

山东昌邑海能化学有限责任公司 成立于 2005 年 5 月 27 日，占地面积 52.59 万平方米，注册资本 3.05 亿元，资产总额 10 亿元，隶属于淄博永新集团有限公司，职工 612 人。公司主要从事烧碱、钾碱、液氯、双氧水、高纯次钠、高纯盐酸等产品的生产及销售。生产能力：4.5 万吨 / 年双氧水、5 万吨 / 年片碱、6 万吨 / 年氢氧化钠、6 万吨 / 年氢氧化钾生产装置和 2×25MW 热电项目，下游配套 8 万吨 / 年环氧丙烷、8 万吨 / 年环氧氯丙烷、3 万吨 / 年蒽醌和 5 万吨 / 年片碱生产装置。主要生产液氯、32% 离子膜烧碱、48% 氢氧化钾、次氯酸钠、27.5% 双氧水及系列附属化工产品，产品广泛应用于制造燃料、药品、消毒剂、土壤稳定剂、混凝土调质剂、化学试剂等。2018 年，实现销售收入 8 亿元，税收 4000 余万元。

2019 年，公司新上 8 万吨 / 年环氧丙烷装置，搬迁联产 8 万吨 / 年环氧氯丙烷项目，

山东昌邑海能化学有限责任公司（2019 年） 龙池镇党政办公室 提供

总投资 4.5 亿元，新建生产车间、仓库、罐区及其他公用辅助设施，总建筑面积 22280 平方米，购置各种反应釜、塔类、机泵等主要设备约 210 台（套）。年产环氧丙烷 8 万吨、环氧氯丙烷 8 万吨、二氯丙烷 1.04 万吨。全年实现销售收入 8.7 亿元，实缴税金 6114.76 万元，利税 1.09 亿元。

公司先后与上海交通大学、天津大学、山东理工大学等知名高校院所建立战略合作关系，建有专业项目研发实验室，拥有硕士以上学历或副高以上职称高层次人才 20 余人。自主研发的电解法氢氧化锂制备、氢氧化钾盐水制备新工艺、脱硫废水综合资源化利用等项目达国内先进水平。公司先后被授予“潍坊市重合同守信用单位”“潍坊市百强民营企业”“潍坊市劳动保障诚信示范单位”“昌邑市十佳纳税企业”等荣誉称号。

山东大地兴鲁化工有限公司 成立于 2011 年，占地面积 110 亩，总投资 54 亿元。公司集科研、制造、贸易于一体，主导产品偏二氮乙烯一期产能 3 万吨，技术水平与质量在全国同行业位居前列，市场竞争力较强。2019 年，实现产值 10 亿元，利润 2.1 亿元。

潍坊三力本诺化学工业有限公司 成立于 2011 年 11 月，注册资本 1 亿元，由青岛三力本诺新材料股份有限公司投资建设，主要经营精细化工中间体研发、生产、销售以及货物和技术进出口业务。芳纶聚合单体项目占地 110 亩，总资产 2 亿元，主要产品为氯化亚砜、酰氯等，是世界前列的芳纶聚合单体生产企业、国内先进的酰氯类产品生产基地和山东省重点扶持发展的新材料项目。公司年产 2 万吨特种工程塑料、二乙基间甲

潍坊三力本诺化学工业有限公司（2019 年） 龙池镇党政办公室 提供

苯甲酰胺等化学品项目第三代生产技术居世界领先地位。

2012 年，公司营业收入 2.84 亿元，利税 1 亿元，实缴税金 2708.7 万元。2018 年，销售收入 1.82 亿元，利润 3800 万元。2019 年，有职工 117 人，各类专业技术人员 60 余人，其中工程技术人员 30 人；实现销售收入 1.9 亿元，利润 4000 万元。

该公司二期高性能工程塑料项目占地面积 45 亩，总投资约 1.6 亿元，其中固定资产投资约 1.2 亿元，主要建设生产车间、库房、公用工程等装置，总建筑面积 11124 平方米，购置反应器、换热器、机泵等生产设备 500 多台（套）。项目建成后可年产半芳尼龙等高性能工程塑料 2 万吨，预计实现销售收入 8 亿元，利润 1.5 亿元。

潍坊东元连海环保科技有限公司 2011 年成立，占地面积 70 亩，总投资 28 亿元，有员工 200 余人。公司拥有国家专利氢化钾生产技术、兑卤脱钠控速分解结晶工艺技术（4 #工艺），主要产品有溴素、硫酸镁、氯化钾、氯化镁、高温盐等，是以废弃制盐液回收再利用为核心的高新技术型公益环保企业。2015 年，公司获评国家循环经济示范重点企业，获中央预算内资金奖励 1000 万元。2019 年，公司成为昌邑北部最大的盐业污水处理企业，年处理废弃制盐液 150 万立方米，利税 3000 万元，实现北部沿海制盐废液全部回收再利用，零排放、零污染，有效改善生态环境。

文化遗产保护与传承

鄑邑古城、孙膑采地、齐国盐都、柳疃丝绸、龙池剪纸、龙池年俗、齐西古村人等皆声名远播。据东利渔盐业遗址群考古发现，龙池制盐历史可追溯到龙山文化时期。鄑邑故城，遗迹可寻；孙膑崇拜，演旨以承；故居墓园，陈干平生；齐西民居，古建遗风。众多文物保护单位和非物质文化遗产项目成为龙池镇宝贵的文化财富。

讲解英烈事迹（2018 年）　　龙池镇党政办公室　提供

文物保护单位

昌邑县抗日殉国烈士祠　位于龙池镇北白塔村，东南距龙池镇政府驻地 1.5 千米。1945 年 2 月奠基，同年 7 月竣工。主要是为纪念八路军鲁东抗日游击队第七、第八支队和保卫“渤海走廊”而牺牲的革命烈士而建。祠堂坐北朝南，有正厅 5 间、东西厢房各 5 间、大门 1 座，附带戏楼，占地面积 15.8 亩。整座祠堂布局严谨，传统建筑风格，砖木结构，硬山顶，覆水泥瓦，屋檐四角及门楣皆饰以精美砖雕。正厅画檐出厦，有明柱 6 根。门为双扇对开，门旁各有两扇木格纹窗。祠堂正厅有木质雕花大神龛 3 个，内供烈士灵牌 527 个，主要来自寿光、昌邑、潍县（含解放战争、抗美援朝烈士 136 人）。北墙悬挂烈士遗像及多幅绸布挽幛。院内有 1946 年 4 月由中共昌北县委、县政府和建国会、独立营合立的昌邑县抗战殉国烈士纪念碑，碑阳刻“浩气参天”4 个大字，为原中共昌北县委书记马骏所书；碑阴镌刻 319 位烈士英名。昌邑县抗日殉国烈士祠是民国时期祠庙建筑的代表，也是山东省现存为数不多的抗日战争胜利前建成的中共抗日烈士祠。

2013 年 10 月，昌邑县抗日殉国烈士祠被山东省人民政府公布为第四批省级文物保护单位。2019 年 10 月，入选第八批全国重点文物保护单位。

东利渔盐业遗址群　位于龙池镇东利渔村东北滩涂上。2009 年 11 月至 2010 年 4 月，山东省文物考古研究所与昌邑市博物馆联合进行田野调查，发现西周、东周、宋元时期盐业遗址 41 处。西周时期遗存仅采集到少量的盔形器残片。东周时期遗存分为两类：一类为多功能遗址，数量少、面积大，文化层堆积厚，遗迹多样，生活用陶器和制盐用

东利渔盐业遗址群（2019 年）　　龙池镇党政办公室　提供

具比较丰富；另一类为单一功能的生产遗址，数量多、面积小，文化层堆积薄。陶器残片绝大多数为制盐用盔形器，生活用器皿较少。代表性遗址有 2 号遗址、4 号遗址和 40 号遗址。2 号遗址位于东利渔村东北现代盐田边。东西长约 120 米，南北宽约 100 米，面积约 1.2 万平方米。地表散布大量陶器残片和贝壳，采集有西周时期盔形器，东周时期盔形器、豆、盂、盆、甑、罐等，保存较好。4 号遗址位于东利渔村东北现代盐田边。东西长约 20 米，南北宽约 300 米，面积约 6000 平方米。地表散布大量陶器残片和贝壳，采集有西周时期盔形器，东周时期盔形器、鬲、豆、盆、甑、罐等，保存较好。40 号遗址位于东利渔村东北。东西长约 70 米，南北宽约 50 米，面积约 3500 平方米。地表发现两个灶。遗址上散布少量陶器、瓷器残片等。考古资料显示，早期规模化滨海制盐最早出现于龙山文化时期渤海莱州湾南岸地区。

东利渔盐业遗址群内出土的文物

2013 年 10 月，东利渔盐业遗址群被山东省人民政府列为第四批省级文物保护单位。

郿邑故城遗址 位于龙池镇东利渔村东南约 2 千米处。南北宽 200 余米，东西长 300 余米，面积约 6 万平方米。历年采集到的遗物有大型宫殿板瓦、筒瓦、瓦当、青铜剑、刀币等。遗址北端还发现古

郿邑故城遗址（上）与出土瓦当（下）

井、古墓、房基、冶铁遗迹。故城遗址比周围地面高出 1 米多，已被东利渔村民拓为耕地。2009 年，在其周边发现大量周代、宋元时期盐业遗址，表明鄑邑的设立当与海盐生产有密切关系。

鄑，春秋时纪国城邑。《左传・庄公元年》载："齐师迁纪鄑。"齐灭纪后，鄑邑归齐，属齐之都昌。据清康熙《昌邑县志》载："鄑城，在县西北四十里海滨，土人呼瓦城，半为水渐。"又载，战国时，齐威王赐鄑地为孙膑采地。宋代筑有孙膑庙。《古今姓氏书辩证》载："訾，音兹，其先齐大夫，食邑于纪之訾城。北海都昌县西訾城是也。后人因以为氏。"訾城，即鄑城。齐灭纪后，没有将鄑城毁掉，而是派大夫前往治理，管理控制该区域周边的渔盐生产。唐武德二年（619），在该地设訾亭，为县治，后并入北海县。境内多琉璃瓦顶庙宇，明初演称为"瓦城"。鄑邑渔盐诸业昌盛，水陆交通方便，历来经济发达。明初大移民时，沿海村落倍增，鄑邑渐为莱州湾畔渔盐集散之地。

1979 年，鄑邑故城遗址被昌邑县政府列为县级文物保护单位。2013 年 10 月，被山东省人民政府列为第四批省级文物保护单位。

东白塔陈氏家庙　位于龙池镇东白塔村内。家庙坐北朝南，砖木结构。院落东西宽 17.3 米，南北长 27.4 米，占地面积 474 平方米。始建于清雍正三年（1725），雍正五年（1727）竣工。现存正厅 3 间、大门 1 座、耳房 2 间。正厅坐北朝南，东西长 8.8 米，南北宽 4.9 米，硬山顶，顶覆灰瓦，画檐出厦，4 根廊柱上方封头方木分别刻"俎、豆、千、秋"4 个字，正堂上方有盐城县令蔡士舢题写的匾额"僾见忾闻"。正厅门口

陈氏家庙世系图纂修记略（2019 年）　　王现友　摄

陈氏家庙（2019 年）　李宁　摄

上方原有段祺瑞手书“有妫其昌”横匾，对联为“礼乐垂百代，俎豆永千秋”。正堂正北挂陈氏族影，四周高几上摆放陈氏 45 位先祖牌位，皆为历代有较大功名者。正梁上有清光绪二十三年（1897）四月重修墨书题记。东山内墙南侧嵌有雍正五年《新修宗祠记》石刻；西山内墙南侧嵌有徐树铮书陈氏族谱原序石刻。大门东向，长 3.8 米，宽 2.3 米，门楣上方有成多禄书“陈氏家庙”匾额。左、右耳房各 2 间，南北长均为 3.5 米，东西宽均为 2.1 米。正厅山墙外东、西两侧各有石碑一通，西边为祝椿年书《鲁案与王正廷论青岛土地权书》及陈干“威案函电”碑（原碑存昌邑市博物馆），东边为陈干撰、万其谊书“陈氏宗祠碑”。院内面向大门西墙下有康有为、章太炎为陈干题词碑 1 通（复制，原碑存昌邑市博物馆）。1988 年，村民捐资重修。2004 年，族人陈隽捐资大修。

陈干故居（2017 年）　　龙池镇党政办公室　提供

2004 年，陈氏家庙被昌邑市政府列为县级文物保护单位。2013 年 10 月，被山东省人民政府列为第四批省级文物保护单位。

陈干故居（含墓园） 陈干故居南近柳瓦公路，北依新开河。房屋坐北向南，修建于民国初年，原为多进院落。现仅存北屋 6 间，东西长 18 米，南北宽 5 米。

陈干死后，其棺椁由上海运回龙池安葬，陈干长子陈孝祖为其立四面碑一幢，取南山巨石，亲自设计，碑文分别请商震、丁惟汾、焦易堂书写，由京师琉璃厂著名雕刻艺人李月庭父子刻石。碑正面是“故陆军中将陈公明侯纪念碑”，一侧是“浩气长存”，一侧是“英风宛在”，背面是商震撰写的千余字碑文。此碑立于村东南 300 米处，“文化大革命”中被毁。

陈干原墓位于龙池镇东白塔村东 500 米处，北靠白塔河，南有耕地，南北长约 300 米，东西宽约 800 米。园内松柏苍翠，草木葱郁，墓园中有陈干父母及近族坟墓 8 冢，陈干墓建在南端。

1986 年，经中共山东省委组织部批准，由政府拨专款重新修建陈干墓园，并将其与夫人杨紫霞合葬于一处。陈干墓园占地面积 624 平方米，甬道长 35 米，两边栽植杨树和松柏，墓冢用方石垒砌。园中附属文物有“重修白塔桥记”碑和陈干外祖父、外祖母墓碑。2017 年，龙池镇政府对陈干墓园进行修缮。

2004 年，陈干故居被昌邑市政府列为县级文物保护单位。2013 年 10 月，被山东省人民政府列为第四批省级文物保护单位。

2016 年，龙池镇党委、政府投资建设陈干将军生平陈列馆，设一个大展厅、20 个

康有为为陈干题字碑（2018 年）
龙池镇党政办公室 提供

陈干墓（2017 年） 李宁 摄

板块。从陈干少年时代远赴关外，到投笔从戎，参加同盟会，创办公学，率淮泗讨虏军转战两淮，再到办理“鲁案”“威案”，回故里开河挖渠、造福桑梓，直至军阀派系之争等一系列重大事件，全景式展现陈干将军传奇的一生。2017 年 9 月 12 日上午，陈干将军长孙陈宏、外孙女佟立容等应邀出席开馆仪式。

齐西民居 位于龙池镇齐西村。明永乐十八年（1420），齐氏祖先自成都府金堂县迁此定居，世代沿袭近 600 年，有族人 8000 多人。村内有保存完好的古民居 52 处（齐西村 44 处、龙东村 8 处），建筑规模达 5.2 万平方米，大部分为清末民国时期以经营茧绸为主的齐氏家族工商业者的老宅，也有部分齐氏名人故居以及庙宇、家祠等，分布较为集中，彼此互为邻居。建筑布局坐北朝南，大门东西向，风格古朴，色调以灰色为主，砖木结构，使用青砖、灰瓦、青石、松木、杨树木构筑，主房东西山墙常各开一窗，房屋四角有精美砖雕。在每排房屋两侧山墙上，都嵌有“泰山石敢当”，以镇宅保平安。因靠滨海而居，土壤盐碱度较高，齐西民居在地面以上四五十厘米处，放置 15 ~ 20 厘米厚青石材质隔碱石，以阻隔盐碱沿墙体上行影响房屋质量。今有齐氏家风家训馆、齐西村史馆、进士胡同、非遗文化展示中心、私塾巷子等。曾为电影《大决

齐西古村俯瞰（2018 年） 龙池镇党政办公室 提供

战》外景拍摄地。

2013 年 10 月，齐西民居被山东省人民政府列为第四批省级文物保护单位。2019 年 2 月，住房城乡建设部、国家文物局公布齐西村入选第七批中国历史文化名村。

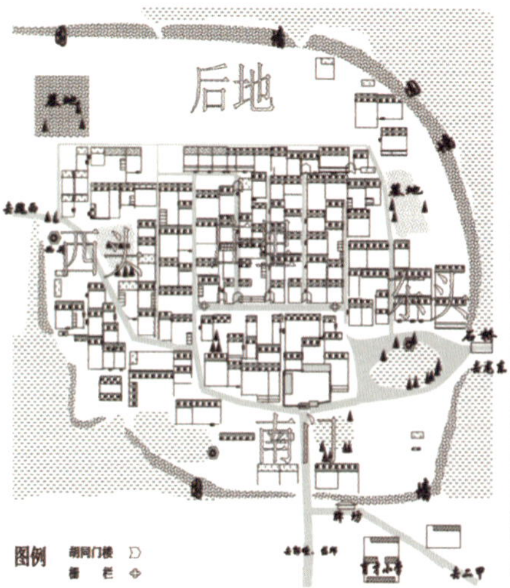

1940 年齐西村平面图

齐金华 提供

齐氏贞节牌坊（2019 年） 李宁 摄

岱邱郝家大井（2017 年） 龙池镇党政办公室 提供

岱邱郝家大井 位于岱邱村东，东临大路，北靠湾塘，南望旷野。原井台长宽数丈，呈正方形，高出地面数尺，因年久风蚀雨浸，多有脱落。郝家大井修建于明洪武二十四年（1391），曾于明万历十五年（1587）、清咸丰六年（1856）、1937 年进行过三次修缮。1983 年夏，由村委组织修缮，井口用板石凿制成六角形，井口宽敞，可同时供数人取水。井台青砖铺设，西南方和东北方皆有引路，为避免井水污染，雨水从管道流入湾塘。数百年来，村民及邻村到此取水，井底多泉，水源不断，从未干涸过。2017 年 9 月，在“美丽乡村示范村”建设中，由省级拨付专项资金对大井进行保护性修缮，清掏淤泥，抬高井口，铺装井台，设立围栏，旧貌换新颜。

2017 年，郝家大井被列为昌邑市文物保护单位。

非物质文化遗产

柳疃丝绸制作技艺

起源与发展 龙池与柳疃地域相连，物产风俗相似，同是柞蚕的故乡和柞丝、茧绸的代表性生产基地。周代，龙池、柳疃一带即有“养蚕织帛”的活动。《尚书·禹贡》记载青州出产“檿丝”，檿即柞树，檿丝即柞丝。柞蚕又称野蚕、山蚕，柞绸也叫“山

纺织机（2017 年）　　龙池镇党政办公室　提供

茧绸”。明末清初，柞蚕放养技术成熟并广泛传播，蚕业大兴。柳疃、龙池一带兴起缫丝、织绸业。20 世纪初，以柳疃为集散中心的丝绸业进入鼎盛时期，“有机一万余架，从业者十万多人”，几乎“人人会络籰，家家有织机”。柞丝、柞绸粗品以丹东、宽甸、凤凰城、岫岩、怀仁等县的柞蚕丝为原料，精品使用山东省内胶东和鲁中南的柞蚕丝，年产丝绸 60 万匹。国内各大商号、绸庄及许多外商慕名到柳疃一带租地借房，开设绸庄。各村各户的织绸规模不断扩大，并改自缫自织为绸庄、外商加工。所产丝绸除在烟台、青岛、天津、上海等城市占有重要市场外，还远销印度、菲律宾、新加坡、印度尼西亚、日本、英国、美国。同时，龙池人走出昌邑闯关东，到辽宁西丰、宽甸、丹东、铁岭、辽阳、岫岩以及吉林辽源、柳河、东丰等地开办丝厂、商号，有名的如“德丰丝房”（掌柜温希浩，白塔村），“泰兴丝房”（魏浩芝，马渠村），“复合永”（陈贵泽，东白塔村），“吉兴茂”（魏兴林，岱邱村），“利增福”（刘思英，岱邱村），“同庆昌”（迟振久，岱邱村），“同庆泰”（魏甲文，龙北村），“协兴和”（赵殿庆，瓦城村），“东祥号”（郝新泰，岱邱村），“康茂泰”（李文炳，岱邱村），“利聚昌”（温立彦、温立渊，西白塔村），“复兴店”（赵乐友，瓦城村），“聚祥泰”（张明照，岱邱村），“同顺栈”（刘品清，龙池村），“阜丰栈”（陈贵普，东白塔村），“丰盛和”（魏作臻，龙北村），“仁德和”（赵殿芬，瓦东村）等。

1933 年，柳疃丝绸在美国举办的芝加哥世界博览会上获金奖，自此名声大噪，产品

龙乡“瀑布”　　孙永博　摄

畅销欧美、印度、日本以及中国香港等国家和地区。1938 年，日伪军在柳疃设据点，原料来源和商品流通渠道堵塞，大量加工厂、绸庄纷纷停产，丝绸商号几乎绝迹。1950 年后，龙池、柳疃一带掀起恢复发展丝绸生产热潮，出现新的繁荣景象，曾流传民谣：“夜来灯火多如星，村村户户机杼声。男耕女织笑声喧，牛郎织女下天宫。”

织造工艺　柞绸织机与传统家蚕绸机具基本相同，分主机和附机。历史上用脚蹬手扔小木机，也叫扔梭木织机，主要部件有机楼子、黄瓜、压轴、盛筐、蚂蚱腿、倒桩、将军轴、元宝轴、座板、机身、盛匙子、小压刀、幅张、脚踏板、机耳子、比廷、梭等。扔梭木织机一般五六天可织 50 码老宽绸一匹，快者 4 天一匹。扔梭木织机一直沿用至 1957 年。人力织绸，附机简陋，有篗子、撑撑、牵床、拧穗车、打轱辘车等构件。过去一直是人工手摇撑撑车进行缩丝，几百年来无改进。人工织绸，主要经过配丝、药丝、漂丝、络丝、牵机、刷机、作穗、织造等工序。配丝，将丝线进行调配顺色，使丝粗细和色泽大体一致。药丝和漂丝，把调配好的丝放在药缸中浸泡，之后拧净晒干，捋好。络丝，把丝滚到撑撑上，再均匀地摇到篗子上。牵机，按经的总头数把丝牵在一起，到一定长度再拾绞。刷机，给牵好的经线上浆。作穗，把纬丝拧成穗子或打成栌梏。上述工序完成后，即可上机，经纬交织成绸。织绸要把好三关：一绞口（开绞），二水口（穗子的干湿度），三饭口（松紧）。几百年来，柳疃织绸总结了大量经验，如“不织稀，不织欠，不织底漏和反线”“大成色，好边道，底漏差梭也不要”。

品质特点　配丝合理，经纬匀称，手感密糯，质地滑软，有珠光宝泽，穿着舒适美观，经久耐用。“南山府绸”轻若云烟；“山东线绸”“宁海绸”紧密粗厚；“柞丝绸”木机织作，别具一格。

历经200余年风雨，柳疃丝绸传统织造工艺延续至今。2006年12月30日，山东省人民政府将柳疃丝绸织造工艺列入第一批省级非物质文化遗产名录，项目代表性传承人魏耀琳。

孙膑崇拜

信仰由来　据清康熙《昌邑县志》载：“孙膑仕齐，食邑于此，故祠之。”孙膑为齐国效力，齐王因其功勋卓著，赐瓦城作为他的封地。当地居民感念孙膑恩泽，故建祠祭祀。

相传，孙膑总是坐着由一头凶猛高大、威力无比的独角牛拉的车，指挥大军破敌制胜。农历正月十四是孙膑诞辰日，为纪念孙膑，龙池自明万历年间（1573—1620）起便将每年正月十四定为庙会，并且每年扎制一头独角大黄牛焚烧祭祀，香火旺盛。据孙膑庙碑文载，清咸丰年间（1851—1861），有流寇至此，烧杀抢掠，无恶不作。村人聚集到庙宇，奋起反抗，坚守围墙，敌久攻不下，改用火攻，火烧烟呛，老幼垂危，几乎要放弃抵抗。危急关头，天起大风，烟火反向敌方，敌大败，人和庙得以保全。民众一致认为是孙膑保佑一方平安，故而对孙膑更加崇拜。

孙子庙　又名孙膑庙，位于龙池镇瓦城村。北宋淳化二年（991）进士王月亨撰

孙子庙（2017年）　　龙池镇党政办公室　提供

《东岳天齐王庙碑铭》记有“北有瓦城大庙”。据清康熙《昌邑县志》载：“孙子庙在（县城）西北三十里之瓦城……有奇槐二株，宋熙宁四年重修。”明、清两代几次重修，规模宏阔。

孙子庙原占地面积 2 公顷，庙前建有石坊、戏楼、广场，庙内有正殿、寝殿、两廊等建筑 40 余间。正殿高大宽敞，内供孙膑塑像；寝殿西有鬼谷子塑像，东有孙膑卧像。正殿庭院广阔，中为 3 米宽石铺甬道，两侧古柏数十棵，碑树相间。院东有古槐两棵，干枝盘垂，弯曲百结，宛如双龙，为“昌邑八景”之一，树旁有“孙庙奇槐”赞碑。

辛亥革命后，庙内两廊改为学校。1941 年，昌邑县人民政府在瓦城村成立，孙子庙成为县政府驻地。解放后，大庙神像被拆除，在此建学校。2016 年，瓦城赵海亭、付国平等人捐资重修。

孙膑演旨烧大牛　每年农历正月初六，人们怀着虔诚之心，自愿捐款捐物，手艺人出工出力，用当地产的竹子、棉槐条、葵花秆、高粱秸等细心扎制黄牛骨架。正月十二，心灵手巧的妇女们开始用黄色彩纸剪制牛毛，并用各色彩纸剪制成花、牛鞍、大刀、铃铛等饰品，精心粘贴到牛身上。大牛身高 5 米，长 10 米，独角长 1.8 米，威武壮观。整个扎制过程需 140 多道工序。

烧大牛的前一天晚上，孙子庙前鼓乐齐鸣，焰火遍放，祭拜孙膑的人络绎不绝。正月十四，孙子庙周围村庄的秧歌队、龙灯队、高跷队一大早便围绕大牛表演拿手好戏。

孙膑演旨烧大牛（2017 年）　　龙池镇党政办公室　提供

上午8时，在领头老善人的指挥下，20多个身强力壮的大汉将牛庄重而谨慎地抬起，顿时鞭炮齐鸣、锣鼓喧天，龙灯队、高跷队在前开路，绕村一周后前往孙子庙。牛被抬到孙子庙广场，头冲南，尾朝北，并安装牛腿。广场上，万人围聚，香纸供品堆积如山。人们争先恐后上前摸大牛，祈求神牛保佑。临近中午，领头老善人带领信众按程序祭拜，祈求孙膑保佑四方平安，神牛将病灾带走。最后一声“发”，早已准备好的善人们上前点火，顿时大牛火光冲天。烧大牛完毕，人们各自赶庙会后散去。

龙池乡在解放前属昌邑第三区，旧称下五社，即太宁、太盈、太安、白塔、忠诚五社，各社都有木雕孙子像，俗称“驾”或“旨”。每到正月初十即搭起席棚，将木制孙子像抬出供奉，有香头善人日夜守护，每日三餐，村民都要先去上香磕头。至正月十一、十二，孙膑开始“出巡”，俗称“演旨”（“演旨”两字辞意不详，《汉书》有“推演圣德”语，或取于此意）。演旨前一日，村民即到庙社，争先领取仪仗、执事旗、锣、伞、扇、刀、枪、斧、钺等，数以百计。次日一早即到孙膑驾前集合，排队出旨。前

孙膑出巡（2017年） 韩淑芬 摄

面是纸牛、纸马；其次是“肃静”“回避”木牌；再次是数十面大旗，三角形旗上绘二十八宿人物像，方形旗上书“齐东保障”“扶弱抑强”“道传鬼谷”等大字；再次是刀、枪、斧、钺等兵器数十件，有两人抬着的直径一米多的铜锣十余面夹杂其间；再后是万命伞等，还有八抬大花轿抬着孙老爷、孙老娘的本胎神像，香头善人谨慎地扶着轿杆；最后是8米高的大坐纛旗，俗称“高照”，由一人扛着，四人用绳子拉着，旗上有“升平郡王”等20余字，旗边系有铜铃，叮当作响，浩浩荡荡到各村演旨。每至一村，路口或商号都摆桌接驾。此时八抬大轿即在供桌后落驾，香头善人即进香、酹奠、烧纸，鞭炮齐鸣。村民一齐叩头，然后有三眼铁炮鸣炮三声，起驾继续前行。因仪仗繁多，往往轿子尚未进村，旗、锣、伞、扇已将出村，村中男女老幼皆出门观看。若村有戏耍，如高跷、狮子、旱船、武耍等，即在轿前随行随耍。其中武耍最盛，梢子棍两边开路，中间是马叉，或高或低，飞来抛去，最为壮观。为孙子执仪仗者大抵扛纸牛、纸马，各有专人。纸牛过某村，村中的初生婴儿要抱出来摸牛角，并叫着“摸摸牛角不生痘，摸摸牛鞍不生疵”，然后以红绿丝线拴着几枚铜钱，挂在牛角上。其他扛刀、枪、旌旗等的多是儿童，或老人领着儿童，抬锣者为青年，抬轿者为壮年，抬高照者是有力气的壮年。旧社会讲迷信者以妇女为多，唯孙膑演旨，不分男女，无不踊跃参加。中午即在村头歇驾野餐，多自带干馍，也有卖水卖饭的，有如一临时集市。演旨也给了男女青年难得的相亲机会，女性都躲在门前人后，男性则徘徊于人群之中，寻找偷看一下自己的未婚妻，这也是旧时青年男女的一点自由；而香头善人则专心不二，夸耀某社的旨好旨盛，借以募捐增添。据说正月十四是孙膑诞辰，各社齐向瓦城进旨，一路上各村路口接驾如演旨一样，武耍、戏耍相互竞赛。特别是武耍，当时各村的染坊在街上都搭有晒布的木架，高一二丈，武耍经过，马叉要从木架上抛过。据传讲庙时，马叉从山门房脊上抛过，对方在山门内轻轻接住，随即舞动起来，最为精彩。至正殿时，马叉在殿柱间直来直去，看着是直向对方胸前抛去，煞是惊险，而对方却能闪身迅速接住。进殿出殿，边耍边舞。高跷、狮子等亦皆到正殿表演后，由山门右边的出旨门退出。此日进旨的不限下五社，较远的柳疃、道照等村亦有驾进旨，武耍有玉皇庙、初家庄等；香客则有掖县、平度、安丘等县，远至数百里者亦多。或云最盛时有七十二回旨，约两万余人，而庙内并不拥挤；香客供的纸柜纸箱，堆积如山。

2016年3月22日，山东省人民政府将孙膑崇拜列入第四批省级非物质文化遗产代表性项目名录，齐西村为孙膑崇拜文化示范区。

龙池剪纸技艺

历史渊源　龙池民间剪纸，历史悠久，源远流长。明嘉靖二十三年（1544）《马氏族谱》载："进元妻姜氏，善剪铰花卉、翎毛、人物，有巧名。" 470多年前，当地影响较大的剪纸巧妇即见诸谱牒文字。清代"杂技人物""麒麟""四季花"等剪纸花样，民间一直沿袭。

剪纸用材　剪纸工具主要有剪刀、刻刀、垫板、磨石等。剪纸用的剪刀与普通剪刀有所区别，剪刀尖要细长锋利，剪刀口松紧要适度。刻刀有斜口刀、平口刀、半圆刀、圆孔刀等，每种大小不一，以适应多种镂空需要。垫板有三合板、橡胶垫、硬纸卡等。民间艺人还使用一种特制的蜡盘作垫。先做出一块木板，长30厘米，宽20厘米，厚2厘米，周边留出1厘米的边框，再下挖1厘米深木槽，即成一个木槽盘。蜂蜡、葫芦灰按2∶1的比例放入小铁锅内熔化成液，搅匀后迅速倒入木槽内，趁热按平，凝固后即能使用。蜡液配料比例，可根据气候冷暖变化和使用硬软情况增减，蜡多便软，灰多便硬。夏天使用时可擦点滑石粉，以免黏附刻纸。粗磨石和细磨石各备一块，刻刀使用频率高，要边刻边磨，保持锋利。

剪纸——《明天更美好》(2019年)　陈相田　剪

作品内容不同，用纸种类也不同。窗花一般用毛边大红，或宣纸大红，纸质薄柔无浮光，显得浓郁。彩色剪纸，用色要全，各种色纸都要备置一些。染色剪纸要用上等宣纸，剪刻出白胎，再行点染。随着科学技术进步，颜色鲜艳、质量上乘、规格品种齐全的纸张新材料不断出现，助推着剪纸艺术创新发展。

剪纸形式　龙池民间剪纸主要有窗花、壁花、彩灯、喜花、盒花、门笺、冥具车马等。窗花格式多为条椟，在竖长条中填充意趣盎然的图案。为使窗花既美观又透光，在手法上，以细线条阳刻为主。彩灯多为民间艺人制作，灯的周身除用剪纸图案装饰外，灯身格档必有戏曲故事、神话传说、花草鸟兽等图案。妇女所绣鞋、儿童衣帽、新婚夫妇枕头上，也都绣有各种花卉图案，先由剪纸艺人用剪刀铰成纸样，然后依样绣在织物上。为使刺绣时容易区别剪纸作品的轮廓和内在的结构，在图案设计上务求块面分割而又连接。

剪纸题材 龙池剪纸多以吉祥如意、荣华富贵、益寿延年、连年有余、吉庆丰收为主要内容，常常采用象征、谐音的方法进行创作。如“福寿双全”，图案是蝙蝠和桃，“蝠”谐“福”字，桃象征长寿；以龙和凤组成“龙凤呈祥”，象征富贵吉祥；以牡丹象征“荣华”；以鸳鸯象征“爱情”；以肥牛、大马表示“六畜兴旺”；以稼禾菜蔬表示“五谷丰登”。贴在花灯、礼物、喜车、冥具车马上的剪纸图案，种类繁多，不胜枚举。这些剪纸作品大都出自农家巧妇之手。中华人民共和国成立后，剪纸大多表现现代题材，寄托人们对美好生活的向往和追求。

剪纸创作 在女性剪纸队伍发展壮大的同时，一支男性剪纸队伍逐渐成长起来。以陈光宗、王锡芝为代表的男性剪纸爱好者，打破剪纸系“闺阁艺术”的陈规，大胆开拓剪纸表现时代主题、为社会主义建设服务的创作之路，形成剪纸创作新生力量。

陈光宗原为瓦城小学教师，教学之余酷爱剪纸艺术。1954 年 7 月，陈光宗剪纸作品《看书报》在《儿童时代》杂志发表。在其影响下，在瓦城小学读书的王锡芝、赵秉和、陈丕芝等都爱上了剪纸艺术。1956 年，龙池成立剪纸小组，成员有陈光宗、王锡芝、赵秉和、陈丕芝，以后又吸收傅显朗和徐玉芳。他们合作的第一幅作品《不要损害树》在《儿童时代》杂志发表。随后，他们又创作《沤绿肥》《采槐种》《拉地瓜》《爱护耕牛》

剪纸——《赶鸭》（2018 年） 陈光宗 剪

等作品，陆续在《农村大众》《山东青年》《大众日报》发表。1958 年，剪纸小组在山东省群众艺术馆正式备案。1959 年，陈丕芝代表龙池人民公社剪纸艺人参加山东省文教群英会，向大会献上集体创作的大型作品《蝶恋花》，受到省委表扬和奖励。之后剪纸小组被正式命名为“昌邑县龙池剪纸小组”。1960 年，山东省剪纸创作研究组成立，吸收陈光宗为成员。1962 年，陈光宗剪纸新作《赶鸭》首次由新华社发全国报刊，并在东欧国家报刊发表，龙池剪纸开始走出国门。

1979 年春节，龙池人民公社文化站举办“农民剪纸展览”，参展作者从 12 岁儿童到七八十岁老人近百名，展出作品 369 件。此后，这些作品中很多被选送到市、省乃至全国参展。陈光宗剪纸作品《赶鸭》《葡萄河》分别被人民出版社、《人民画报》采用，王锡芝剪纸作品《五大员》在《中国青年》刊登，并参加全国美术展览。1982 年，王锡芝被吸收为山东省剪纸协会会员，并被选为理事。1983 年，陈光宗剪纸作品《十二属》《刘海戏金蟾》、王锡芝剪纸作品《新的里程》《小老鼠上灯台》等 7 件作品被选送参加全国七省一市剪纸联展。1984 年，陈光宗剪纸作品《赶鸭》被选去日本展出。1985 年，陈光宗、王锡芝被吸收为中国剪纸学会会员。1987 年，徐玉芳剪纸作品《春灌》在《农家生活》发表并获优秀奖。1990 年，陈光宗剪纸作品《夙愿》参加中国民间风俗剪纸大展获银奖。1991 年，陈光宗剪纸作品《四季花》在台湾《新闻日报》发表并获优秀奖。1992 年，陈光宗剪纸作品《蟹》参加山东省剪纸作品展并获优秀奖。1995 年，联合国第四次世界妇女大会在北京召开，在“华联杯”国际妇女书法美术作品大展赛上，陈光宗剪纸作品《和平万岁》获铜奖。刘述松长卷《十二生肖》是龙池剪纸代表作品之一，在国内外屡获好评。2000 年，陈光宗剪纸作品《荷香鱼跃》入选《中国美术全集》并获

剪纸——《祖国万岁》（2018 年） 王锡芝 剪

优秀奖。2001 年，陈光宗剪纸作品《猪年肥壮》参加中国民俗风情剪纸展并获优秀奖。2003 年，徐玉芳剪纸作品《拥军爱民》在《工人日报》发表。

艺术特色 龙池剪纸集胶东剪纸秀美精巧、玲珑剔透和鲁西剪纸天真质朴、稚拙憨厚特点于一身，具有表现形式丰富、装饰趣味浓厚、造型简练朴实等特色。

历史上，剪纸作者大都为农村妇女，未受过专业教育，剪纸创作只能凭直觉印象和淳朴感受，不拘成法，剪裁自由，构图往往带有原始风格，给人以夸张变形的感觉。她们大都不需在纸上画出图稿，而是剪随手动，手随心运，连绵不断，一气呵成。

龙池民间剪纸艺人亦用刀刻。先按画稿裁好多层色纸，30 ~ 40 克的纸可刻出 20 多张。用装订针钉牢，放在蜡板或木板上，用刻刀镂刻。由内到外，先左后右，先上后下，先刻复杂部位，后刻简单部位。

龙池民间剪纸的突出特点是“连”。为使剪纸便于流传和使用，剪刻出的物像在线与线、面与面之间，必须结合紧密而连贯。剪完后要提得起，贴得上，只有剪去的部分才能相互隔断，从构图到造型，都要求单纯、简练、概括、传神。

艺术传承 2006 年，龙池剪纸入选潍坊市非物质文化遗产名录，王锡芝被确定为项目传承人。2006 年，瓦城小学成立剪纸兴趣班。2007 年，龙池小学增设剪纸课程，王锡芝受聘做辅导员。2010 年，王锡芝被评为潍坊市首批民间艺术大师。2012 年 1 月，龙池小学“剪纸艺术”课程被评为潍坊市第二届小学活动育人精品课程，并获山东省教育科学研究所教育科研优秀成果一等奖；5 月，学校被中国教育学会确定为“全国学

剪纸传承（2018 年） 龙池镇党政办公室 提供

校文化建设研究基地"；11 月，被命名为"昌邑市非物质文化遗产（剪纸）传习所"。2012 年，龙池镇成立非物质文化遗产保护中心，修建主题公园、非物质文化遗产展示厅、数据库等，保护和传承传统文化。2013 年 7 月，龙池小学被命名为"潍坊市非物质文化遗产传承教育基地"。2017 年，龙池镇被评为山东省民间文化艺术之乡。2018 年，龙池镇有王锡芝、王冬雪、王百胜 3 位剪纸艺术传承人。

附：龙池剪纸艺术传承人王锡芝

王锡芝，1937 年 3 月出生，龙池镇瓦东村人，中共党员。中国剪纸学会会员、山东剪纸学会理事、山东省美术家协会会员，三级美术师，潍坊市非物质文化遗产民间剪纸文化传承人。自幼喜欢剪纸，受擅剪窗花的伯母影响，从读小学起就开始学剪纸。1953 年，王锡芝加入第九区业余剪纸小组。1955 年 6 月，在《儿童时代》上发表处女作《不要损害树》，从此开始剪纸创作。作品经常发表在《大众日报》《山东青年报》等报刊上，并多次参加省、市、县各级展览，其中作品《放羊》被选送到日本展出。1960 年 5 月，出席全省第一届文教战线群英大会，被授予先进个人称号。1965 年，被选调去北京协助李家庄建团支部和办理学习毛主席著作先进典型展览，有机会向剪纸名家申沛农、叶又新等前辈学习，使创作水平有了很大提高。先后在《解放军报》《中国青年报》等 12 家报刊上发表剪纸作品 1126 件。其中《新的里程》参加全国版画剪纸展览,《老鼠上灯台》被选中参加北京工艺美术展览。1979 年，出席全国地方文化经验交流会，并作典型发言。1980 年，出席山东省第四次文代会。同年，加入山东美术家协会。1981 年，加入山东剪纸协会，并被选为理事。1982 年，出席山东省农村文化艺术先进集体（个人）表彰大会并获得表彰。同年，加入中国共产党，并被选为昌邑县政协委员。1997 年，部分作品被收入到《世界现代美术家辞典》。在剪纸创作的同时，还潜心钻研国画，尤以鱼、虾、梅花见长。1998 年 12 月，国画作品《群虾飞跃》在"美林杯"全国书画作品大展中荣获银奖。2000 年 1 月,《虾趣图》被选入《20 世纪中华民族书画长卷》，在中国美术馆展出，后被烟台中国艺术城收藏陈列，并被选入《中国美术全集》。同年,《群虾图》在山东省首届“时代潮杯”全国诗书画大展中获三等奖，并被收入到《中华人民共和国人物辞典（1949—1989）》《中华诗书画（1999卷）》中。2007年6月，王锡芝被潍坊市委宣传部授予潍坊市民间文化杰出传承人荣誉称号。他利用节假日义务举办各类剪纸学习班，把自己毕生的剪纸技艺传授给学生们。自开办学习班以来，培养了大量剪纸爱好者，特别是龙池镇中小学生，很多作品在全国、省、市各级展览中获奖。2006年，龙池民间剪纸被列入潍坊市非物质文化遗产名录，王锡芝被确定为项目传承人。2008年6月，被昌邑市委、市政府授予首批优秀文化人才荣誉称号。2009年8月，被昌邑市委、市政府授予“首批昌邑市农村实用人才”荣誉称号。2010年4月，被潍坊市委宣传部、潍坊市文艺界联合会及潍坊市民间文艺家协会授予“潍坊市首批民间艺术大师”荣誉称号。2011年1月，被潍坊市关工委授予百优“五老”志愿者称号。2013年，获年度潍水文化生态保护实验区十大非遗模范传承人称号。2018年，作品《机唱丰收》在“民间的记忆”——改革开放40周年山东剪纸艺术展评中获三等奖。王锡芝虽已年逾八旬，但仍利用手中的剪刀和画笔勤奋创作，为繁荣农村文化贡献余热。

龙池传统制盐工艺

工艺流程 参见“蓝色海洋经济·海盐生产·制盐工艺”。

品质特征 龙池原盐以地下卤水为原料，经滩晒制成。其地下水质好，钠、镁比值高，土质含锰离子较多，所产原盐纯度高，粒大方正，晶体规则，清明透亮，质地坚硬，咸味浓厚。平均纯度达96.5%以上，优一级品率100%。食用盐调味鲜美，腌渍肉食不霉不烂，清香可口；工业盐可增加化工产品提取率，减少消耗，降低成本。

2011年，传统制盐工艺入选潍坊市第三批非物质文化遗产项目名录。

传承谱系 自清乾隆三年（1738）起，付成清任第一代制盐把头。乾隆三十四年至清嘉庆十三年（1769—1808），于春祥任第二代制盐把头。嘉庆十三年至清道光二十五年（1808—1845），于泽富任第三代制盐把头。道光二十五年至清光绪元年（1845—1875），于春元任第四代制盐把头。光绪元年（1875）至1912年，付正彦任第五代制盐把头。1912—1946年，付文竹任第六代制盐把头。1946—1978年，付良度任第七代制盐把头。1979 年，赵怀志任第八代制盐把头。赵怀志，1956 年 10 月出生，龙池镇瓦北村人。40 多年来精心发掘、研究和整理昌邑传统制盐的发展历史，组织撰写传统制盐历史资料，并以传统工艺嫁接现代科学工艺，使龙池传统制盐工艺不断丰富和完善。

龙池年俗 龙池历史悠久，为鄑城故地，居民多是明代自全国各地迁来，其年俗融合东、西、南、北四方韵味，同时也形成自己的特色。基本内容有：过腊八、赶年集、磨面碾米、糊灯笼、扫屋、辞灶、蒸年饭、贴春联、贴窗花、挂年画、净庙堂、悬族影、钉泥墩子、捞陈饭、悬家堂、闺女出门、请"老头子"、包馉馇、剃年头、撒陈草、团圆饭、饽饽压锅、发马子、接财神、守岁、年夜饭、压岁钱、大拜年、温陈两族大拜年、祭烈士、看媳妇、走年亲、圆年、咬春、五马日、人日节、耍正月、赶庙、演旨、进旨、闹元宵、烤百病、馇巧巧饭、沾石头、二月二等。

2014 年，龙池年俗入选潍坊市第四批非物质文化遗产名录。

龙池魏记香油传统制作技艺

魏记小磨香油已有百年历史，经过几代手艺人的不断探索，形成魏记小磨香油独特的配方和工艺。魏记小磨香油早期用人推磨，产量较低。后改用牲口拉磨，但仍未实现规模化生产。第六代传承人使用电磨和半自动炒芝麻炉，产量不断增加。2017 年，龙池魏记香油传统制作技艺被列入潍坊市第五批非物质文化遗产名录。

工艺流程 用筛子筛去原料中的杂物，去除尘土，用盆或缸加足清水，倒入芝麻，用清水漂洗，并搅拌 15 分钟，漂掉秕粒和其他杂物，芝麻捞出后放到密眼筛子上沥干

魏记香油（2017 年）　　龙池镇党政办公室　提供

水分，待30分钟后烘炒。

用木柴生火烘炒，炒炉均匀转动，炒至手捏碎后芝麻仁成枣红色，立即取出芝麻倒入簸箕内，迅速摊放到自制晒席上降温。将炒好的芝麻再次用筛子进行筛选，将杂质筛除后装入大缸备用。

将芝麻坯放进铁锅内，加入开水不断搅拌，加水量要靠经验掌握，分2～3次加入。第一次加全部水量的87%左右，翻搅均匀后第二次加水，直至用木棍挑出稀释的浆料呈现细蜂窝状，周围有较多油分时即停止加水，放慢速度搅拌一段时间，直到表层大量浮出油为止。

传承谱系 清乾隆五十三年（1788）魏元修，清道光三年（1823）魏振乾，清咸丰八年（1858）魏增海，清光绪十二年（1886）魏兴唐，清宣统元年（1909）魏汉臣，1953年魏尚孟。

昌邑蓝印花布 自清道光年间（1821—1850）起，龙池民间流行一种将白布印染成蓝底白花双色布新工艺，相传最初由中国西南地区少数民族的蜡染技艺演化而来。以此工艺生产的花布，色调明丽，图案精美，制作的服饰、被褥既实用又具观赏价值，深受人们喜爱，被称为“昌邑蓝印花布”。

昌邑蓝印花布制作工艺简单，取材方便。主要原料有白布、蓝靛、豆面、石灰和图案花版。花版制作是生产印花蓝布的关键，用7层毛头纸加稀糨糊打成光滑纸壳，晒并压平后，先将设计图案用铅笔画到纸壳上，再用凿刀将图案镂空，然后用桐油或清漆漆2～3遍，晾干后使用。生产什么样式的花布，就把图案花版铺在相应幅度的白布上，以一定比例的豆面、石灰和成糨糊，用毛刷蘸着印好，晒干后对叠，花纹图案朝外，放入发酵好的染缸内，头遍染成浅蓝，两遍染成毛蓝，三遍染成深蓝，四遍即成靛青，五遍即为青黑。需要哪种颜色，就染到哪道工序。晾干后，将豆面、石灰搓掉，蓝底白花，清晰可见。

清代至民国，昌邑蓝印花布染坊遍布全县，仅大型染坊就有170多家。蓝印花布行销青岛、烟台、开封、洛阳等地。1930年起，西方国家机制花布大量输入。抗日战争爆发后，染坊纷纷倒闭，昌邑蓝印花布生产逐渐式微。中华人民共和国成立后，特别是80年代起，昌邑市政府重视蓝印花布生产工艺的发掘，使之得以保存和传承。2016年后成为工艺品，少量生产，作为赠品和旅游纪念品。

2019年，昌邑蓝印花布入选潍坊市第四批非物质文化遗产名录。

龙池转灯灯艺

龙池北白塔灯会始于北宋末年，已有700多年历史。北白塔陈氏始祖曾任北宋末年北海知县，为教化百姓戒赌，鼓励其办灯会，卸任时当地百姓送灯百余盏。陈氏一族以此为荣，每年在北白塔村办灯会以作纪念。清乾隆年间（1736—1796），陈氏祖陈五斋封内阁供事，酷爱灯艺，并且是写灯谜的高手。致仕后回到故乡龙池，带回了很多外地的灯艺图样，并多次为灯会捐资，使灯会、灯艺走向高潮。

潍县陈官俊是道光皇帝的帝师，到北白塔寻源后，向陈氏宗祠敬奉御赐宫灯一对。后多次到北白塔村观灯，并捐资给创新者奖励，使木匠、铁匠、铜匠、焊锡匠和民间扎彩艺人各显神通，家家以扎灯为业为荣。近处商号借此机会介绍自己的产品，促进当地经济发展与交流，使灯会走向顶峰。当时灯的种类，大至鳌山灯、塔灯、亭台灯，小至儿童手提灯，有百种之多。舞龙灯各地都有，舞龙虎却只有龙池有，称为一绝，20世纪时因战乱失传。2010年起全面恢复。2019年农历正月十四，在瓦城孙子庙会上举办灯展，展出转灯，龙乡文化节展出大型孔雀灯、转灯、鱼灯、蝴蝶灯等48盏灯，黄元御文化节展出大型孔雀灯、转灯22盏。龙池转灯灯艺为昌邑市非物质文化遗产保护项目。

艺术特色 白塔灯与普通的灯有所区别。主灯可以旋转，转灯的原理是利用冷热对流，因此天气冷时，灯转得好，天气热时效果就差，当地有“时到清明不看转灯”的说法。后经过多次研究和技术上的改进，能在40℃高温下旋转。白塔灯制作是细致的手工活，展示了扎制者的智慧。转灯外形多为六角或八角，变化灯多为长方形。通常是在灯中安装一转轮，吊好用彩纸剪成的各式人物、花鸟、鱼虫等形象。轮下点燃蜡烛，热气上升，引起空气冷热对流，使轮子转动，画面变化，动感极强，引人入胜。外装饰可根据扎制者的意愿，灯衣多用丝织品和面纸（一种不怕水的纸）。如果灯衣为白色，必须用大红纸作风筒。因为点燃后，灯是红色，内外剪纸多用黑纸，看起来雅致大方。

传承谱系 清嘉庆十六年（1811）陈永新，清道光二十七年（1847）陈志豪，清光绪八年（1882）陈龙一，1918年陈显蛟，1980年陈相田。

龙池转灯（2017年） 龙池镇党政办公室 提供

文物古迹

古遗址

东利渔盐业遗址群　参见“文化遗产保护与传承·文物保护单位·东利渔盐业遗址群”。

营子埠村遗址　位于龙池镇营子埠村北土埠上。东西长约300米，南北宽约100米，面积约3万平方米。曾出土周代铜箭镞、汉代扁壶、陶罐等文物，采集有周代盔形器及汉代陶器残片。西侧断崖暴露出3座汉代砖室墓，保存较好。

鄑邑故城遗址　参见“文化遗产保护与传承·文物保护单位·鄑邑故城遗址”。

瓦城孙子庙遗址　位于龙池镇瓦城社区。南北长约150米，东西宽约50米，占地面积约7500平方米。始建于北宋初年，历代多次重修。至民国时期形成庙基，占地面积30余亩，有正殿、寝殿、山门等大小建筑共30余间。1938年，为防止日本侵略军在此设据点，中共组织群众将其拆除。中华人民共和国成立后，在庙址上建学校。

营子埠村遗址

瓦城孙子庙遗址（2017年）
龙池镇党政办公室　提供

古建筑

岱邱村郝家大井　位于龙池镇岱邱村南。砖石结构，井口六边形，井筒圆形，内径1.5 米，青石砖砌，井筒上端嵌有清代重修铭文砖 3 块。现保存较好。

东白塔陈氏家庙　参见“文化遗产保护与传承 · 文物保护单位 · 东白塔陈氏家庙”。

古碑刻

孙子庙碑刻　瓦城孙子庙现存古碑有清顺治二年（1645）立重修碑，载明衡王重修孙子庙碑记；清康熙三十一年（1692）正月立，修孙子庙碑记；清嘉庆二十五年（1820）二月立，修孙子庙碑记；清道光二十五年（1845）五月立，修孙子庙碑记；道光二十五年六月立，独角牛歌碑，吴克思撰；清光绪十一年（1885）六月，赵连聘等立，修孙子庙碑记；光绪十二年（1886）四月太保庄王继三等立，功德碑；光绪二十三年（1897）七月，陈洪敖等立，修孙子庙碑记；光绪三十三年（1907）四月，修孙子庙碑记。1918 年 6 月，神马歌碑，孙际凤撰文，徐培琪书；1919 年 6 月，奇槐碑，孙际凤文，徐培琪书。

油坊村魏文江墓碑　位于龙池镇油坊村东北侧。青石质，方首。仅存上段，残长0.87 米，宽 0.61 米，厚 0.15 米。碑阳向上，边饰花草纹，中题“皇清义士，讳文江，字华三，魏……”，上款题“义行详载邑志”，下款题“乾隆三十七年七月十九日，孝子学书……”碑阴向下，不详。现保存较差。

油坊村陈氏节孝碑　位于龙池镇油坊村磨坊内。青石质，原有雕龙碑头，现已遗失。碑身长 1.67 米，宽 0.81 米。碑阴向上，周饰回纹，有碑文，首题“节孝陈氏碑”，下款为“邑庠生姻愚晚范钦斋顿首拜撰，邑庠生表愚孙魏百魁顿首拜书。阖学：张春

油坊村魏文江墓碑

油坊村陈氏节孝碑

岩、陈述典、陈镜海、迟□鉴仝拜”。碑阳向下，不详。现保存较好。

油坊村魏养本门生碑　位于龙池镇油坊村磨坊内。青石质。碑身残长 0.6 米，宽 0.6 米。碑阴向上，周饰回纹，尚存部分碑文。碑阳向下，不详。魏养本，油坊村人。善诗文，教授生徒，多有成就，曾参与编修清乾隆《昌邑县志》。

油坊村魏养本门生碑

东白塔村碑刻　位于龙池镇东白塔村陈氏家庙南侧。其一位于路西水渠上，共有 2 处，分别为举人陈锡周墓碑、陈述卿墓碑，均残断。其二位于路东屋基上，有靳云鹏、康有为等为陈干先人题碑多处。现保存一般。

东白塔村陈文惠墓碑　位于龙池镇东白塔村陈氏家庙院内。白石质，圆首。碑身长 1.83 米，宽 0.74 米，厚 0.2 米。碑阳向上，额饰双龙戏珠纹，中题“明敕授文林郎，历任四川珙县、山西安邑县知县文慧陈公之墓”，上款题“生于万历十五年十一月”，下款题“卒于顺治十四年十二月一十一日未时；大清龙飞乾隆三十七年岁次壬

东白塔村碑刻

东白塔村陈文惠墓碑

辰复月二十七日戊午复长吉旦立石”。碑阴向下，不详。现保存较好。

岱邱村迟氏祖茔碑 位于龙池镇岱邱村南300米。青石质，方首，南向。碑身高1.66米，宽0.69米，厚0.2米。碑阳上方横题“光前裕后”，中刻“迟氏祖茔”4个大字，上款题“清乾隆三十五年三月吉旦”，下款题“第九代孙庠生廷基立”。碑阴有碑文，记载迟氏家族的历史及茔地状况，尾署“阖族仝立”。近年重立，现保存较好。

岱邱村迟元升暨配杨氏墓碑 位于龙池镇岱邱村东南水塘西。青石质，圆首。碑身长1.85米，宽0.72米，厚0.25米。碑阳额及边饰双龙戏珠纹，中题“皇清邑增生元升迟公配杨氏之墓”，上款题“咸丰四年岁次甲寅二月十七日谷旦，丁山癸向”。碑阴空白。现保存较好。

岱邱村碑刻 位于龙池镇岱邱村东北20米水塘北端。有残碑1段及碑座3块、石构件1块，散落在东西长10米、南北宽20米范围内。残碑碑阳向上，内容涉及柳疃银子市场，大部分已磨损。现保存较差。

岱邱村郝君惠墓碑 位于龙池镇岱邱村东南水塘西侧。青石质。碑身长1.8米，宽

岱邱村迟氏祖茔碑

岱邱村迟元升暨配杨氏墓碑

岱邱村碑刻

岱邱村郝君惠墓碑

0.71米，厚0.21米。碑阴向上，周饰回纹，有碑文，款题“□晚邑增生魏恒伦顿首拜撰，愚孙婿魏增璿顿首拜书”。碑阳向下，不详。现保存一般。

果园村王氏祖茔碑　位于龙池镇果园村东20米南北路西侧。青石质，圆首，东向。碑身高1.6米，宽0.64米，厚0.16米。碑阳额饰双龙戏珠纹，边饰回纹，中题“王氏祖茔”4个大字，上款题“光绪三十二年三月谷旦”，下款题“阖族仝立”。碑阴空白。2002年，王氏后裔于原址重立。现保存较好。

王家庄子村低河石桥碑　位于龙池镇王家庄子村东北。青石质，方首，东向。碑身高1.1米，宽0.7米，厚0.2米。碑阳上方横题“低河石桥碑”，有碑文，广东陵水县令、邑人韩名汉撰书。碑阴为捐款人姓氏。现保存较好。

王范庄村王三杰元配郝氏墓碑　位于龙池镇王范庄村西南150米公墓西侧。青石质，圆首，东北向。碑身高1.45

果园村王氏祖茔碑

王家庄子村低河石桥碑

王范庄村王三杰元配郝氏墓碑

米，宽 0.64 米，厚 0.16 米。碑阳额及两边饰龙纹，中题“皇清处士三杰王公配郝氏节孝之墓”，上款题“辛酉科拔贡祝正辞，阖学：黄□式、魏恒伦、陈锡命、姜正则、魏文会仝立”，下款题“道光十五年三月谷旦，男：恭思，孙：希孔奉祀”。碑阴空白。近年于新址重立。现保存较好。

王范庄村节孝董氏墓碑　位于龙池镇王范庄村西南 150 米公墓内。青石质，圆首，东北向。碑身高 1.72 米，宽 0.69 米，厚 0.2 米。碑阳额及两边饰双龙戏珠纹，中题“皇清敕旌节孝董安人之碑”，上款题“光绪二十二年十月谷旦，处士张继参之妻”，下款题“男：□暨，孙：鸿祥、瑞，曾孙：若周立石”。碑阴空白。近年于新址重立。现保存较好。

楼子村范宗尧暨配杨氏墓碑　位于龙池镇楼子村东 20 米南北路东侧。青石质，圆首，南向。碑身高 1.8 米，宽 0.71 米，厚 0.23 米。碑阳额及两边饰龙纹，下方饰海水纹，中题“皇清恩荣耆德范公讳宗尧字希唐暨配杨氏之墓”，上款题“咸丰七年岁次丁巳三月谷旦”，下款为立石子孙题名。碑阴周饰回纹，有碑文，下款题“元孙：监生述道、立道谨识”。近年重立。现保存较好。

王范庄村张继英配韩、温、刘氏墓碑　位于龙池镇王范庄村西南 150 米公墓内。青石质，圆首，东北向。碑身高 1.75 米，宽 0.71 米，厚 0.21 米。碑阳额及两边饰双龙戏珠纹，中题“皇清乡饮介宾、太学生伟堂张公讳继英元、继、继配韩、温、刘孺人之

王范庄村节孝董氏墓碑

楼子村范宗尧暨杨氏墓碑

王范庄村张继英暨配韩、温、刘氏墓碑

墓”，上款题“宣统四年四月谷旦”，下款题“男：和□、光，孙：鸿烈、道，曾孙：日望立石”。碑阴空白。近年于新址重立。现保存较好。

王范庄村张经元暨配刘、董、刘氏墓碑　位于龙池镇王范庄村西南150米公墓内。青石质，圆首，东北向。碑身高1.66米，宽0.68米，厚0.22米。碑阳上下端残损，两边饰龙纹，中题“皇清处士仲权张公讳经元暨继配刘、董、刘……”上款题“光绪元年□月谷旦”，下款为立石子孙题名。碑阴空白。近年于新址重立。现保存较差。

王范庄村张美璧暨配刘氏墓碑　位于龙池镇王范庄村西南150米公墓内。青石质，圆首，东北向。碑身高1.7米，宽0.69米，厚0.21米。碑阳额及两边饰双龙戏珠纹，中题“皇清例授修职郎、乡饮耆宾美璧张公暨配刘氏之墓”，上款题“道光八年三月十一日谷旦”，下款题“男：敬宾、干宾、墨宾、焕宾、寅宾，孙：绰纲、经纲、钦续、维铤、宏缨、绅统，曾孙：继尧、继曾、□□立石”。碑阴空白。近年新址重立。现保存较好。

龙北村魏氏祖茔　位于龙池镇龙北村西北侧。青石质，方首，西向。碑身高1.73米，宽0.68米，厚0.19米。碑阳周饰回纹，中题“魏氏祖茔”4个大字，上款题“民国十四年岁次乙丑闰四月中浣建石”。碑阴有碑文，首题“魏氏重建碑记”，尾署“族人百魁沐手书识”。近年重立。现保存较好。

王范庄村张经元暨配刘、董、刘氏墓碑

王范庄村张美璧暨配刘氏墓碑

龙北村魏氏祖茔碑

王范庄村张允恭元配王氏墓碑

齐西村齐梦弼墓碑

齐西村齐恩铭墓道碑

王范庄村张允恭元配王氏墓碑　位于龙池镇王范庄村西南150米公墓内。青石质，方首，东北向。碑身下部残损，高1.27米，宽0.69米，厚0.15米。碑阳边饰回纹，中题“皇清敕旌节孝允恭张公元配……”上款题“同治五年四月谷旦”，下款为立碑子孙题名。碑阴空白。近年于新址重立。现保存一般。

齐西村齐梦弼墓碑　位于龙池镇齐西村南100米公墓内。青石质，圆首，西南向。碑身高1.75米，宽0.68米，厚0.25米。碑阳额饰双龙戏珠纹，两边饰八仙人物纹，中题“皇清恩荣耆德殿卿齐公之墓”，上款题“同治十三年六月谷旦”，下款题“孙：增履，曾孙：唯堂、振孔、颜，元孙：恩深、澍、渥、涛、澜立石”。碑阴额饰瑞鸟祥云纹，两边饰缠枝莲纹，有碑文，首题“齐殿卿公墓志”，下署“壬午恩科举人世晚吴绰顿首拜撰，郡庠优廪膳生世再晚孟广名顿首”。近年重立。现保存较好。

齐西村齐恩铭墓道碑　位于龙池镇齐西村南100米公墓内。青石质，西北向。碑头高0.7米，宽0.75米，厚0.25米，雕双龙戏珠，中刻“圣旨”2字。碑身高1.75米，宽0.75米，厚0.25米。中题“清诰授昭武都尉、钦点头等侍卫、乾清门行走勋臣齐公墓道碑”，上款题“中华民国四年阴历一月吉日”。阴有碑文，尾署“清庚子、辛丑并科举人世愚弟宋逵升顿首拜撰并书”。近年重立。现保存较好。

孙家庄村孙德杰元配徐氏墓碑　位于龙池镇孙家庄村内。青石质，方首。碑身上端断裂，长1.45米，宽0.64米。碑阳向上，边饰龙纹，中题“皇清处士讳提字德洁孙

孙家庄村孙德杰元配徐氏墓碑

公元配徐氏节孝之碑”，下款题“子：立统，孙：式□、式古、式燕奉祀”。碑阴向下，不详。现保存较差。

孙家庄村孙纯嘏元配魏氏墓碑　位于龙池镇孙家庄村内东侧。青石质，圆首。碑身长 1.75 米，宽 0.7 米，厚 0.19 米。碑阴向上，额饰凤凰牡丹纹，边饰回纹，有碑文，尾署“阖学：范钦□、王□瑞……”碑阳向下，不详。现保存较差。

瓦西村徐氏节孝碑　位于龙池镇瓦西村北湾塘边。青石质，圆首。碑身长 1.74 米，宽 0.72 米，厚 0.19 米。碑阳向上，额及边饰龙纹，中题“贞心不朽”4 个大字，上款题“采访待旌节孝徐孺人墓□”。碑阴向下，不详。现保存较差。

瓦西村赵英华暨配孙、王氏墓碑　位于龙池镇瓦西村北湾塘边。青石质，圆首。碑身长 1.76 米，宽 0.71 米，厚 0.2 米。碑阳向上，额及两边饰双龙戏珠纹，中题“皇清处士英华赵公暨元、继配孙、王氏之墓”，上款题“咸丰五年二月十九日谷旦”，下款题“男：治业，孙：好礼、学、信立石”。碑阴向下，不详。现保存较好。

孙家庄村孙纯嘏元配魏氏墓碑

瓦西村徐氏节孝碑

马渠村魏协朋墓碑

石桥村翟承烈元配魏氏墓碑

马渠村魏协朋墓碑 位于龙池镇马渠村西北500米。青石质，圆首。碑身高1.47米，宽0.64米，厚0.17米。碑阳额饰双龙戏珠纹，中题“皇清处士魏公讳协朋字含信墓”，上款题“嘉庆二十年岁次已卯陆月三日吉旦”及立碑后裔署名。碑阴空白。近年重立。现保存一般。

石桥村翟承烈元配魏氏墓碑 位于龙池镇石桥村东150米公墓西侧。青石质，圆首。碑身高1.85米，宽0.73米，厚0.22米。碑阳额饰双龙戏珠纹，左右饰八仙人物纹，中题“皇清乡饮介宾承烈翟公元配魏孺人之墓”，上款题“光绪十四年三月谷旦”，下款题“男：元魁、忠、明、标、利，暨孙：乐颜、舜、尧、贤、圣、汤、公、闵、孟，曾孙：延年、龄”。碑阴空白。近年重立。现保存较好。

建馆修志

2013年，齐西村史馆在齐西古村落修复过程中建成。2016年10月7日，龙池镇党委、

龙池抗日战争纪念馆（2018 年） 李宁 摄

政府决定，启动“记住乡愁，建馆修志”工程，在各村建立村史馆。以瓦东村和马渠村为试点，以红色文化为主打内容，结合“两学一做”学习开展活动，活动进行得有声有色。同时建各种纪念馆、陈列馆、展览馆以及家风家训馆等，以优秀的传统文化，引领乡村文化的全面振兴。2018 年 10 月，根据上级安排，结合龙池镇实际，开始镇、村两级志书编纂工作。截止到 2019 年，已出版传统志书《龙池镇志》和《瓦东村志》，并获得 2017—2019 年度山东省党史史志优秀科研成果优秀基层（专门）志。村级志书已完成出版 15 部，其余村的志书已完成初稿，等待出版。2019 年，全镇已建成 6 个村史馆，13 个正在规划建设。其中瓦东村、齐西村、龙北村、瓦北村、马渠村、龙街村、龙东村、西白塔村、东利渔村、瓦西村获龙池镇建馆修志十大榜样。

龙池抗日战争纪念馆 2015 年 9 月 1 日，龙池镇依托抗日殉国烈士祠，建成国内首家乡镇级抗日战争纪念馆。纪念馆主要分为两部分：第一展室以“红色龙池，革命热土”“日军入侵，罪恶累累”为主线，讲述龙池抗战团体发展历程及日军入侵的种种罪恶；第二展室以“生死与共，浴血奋战”“彪炳千秋，永载史册”为主线，讲述英雄的昌邑人民特别是龙池人民在抗日战争中的突出表现。纪念馆全景式展示龙池人民的抗战历程，图文并茂，配以实物，与烈士祠相结合，成为抗日战争历史教育的重要基地。2015 年 12 月，被山东省委宣传部确定为“山东省爱国主义教育基地”。

龙池文化展览中心 龙池文化展览中心位于龙池镇白塔社区，2015 年 12 月开始建设，投资 1300 万元，面积 3000 平方米。2016 年 6 月正式开馆。该展览中心主要包括镇史馆、军旅文化展示馆、红色廉政文化教育展馆、昌邑龙池红色文化收藏博物馆4个展馆。

镇史馆共有4个展室，分别是历史风云中的龙池、战火硝烟中的龙池、浴火重生中的龙池、改革开放中的龙池，采用图片、文字记叙和实物真实展示相结合的方式，把龙池历史文化、时代变革、人民生活的变化直观地展示出来。

军旅文化展示馆共分为两个展厅，全面展现中国人民解放军和潍北炮兵靶场的发展史。

昌邑龙池红色文化收藏博物馆主要收藏红色文化专题收藏品，涉及文献史料、书报刊物、党史资料、党章、勋章、像章、领袖画像塑像、军用品等30余个门类。藏品所展现的内容涵盖了中国共产党建党、红军长征、抗日战争、解放战争、抗美援朝、新中国建设等历史阶段，具有较高的历史文化价值。昌邑龙池红色文化收藏博物馆顺利通过省文化和旅游局的验收，获批省级民办非企业文化收藏博物馆。每年累计接待考察学习团队160余批次，5万余名党员干部在这里重温入党誓词，接受革命传统教育洗礼。2019年共接待参观学习10万人次。

红色廉政文化教育展馆以反腐史实为依据，以红色文化元素为特色，以廉政文化为

龙池文化展览中心（2018年） 徐庆恩 摄

马渠村史馆（2017 年）　　李宁　摄

重点，系统展现党风廉政建设和反腐败工作的历史长卷。廉政馆展示廉政楷模和道德模范，记录在改革开放和现代化建设中涌现出的先进人物。有一腔热血洒高原的孔繁森，坚守信念染绿大凉山的杨善洲，有捍卫人民权益的好卫士任长霞，有忠于党和人民、忘我工作的牛玉儒，也有甘当人民马前卒的沈浩。图文说廉厅，以漫画这种通俗易懂的艺术表现形式反映现实社会各种腐败现象，幽默辛辣、生动活泼、寓教于乐。

马渠村史馆　1938 年，马渠村成立党支部。1942 年，中共昌邑县委和昌邑县抗日民主政府迁到马渠。马渠长期作为昌邑县委驻地，是保卫通往延安“红色交通线”的指挥中心，在革命战争年代，为保卫县委、县政府和“渤海走廊”做出卓越贡献。先后有 41 名革命先烈，忠义为国，血洒疆场。马渠村被称为“革命干部的摇篮”和“红色莫斯科”。

2017 年，龙池镇对马渠村红色文化和名人文化进行挖掘整理。2018 年 5 月 17 日，建成集中展现马渠红色历史的马渠村史馆。村史馆设“坚定信仰”“宣传发动”“武装斗争”“一心为民”“水乳交融”“胸怀理想”6 个专题，全面展示马渠军民在党的领导下，浴血奋战，争取民族独立和解放的生动经历，传承弘扬“爱党爱国，百折不挠的坚定信念；不怕牺牲，顽强战斗的英雄气概；团结协作，共克时艰的宝贵品质；胸怀宽广，理想远大的使命情怀”马渠精神。同时对昌北县委宣传部旧址、陈干故居、魏坚毅故居等进行保护性修缮和开放，打造“红色马渠”政德政风教育基地。

渤海走廊革命斗争陈列馆　昌邑、潍县、寿光北部，地处昌潍平原与渤海莱州湾接合部，自古有“胶潍走廊”之称。全面抗战期间，中国共产党在这里发动武装斗争、建立抗日根据地，开辟东起胶莱河、西至寿光县东北榆树园子村为主体的昌潍根据地，中心在昌北的“渤海走廊”，成为连接胶东、清河和鲁中抗日根据地的重要纽带，在最艰苦的时期发挥护送过往干部、协助跨区调兵、秘密运送战略物资三大历史作用。在保卫“渤海走廊”的伟大斗争中，三地军民在中国共产党领导下，同仇敌忾、不怕牺牲，与日伪顽浴血奋战。

渤海走廊革命斗争陈列馆位于龙池镇岱邱村内，占地面积 10 亩，建筑面积约 2650 平方米，总投资 1820 万元，属潍坊市委“使命担当”主题教育重点工程，迟浩田题写馆名，2019 年 6 月 29 日正式开馆。陈列馆根据有关历史照片、文献资料、口述回忆等

渤海走廊革命斗争陈列馆（2018 年）

相关资料，综合运用板面说明、实物展陈、视频播放、场景还原等多种形式，全面展示抗日战争时期，昌邑、潍县、寿光三县党政军民浴血奋战，用生命和鲜血保卫“渤海走廊”的战斗历程。展厅第一部分“艰难岁月 使命重托”。从历史概况、全面抗战时的局势，再现为确保胶东、清河和鲁中抗日根据地联系沟通，开辟形成“渤海走廊”的过程。展厅第二部分“坚强核心　中流砥柱”。从昌邑、潍县、寿光三县党组织的早期诞生到抗日战争期间三县党组织的发展壮大以及思想作风建设，再现三县党组织的发展历程。展厅第三部分“赴汤蹈火　浴血奋战”。再现面对尖锐复杂的斗争形势，广大军民在党的坚强领导下，开展形式多样的游击战争。展厅第四部分“民众奋起　铜墙铁壁”。着重再现人民群众在保卫“渤海走廊”斗争中做出的巨大贡献。展厅第五部分“背负期

龙池镇党政办公室　提供

望　为国担当”。运用护送过往干部、协助跨区调兵、秘密运送战略物资等图片，反映在民族危亡、国难当头的紧急时刻，“渤海走廊”发挥的历史作用。展厅第六部分“初心永恒　礼赞英雄”。展现了抗日战争中，在昌邑大地上涌现出的民族英雄，他们的照片及其与侵略者英勇斗争的图片；在解放战争中，为中华人民共和国成立而不惜生命的英雄形象以及他们的战斗历程，用图片、照片和雕塑的形式展现。

瓦东村史馆　瓦东村历史悠久，是郚邑故城文化和昌北革命斗争红色文化的交会地。2017 年，在昌邑市委组织部指导下，龙池镇建设瓦东村史馆。村使馆分村情发展史和党组织建设史两大部分，以图文和实物相结合的形式，全面展现瓦东村在革命建设和改革开放不同时期历史沿革、组织建设、传统文化、村情民俗等，做到以古鉴今、存史育人。自建成到 2019 年，已接待参观学习者 1.2 万人次。

陈干将军生平陈列馆　2016 年，由龙池镇党委、政府投资建设。陈列馆有一个大展厅，20 个板块。展览从陈干少年时代远赴关外，到其投笔从戎，参加同盟会，创办公学，率淮泗讨虏军转战两淮，再到其办理“鲁案”“威案”，回故里开河挖渠、造福桑梓，直至军阀派系之争等一系列重大事件，全景式得展现了陈干将军传奇的一生。2017 年 9 月 12 日上午，陈干将军长孙陈宏、外孙女佟立容等应邀出席开馆仪式。孙陈宏致辞，佟立容与潍坊市文物局局长刘允泉为陈干生平陈列馆揭牌。陈列馆配备专门讲解人员和日常管理人员，年接待访客 300 余批、2 万余人次，为在校学生现场教学 100 余次，是昌邑市中小学生爱国主义教育基地。

瓦东村史馆内陈列（2017 年）　　龙池镇党政办公室　提供

陈干将军生平陈列馆（2017 年）　龙池镇党政办公室　提供

齐西村史馆　齐西村史馆始建于 2013 年，位于齐西古村东首。馆内设三大部分：一是以“一门四进士”和牛群家族为主线，展现齐西村家族文化发展史；二是以生产工具实物为主，展现齐西村的农业生产发展史；三是展示古村的民俗文化，以图片、照片形式，展现齐西村民俗文化的发展史。生动、亲切，是古村落的重要组成部分，每年接待游客 5000 多人次。

齐西村史馆（2018 年）　龙池镇党政办公室　提供

齐氏家风家训馆（2018年） 李宁 摄

齐氏家风家训馆 齐氏家风家训馆建于2013年，位于齐西古村古街中部。馆内正面墙上悬挂齐氏祖辈约定的家训以及祖辈沿袭的良好家风；后面是齐氏每个时期出现的践行家风家训的代表人物，立身力行，图例感人。齐氏家风家训馆是齐西古村落的重要组成部分，齐氏族人教育后人的重要场所，每年接待游客5000多人次。

丝绸馆 丝绸馆始建于2013年，位于龙东村牛街西首，2019年重新修缮。馆内以图片、实物等形式，展现龙池丝绸100多年的发展史。特别是呈现近代海上丝绸之路，龙池丝绸人的艰辛创业历程。并详细介绍昌邑的重要历史人物，如清康熙年间（1662—1722）昌邑人李煦，与龙池丝绸有着千丝万缕的关系。他曾担任苏州织造一职，其女儿便是《红楼梦》作者曹雪芹的祖母。

乾隆杯酒馆 乾隆杯酒馆始建于2013年，位于龙东村牛街里，2019年重新修缮。馆内以图片、实物等形式，展示了乾隆杯酒的酿造工艺流程和发展史，是昌邑乾隆杯酒业各个时期的主打产品。

剪纸馆 剪纸馆始建于2013年6月，占地面积2.3亩。龙池剪纸是山东省非物质文化遗产项目，传承人为瓦东村民王锡芝。剪纸馆主要展示陈光宗、刘述松、王锡芝等龙

剪纸馆（2018 年） 李宁 摄

池民间剪纸艺人的剪纸作品，介绍作品的艺术特色和他们的艺术经历以及下一代的艺术传承。

制盐馆 制盐馆初建于 2013 年 7 月，占地面积 2.6 亩。龙池制盐历史悠久，早在春秋战国时期就开始使用“煎盐”的方法制盐。制盐馆主要介绍龙池的制盐历史以及历代“盐把头”的生平简介和传承，展示制盐工艺流程并展出部分成品盐和制盐工具。

《龙池镇志》 自 2018 年年初开始编纂，历经一年半的时间，于 2019 年 8 月由方志出版社出版。《龙池镇志》上限自事物发端，下限至 2017 年，采用述、记、传、图、表、录诸体裁，以志为主，条目体，包括概述、大事记、基本镇情、政治建设、经济建设、文化旅游、红色龙池、社会事业、风土民情、社区村庄、人物、艺文、大事纪略等，566 千字。该书史料翔实，文字简练，结构合理，内容全面，获 2017—2019 年度山东省党史史志优秀科研成果优秀基层（专门）志奖。

《瓦东村志》 自2018年5月开始编纂，历经一年半的时间，于2019年12月由山东齐鲁音像出版公司出版。全书上限自事物发端，下限至2018年，采用述、记、传、图、表、录诸体裁，以志为主，条目体，包括概述、大事记、基本村情、红色瓦东、产业发展、村务管理、公共服务、瓦东古韵、特色文化、风土民情、人物、艺文杂记等，417千字。该书史料翔实，文字简练，结构合理，内容全面，获2017—2019年度山东省党史史志优秀科研成果优秀基层（专门）志奖。

乡村旅游

龙池镇文化底蕴深厚，旅游资源丰富，古为著名军事家孙膑封地。齐西古村为第四批中国传统村落、中国历史文化名村。龙池镇是山东民间文化艺术之乡，龙池剪纸已有400多年的历史传承。龙池镇拥有东利渔盐业遗址群、鄑邑故城遗址、东白塔陈氏家庙、抗日殉国烈士祠、陈干故居、齐西民居等省级重点文物保护单位。龙池作为融传统文化、红色基因、美丽乡村“三位一体”的特色魅力小镇，依托生态文化资源，深度整合文化、生态、旅游资源，以文化振兴拉动旅游发展，建成“龙乡水韵·千年古村”文化旅游景区，打造以“齐国盐都、孙膑采地、齐西古村、红色马渠”为主要内容的全域旅游新名片，龙池“红色旅游＋乡村旅游＋党性教育”旅游品牌影响力与日俱增。

景区景点

瓦城景区景点

瓦城景区景点内，古遗址类有鄑邑故城遗址、东利渔盐业遗址群等，古庙宇类有孙子庙、双庙等，还有民俗特色的瓦北古民居和现代生产企业的集居地北部盐田风光等，凸显沧桑之变和时空之感。

鄑邑故城遗址　参见“文化遗产保护与传承·文物保护单位·鄑邑故城遗址”。自驾自龙池镇向北 15 分钟路程，春秋季节是最佳游览期，东利渔盐业遗址群在其东南方 1 千米处。

东利渔盐业遗址群　参见“文化遗产保护与传承·文物保护单位·东利渔盐业遗址群”。自驾自龙池镇向北 15 分钟路程，春秋季节是最佳游览期。

孙子庙一角（2019 年）　李宁　摄

孙子庙　即孙膑庙，位于龙池镇瓦城社区，始建于西汉以前，历代多次重修。1938 年，为防日本侵略军在此设据点将其拆除。中华人民共和国成立后，在庙址上建学校。2009 年，乡人赵玉荣倡导恢复，2015 年起陆续改建，2017 年赵海亭主导重修，2018 年完成。有大殿、山门、钟鼓楼、王母宫、泰山殿、财神庙、龙王庙、后卧殿、土地庙、观音像、遏云楼、庙湾和文化广场，基本恢复全貌。农历正月十四、九月初一、六月二十六为庙会，有各种祭拜仪式、戏曲演出、杂耍，还有锣鼓秧歌、舞蹈等民间艺术演出，庙会比日常集市繁华。孙子庙平时皆对外开放，一年四季均可参观、祭拜。自龙池镇自驾只需 10 分钟。周围特色饭店很多，有各种特色饭菜，是假期旅游的最佳选择。

双庙 位于龙池镇姚徐邓村西北，大莱龙铁路南。建于唐贞观初年，历史上数经战火、水灾等灾害损毁，又多次重修。1944 年年初，日军在此修建据点。1996 年重新修复，庙内供奉泰山神和碧霞仙子。四周河水环绕，有望月亭、假山林、神仙桥等景观。每年农历三月二十八为庙会，届时有各种民间演出，热闹非凡。一年中，春夏秋季为最佳游览时间，更是炎夏消夏的好去处。双庙距龙池镇 2 千米，自驾五分钟。

瓦北村民居 位于龙池镇瓦北村，孙子庙北。共有 6 处，均为砖木结构。代表性的有 1 号民居，现存北屋 8 间，东西长 20.4 米，南北宽 4.6 米；南屋 2 间，东西长 5.4 米，南北宽 3.5 米：东厢房 2 间，南北长 5.8 米，东西宽 3.8 米；大门 1 座，长 3.2 米，宽 3.8 米。2 号民居，现存北屋 8 间，东西长 20.4 米，南北宽 4.6 米。现保存较好。瓦北村民风淳朴，村民热情好客，皆能讲出孙膑流传在民间的故事，可以以酒会客，醉谈民间趣事。

北部盐田风光 位于瓦城北 5 千米处。自龙池镇自驾需要半小时左右。游客可游览和参与的项目有观盐田日出和夕霞晚照、赤脚攀爬盐垛、划盐茬、参观收盐、参观打盐垛、卤水浅滩行走、参观制盐过程等。

双庙（2019 年） 赵忠亮 摄

盐田风光（2018 年） 孙鲁波 摄

白塔景区景点

白塔景区景点内，有全国重点文物保护单位昌邑县抗日殉国烈士祠。祠堂、家庙、家塾有陈氏家庙、陈氏家塾和西白塔温氏先祠，族系传承脉络清晰，家谱保护完整。中国近代民主革命家陈干将军的墓园、故居和陈干将军生平陈列馆，能见时代风云变幻和将军风采。民国时期著名乡绅陈希孟故居和“阜盛茂”故址、万里桥、九曲胡同等，能感当时盛况。

昌邑县抗日殉国烈士祠 据龙池镇政府 1.5 千米，自驾需 5 分钟。烈士祠前有广场、升旗台（可参加升旗仪式）。广场西有大舞台，“五一”、农民丰收节、“八一”、“十一”、中秋节、春节期间皆有民间文艺演出。广场南有新开河自东向西流经，东有万里桥，中有青云桥，西有理想桥。岸边有白塔石像，过青云桥可通达九曲胡同。（参见“文化遗产保护与传承 · 文物保护单位 · 昌邑县抗日殉国烈士祠”）

陈氏家塾（2019 年） 李宁 摄

东北塔陈氏家庙 参见“文化遗产保护与传承·文物保护单位·东北塔陈氏家庙”。

东白塔陈氏家塾 位于东白塔村内，陈氏家庙对面路东。建于清朝中叶，历次重修。民国时期，陈干主持重新修建，康有为亲题门匾。家塾内有陈氏家族历代举人、贡生、庠生 90 余人介绍以及家风家训。园内有古树和洗砚用的大水缸。

西白塔温氏先祠 位于西白塔村委东邻，始建于清乾隆四十九年（1784）。1953 年、1992 年、2007 年在原址三次重修。祠院南北长 39 米，东西宽 17.4 米，大殿五间，长 15.3 米，宽 7.7 米，檐高 4 米。仿古建筑，气势宏伟。院东南角有一棵上百年的古槐树，曾遭砍伐，之后在原树墩上长出两棵根部相连的新枝，现已长成两棵茂盛的大树。春节时供奉祖影与世系图，与东白塔村共同举行温陈大拜年，场景宏大。

陈干故居 参见“文化遗产保护与传承·文物保护单位·陈干故居（含墓园）”。

陈干墓 参见“文化遗产保护与传承·文物保护单位·陈干故居（含墓园）”。

陈干将军生平陈列馆 位于龙池水利站内，据龙池镇政府 1000 米。参见“文化遗产保护与传承·建馆修志·陈干将军生平陈列馆”。

陈希孟故居 位于龙池镇东白塔村内。砖木结构，同盟会会员陈希孟故宅。现存北屋 7 间，东西长 18 米，南北宽 5 米；南屋带大门 7 间，东西长 18 米，南北宽 4.8 米。现保存较好。

东白塔村陈希孟故居（2018 年）　　龙池镇党政办公室　提供

东白塔村万里桥（2018 年）
龙池镇党政办公室　提供

万里桥　位于龙池镇东白塔村东北侧新开河河面上。1923 年，陈干回到故乡，看到家乡百姓饮水困难，非常痛心，遂开渠引浞河、虞河水，取名“新开河”。同时，又在河上建桥，取名“万里桥”，请康有为题写桥名，并刊石（已残，存昌邑市博物馆）。桥长 5 米，宽 3.6 米。桥面由长条青石铺成，3 孔，下有 4 座桥墩支撑。现保存较好。

“阜盛茂”故宅　位于龙池镇东白塔村内。共有 8 处，均为砖木结构，是清末民国时期昌邑茧绸老字号“阜盛茂”旧宅。代表性的有 1 号院，现存北屋 55 间，东西长 13.2 米，南北宽 4.6 米；南屋东西长 13.2 米，南北宽 4.6 米。4 号院，现存北屋 5 间，东西长 13.2 米，南北宽 4.6 米；南屋东西长 13.2 米，南北宽 4.6 米。7 号院，现存北屋

东白塔村“阜盛茂”故宅（2018 年）　　龙池镇党政办公室　提供

九曲胡同（2019 年） 李宁 摄

7 间，东西长 16 米，南北宽 4.8 米。8 号院，现存北屋 7 间，东西长 17.6 米，南北宽 4.8 米。现保存较好。

九曲胡同 2019 年重新修缮，原是白塔三大门古建筑群，现存有清末民国时期的“阜盛茂”商号老宅 8 处，另外还有陈干故居、陈希孟故居等。“三大门”在清末至民国时期，是商号“阜盛茂”“锦成玉”等大户人家集中居住地，房屋建筑规模庞大，气势宏伟，布局集中，因有东、西、北三个大门，故称。三个大门中的东、西两个大门，坐北向南沿街而建，成为白塔的代名词。东大门由时任山东省实业厅咨议、昌邑县商会会长陈贵谱所建，上有山东省政府主席韩复榘所题匾额“博济存心”4 个大字。西大门由三大门持家掌柜陈贵彩所建，匾额为“孝贞垂范”4 个大字。北大门由陈干将军亲自督建，是当时最豪华、最壮观的建筑。北大门以北是陈干居住的地方。在接收青岛谈判结束之后，康有为对陈干的外交才能大加赞赏，亲题“鲁案砥柱”4 个字，悬挂于陈干将军府的门楣之上。建筑在 1938 年 3 月被日本侵略者烧毁。“三大门”在柳疃、青岛、上海、济南、香港都有买卖和房产，在青岛火车站设有货站，在青岛河南路有工厂，盛极一时。

齐西景区景点

现代观光景点，有梦幻花海生态园、龙文化观光园、故村花田等；古民居、家庙和古文物，有齐西村古民居、岱邱村古民居、齐氏家庙、魏龙池氏宗祠、齐氏家训馆、

梦幻花海生态园（2017 年） 冯树龄 摄

张明照故居、郝家大井等；红色教育基地，有渤海走廊革命斗争纪念馆、龙池文化展览中心等；民俗观光和体验，有齐西龙乡大舞台、齐氏牛街美食民俗街等。

梦幻花海生态园 位于龙池镇政府西 1000 米，柳龙路南。春、夏、秋三季为旅游旺季，特别是春天花季和秋收季节，是最佳观赏期。届时游人可在花丛中嬉戏、拍照，在秋季参与收获，体验农家丰收的喜悦。参见“绿色宜居环境·国家级生态镇·公园绿地建设”。

龙文化观光园 位于龙池社区南，镇政府北 800 米。园内种植各种花木，三季花香，四季常青。有龙生九子广场，各种石雕栩栩如生，潜龙湾水清草丰，还有皮萨尔植物迷宫、中草药示范园等特色景观。春、夏、秋季是最佳旅游时期。

故村花田 位于龙乡大舞台南，南有停车场。四面竹篱围绕，古亭衡门点缀古香古色，园内各种奇花异草，仲春时节竞相开放，绚丽多姿。游人可置身于花海之中，有飘然之感，是拍照的最佳之处。

齐西村古民居 位于龙池镇齐西村，共有 52 处（齐西村 44 处，龙东村 8 处），均为砖木结构。民居大部分为齐氏家族商业老字号的老宅，也有部分齐氏名人故居以及庙宇、家祠等，分布较为集中，彼此互为邻居，较好地保留了古村落原貌。

岱邱村古民居 位于龙池镇岱邱村中心路以西，柳龙路北侧。清末民国初建筑，砖木结构，2017 年修缮。现存北屋 5 间，东西长 15.65 米，南北宽 4.7 米；东屋附带大门

故村花田（2018 年）　　龙池镇党政办公室　提供

2 间，南北长 6.35 米。现保存较好。

齐氏家庙　坐落于龙东村西南角，南面与二甲村为邻，西面与齐西村为邻。东西长

岱邱村民居（2019 年）　　李宁　摄

9 米，南北长 20 米，占地面积 200 平方米。始建于明朝中叶，数遭损毁，2017 年重新修建。庙门外有 60 平方米的空地。空地前有一大坑，为“墨池”，体现了齐氏传承孔孟之道的家风。院内东侧有一石碑，镌刻“齐氏简介”和重修经过。右侧有一座功德碑，北屋是堂屋，每逢春节，东墙、北墙、西墙上悬挂着“家影”。齐氏共出了 5 位进士。院东面有祖坟和祖碑，有齐恩铭、齐培元、齐绅甲中进士后立的 6 根旗杆，周围栽有 10 棵青松，院内栽有 4 棵青松。

魏氏宗祠 位于龙北村委东 100 米处。初建于明朝初年，1939 年农历正月初五被日军炮火摧毁。2008 年，在始祖墓处重新建，规模宏大，雄伟气派。大门坐北朝南，三层石阶，左右各有厢房一间，大门悬魏氏二十二世族人魏庆书写的“魏氏宗祠”巨匾。进入门洞，左右两壁分挂木板雕刻的魏氏首位郡望“巨鹿”和第一堂号“九合”，迎面是照壁，高 2 米，宽 3.3 米，正面中间镶嵌着魏氏二十一世族人魏照坤书写并用黑色大理石雕刻的草书“龙”字，四角配有云水图案。背面是重建宗祠功德碑。通过院内甬路，正北便是气势恢宏的 5 间古典式前出厦祠堂正殿，高 10 米，宽 9 米，东西长 15.6 米。殿堂正门上方悬挂二十二世族人魏福祥书写的“万世功德”门匾，前出厦 4 根梁头，自右至左刻有“瓜瓞绵延”四字。屋脊中央是“二龙戏珠”，两山脊是庙宇式的构件。殿内雕梁画栋，横向一字悬挂 4 盏大型木制宫灯，墙上悬挂族人的书法、绘画作品。院内东边是龙池魏氏始祖古墓，墓前立有龙头墓碑，正面刻有“开基龙池魏氏始祖之墓”，碑阴刻有略述始祖迁徙的碑文。墓东南方立有 1912 年前清秀才魏百魁书写的“魏氏祖茔”碑一通，碑文记有魏氏起源及迁徙过程。始祖墓上，吉鸟衔籽，自然长成同根双干、有 500 余年树龄的柘桑树，树冠郁郁葱葱，宛如硕大冠盖。

魏氏祠堂（2019 年） 李宁 摄

齐氏家训竹书（2019 年）　　李宁　摄

齐氏家训馆　参见“文化遗产保护与传承·建馆修志·齐氏家风家训馆”。

张明照故居　位于龙池镇岱邱村井园路以西，东西巷以南。北屋有正房 6 间，砖木结构。现存北屋附带大门 6 间，东西长 15.65 米，南北宽 4.8 米；西屋 3 间，南北长 8.9 米，东西宽 4 米。西首一间设为大门口，建于 1910 年，保存较好。2019 年 7 月，重新修缮。张明照（1873—1956），昌邑茧绸商人，龙池丝绸业创始人之一，曾在奉天省安东县经营丝绸、房产业，后期在青岛经营酱园生意多年。

郝家大井　参见“文化遗产保护与传承·文物保护单位·岱邱郝家大井”。

渤海走廊革命斗争纪念馆　参见“文化遗产保护与传承·建馆修志·渤海走廊革命斗争纪念馆”。

龙池文化展览中心　参见“文化遗产保护与传承·建馆修志·龙池文化展览中心”。

张明照故居（2019 年）　　李宁　摄

齐氏牛街美食民俗街 2019 年 10 月始建，总建筑面积 1 万平方米，一期工程在原有古村民居、家风家训馆等文旅资源的基础上，重新修缮、改造传统民居 12 处，打造特色美食街。与雅拉食品联合，开发全牛宴、牛杂汤、牛肉包、进士宴、牛肉火锅和烧烤、牛肉熟食专卖等特色美食，打造成昌邑美食新地标。通过建设小吃广场、嗨吧夜广场、小酒馆等休闲场所，点亮龙池夜色经济。

齐西龙乡大舞台 建于 2014 年，位于齐西村东，是村民日常休闲演出场所，也能承办各种大型演出，第一届龙乡文化节就在这里举行。

齐氏牛街美食民俗街（2019 年） 李宁 摄

龙乡大舞台（2019 年） 李宁 摄

马渠景区景点

主要特色是以红色旅游为主线，有马渠村史馆、赁铺胡同、魏坚毅故居、魏惜珍故居、魏振岱故居、魏孔举故居、陈志强故居、魏汝干故居、魏汝秉故居、魏铎之故居、陈云亭故居、昌邑独立营机枪连旧址、昌潍县委宣传部旧址、马渠村八路军七支队联络处旧址等。

马渠村史馆 参见“文化遗产保护与传承·建馆修志·马渠村史馆”。

赁铺胡同 位于马渠村东西大路西段路北。胡同宽窄不一，弯多巷密，像迷宫，但布局合理，四通八达。建于清朝末年，胡同内人家祖上为一家人。魏氏十四世祖在胡同内开设赁铺，对外租赁红白事所有车轿等物品，生意兴隆，规模越来越大，且声誉好，远近闻名。

魏坚毅故居 位于龙池镇马渠村赁铺胡同内。民国时期建筑，房屋3间，砖木结构。1975年修缮一次。2018年，政府出资重新翻修。现存北屋5间，东西长13.2米，南北宽4.2米：南屋5间，东西长13.2米，南北宽4米；大门宽2米。现保存较好。

魏惜珍故居 位于龙池镇马渠村赁铺胡同内。民国时期建筑，房屋3间，砖木结构。现存北屋7间，长19米，宽4.8米，保存较好。魏惜珍，原名魏振贵，马渠村人。抗日战争时期马渠村第一任党支部书记。

魏孔举故居 位于赁铺胡同西侧，民国时期建筑。魏孔举习中医，医术精湛，有求必应，声名远播。曾担任太盈社社长。

魏坚毅故居（2019年） 李宁 摄

魏惜珍故居（2019年） 李宁 摄

魏孔举故居（2019 年）　李宁　摄

陈志强故居（2019 年）　李宁　摄

陈志强故居　位于赁铺胡同向北东侧。民国时期建筑，北屋 5 间，南屋 5 间。抗日战争时期，该处为昌潍县委地下联络站、会议处、后勤处。过往部队吃住都安排于此处，伤员也在此养伤。陈志强，1939 年加入中国共产党，是当时昌北唯一的女性党员，马渠村第一任妇救会主任。曾数次掩护党员干部转移。大儿子 1940 年参军，后又将 15 岁的小儿子陈挺送到昌邑独立营参军。先后介绍 12 人加入中国共产党，5 名女同志走上革命道路。

魏汝干、魏汝秉故居　陈志强邻居，兄弟两人东西为邻。房屋为民国初年建，多次修缮，2018 年重修。魏汝干，1937 年加入中国共产党，1940 年任马渠村党支部书记，区委组织部部长，1942 年牺牲。魏汝秉，抗日战争中牺牲。

魏铎之故居　赁铺胡同北巷西侧。民国时期建筑，房屋 4 间，大门向北。魏铎之，

魏汝干、魏汝秉故居（2019 年）　李宁　摄

魏铎之故居（2018 年）　李宁　摄

1938 年参军，曾参加过莒县、临邑、莱芜、孟良崮、淮海、渡江、进军西南等战役，1955 年获三级独立自由勋章、三级解放勋章，1988 年获独立功勋荣誉奖章。

陈云亭故居　赁铺胡同内西首。民国时期建筑，北屋 5 间，大门向东。现保存完好。陈云亭，1926 年出生，1941 年参军，1942 年加入中国共产党，1993 年离休。历任安徽省办公厅副主任，淮北市长、市委书记，安徽省委党校副校长等职。

马渠村机枪连旧址　位于赁铺胡同北部西侧，魏汝干故居对面，昌邑独立营机枪连驻地。

马渠村昌潍县委宣传部旧址　位于赁铺胡同北部西侧，机枪连东邻。抗日战争时期昌潍县委宣传部所在地。

马渠村八路军七支队联络处旧址　位于赁铺胡同内。民国时期建筑，砖木结构。现存北屋 5 间，东西长 8.85 米，宽 4.8 米；南屋 5 间，东西长 8.85 米，南北宽 4.4 米。

马渠村昌潍县委宣传部旧址（2019 年）
李宁　摄

马渠村机枪连旧址（2019 年）　李宁　摄

马渠村八路军七支队联络处旧址（2018 年）　李宁　摄

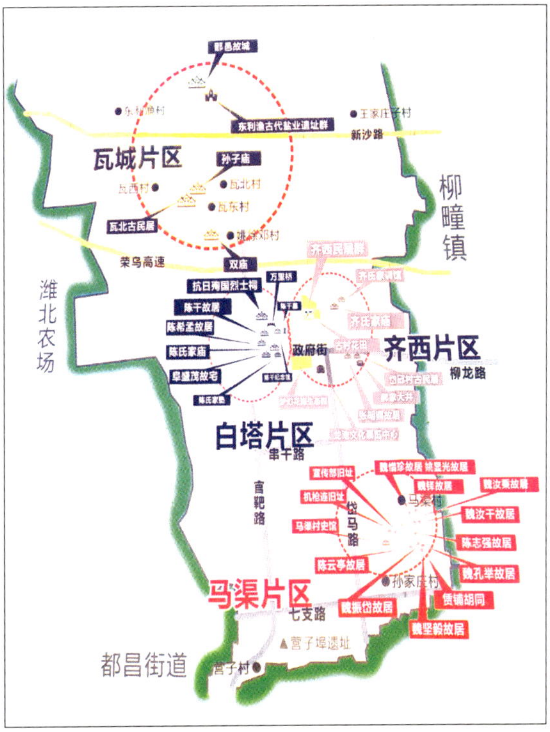

龙池镇旅游景点分布图　　龙池镇党政办公室　提供

旅游节庆

昌邑市首届乡村旅游节暨第一届龙乡文化节　2016年7月2日，以“鄑邑山水　古韵龙池”为主题的乡村旅游节开幕。分故村花田、齐西古村、龙文化观光园、抗战纪念馆、龙池文化展览中心五大板块，集中展示前进·龙池、王全武个人收藏博物馆、书画展馆、军旅文化馆、绸乡酒地、齐西村史馆、元宝大道、进士胡同、年俗馆、剪纸馆、制盐馆、龙池抗日战争纪念馆、陈干墓等几十处人文景点。活动期间举办摄影展、书法展、庆祝建党95周年老干部文艺演出、“爱在当夏　相约龙乡”相亲大会、王全武个人

昌邑市首届乡村旅游节暨第一届龙乡文化节（2016 年）　　龙池镇党政办公室　提供

收藏博物馆开馆仪式、“龙乡水韵　红色龙池”青年骑行、烧烤节等多项活动。

昌邑市第二届乡村旅游节暨第二届龙乡文化节　2017 年 6 月 23 日，昌邑市第二届乡村旅游节暨第二届龙乡文化节开幕式在梦幻花海生态园盛大举行。文化节以“《美丽中国》走进龙池”为主题，设两个会场，主会场设在梦幻花海生态园，分会场设在齐西

昌邑市第二届乡村旅游节暨第二届龙乡文化节（2017 年）　　龙池镇党政办公室　提供

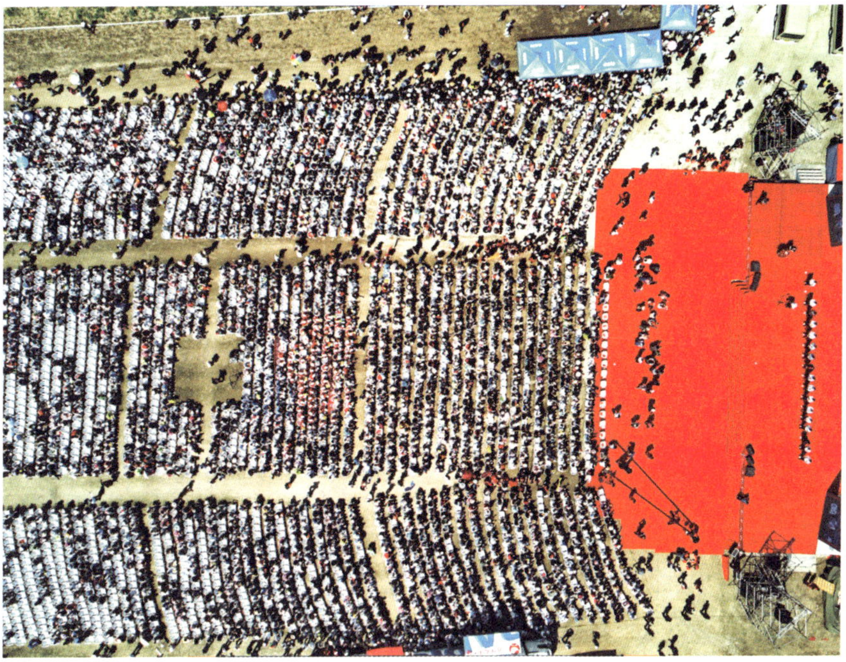

昌邑市第三届乡村旅游节暨第三届龙乡文化节（2017 年） 冯树岭 摄

古村大舞台。其间，开展摄影比赛、主题征文比赛、书画笔会、民俗文化活动、群众文艺会演、广场舞大赛、龙乡美食节、旗袍秀等 20 多项丰富多彩的文化活动。中央电视台农业频道《美丽中国乡村行》栏目走进龙池，举行文艺演出。歌唱家李光曦、“大衣哥”朱之文等歌手登台亮相，参加《越战越勇》一举成名的龙池快递小哥姜亚弟也为父老乡亲倾情献唱。

昌邑市第三届乡村旅游节暨第三届龙乡文化节 2018 年 5 月 7 日，昌邑市第三届乡村旅游节暨第三届龙乡文化节新闻发布会在人民大会堂重庆厅举办。5 月 19 日，以“古韵新姿、龙乡绽放”为主题，昌邑市第三届乡村旅游节暨第三届龙乡文化节在梦幻花海生态园开幕。著名相声演员牛群回到家乡，为龙乡文化节助力，《星光大道》冠军王二妮等演艺界人士登台亮相。主会场设在梦幻花海生态园，分会场设在齐西古村大舞台。文化节期间，以古韵和新姿两个主题，分别开展摄影比赛、红色文化研讨会、书画笔会、民俗文化活动、群众文艺会演、梦幻灯会展、锣鼓邀请赛、龙乡美食节、红色京剧票友会、旗袍秀等 20 多项丰富多彩的文化活动。

昌邑市第四届乡村旅游节暨第四届龙乡文化节 2019 年 5 月 25 日，昌邑市第四届乡村旅游节暨第四届龙乡文化节开幕式在龙池镇举行。文化节期间，陆续举办摄影展、

昌邑市第四届乡村旅游节暨第四届龙乡文化节（2019 年）　　龙池镇党政办公室　提供

书画展、古村落游、农家乐体验、旗袍秀、文友兴会等 20 余项丰富多彩的活动。

红色旅游　2015 年起，龙池镇以发展全域旅游为契机，大力发展红色文旅产业，打造以渤海走廊革命斗争陈列馆为核心，整合周边红色文化展览中心、昌邑县抗日殉国烈士祠、龙池抗日战争纪念馆、红色马渠政德政风教育基地、瓦东村史馆等红色教育基地，形成半径 3 千米的教育基地聚集圈，构建起融党史党性、政德政风、家风家训“三

红色骑旅（2017 年）　　龙池镇党政办公室　提供

位一体”的红色综合体。

2011 年，龙池镇被省旅游局评为山东省旅游强乡镇。2019 年 2 月，在由农民日报社组织的“2018 中国乡村振兴先锋榜十大榜样”评选中，龙池镇“建馆修志”推进乡村文化振兴项目名列其中，成为乡村振兴典型，是全省唯一入选的乡村振兴项目。

2019 年，党性教育基地建设规模不断扩大，以渤海走廊革命斗争陈列馆为核心的“三位一体”“一线八点”大格局逐步搭建，“红色龙池”党性教育品牌效应日益提升，全年接待各地各部门考察学习团队 700 余批次。坚持文化搭台、经济唱戏，投资 300 余万元，建成多彩丝路、醉人酒乡、银色盐海等 6 处主题民宿体验店，规划“吃、住、行、游”一日游精品路线，全年接待游客 8 万余人次。举办昌邑市第四届乡村旅游节暨第四届龙乡文化节。开幕式当天，接待游客 3 万余人次，再创历史新高。

旅游服务

导游服务　导游服务有龙乡文化旅游路线图和旅游指南，设置醒目路标；红色文化旅游配有义务导游和专职解说员。龙乡文化节和节假日期间，成立导游服务队，义务为旅客提供导游服务，服务队员由镇政府工作人员、义工、学生等组成。

餐饮服务　餐饮服务有集餐饮、娱乐、温泉等为一体的四星级龙乡大酒店，实现“吃、住、行、游”为一体的综合性旅游体验。龙池宾馆有床位 150 个，设施配套齐全，可同时接待两个中型旅游团入住和休息。有多彩丝路、醉人酒乡、银色盐海等 6 处主题民宿体验店。昌邑美食新地标牛街美食民俗街，可同时接纳 200 人同时就餐和体验。文化节期间，5 条商业街昼夜营业，各种小吃应有尽有，最具特色的烧烤一条街，花样繁多，服务配套齐全。

旅游线路　龙乡古韵游：齐西古村落—齐氏家庙—齐氏家训馆—古牌坊—岱邱古民居—郝家大井—九曲胡同—陈氏家庙—温氏祠堂—魏氏祠堂—双庙—孙子庙—瓦城民村

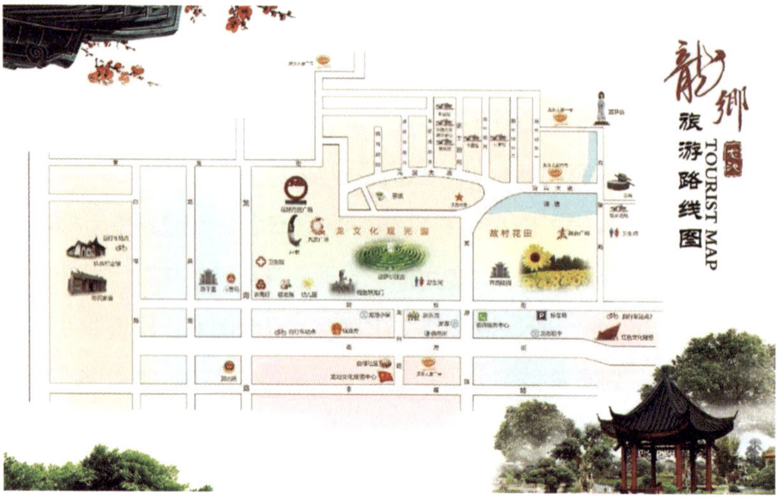

旅游路线（2017年）　　龙池镇党政办公室　提供

居—鄑邑故城遗址—东利渔盐业遗址群。

龙乡新姿游：齐西大舞台—牛街—故村花田—龙文化公园—梦幻花海—白塔湾塘。

龙乡趣味体验游：玫瑰园—湾塘垂钓—丰产河葡萄采摘园—利渔文冠果观光园—盐田风光。

龙乡文化体验游：龙乡海韵诗社—龙池剪纸馆—王锡芝剪纸—陈相田剪纸—刘述松剪纸—北海书苑—王恩法钢笔画。

龙乡红色游：渤海走廊革命斗争纪念馆—红色马渠—龙池文化展览中心—红色广场—陈干墓—抗日殉国烈士祠—红色瓦东。

风土民情

龙池镇属沿海地区，海产品种类繁多，农产品质优价廉。人们既保持渔民的生产生活习俗，又与内陆农耕习俗联系紧密。民风淳朴，友善好客。

美食小吃

酱爆梭子蟹 取新鲜海蟹，用刀切成两半，加葱、姜、蒜、盐等放于切断处，再用鸡蛋清或者淀粉（面粉），将切断处封住，以免漏汁或露肉。然后把油烧热，将蟹子放入，烹炸三分钟捞出，外焦里嫩，味道鲜美。

龙池一卤鲜 即糟辣椒酱，是冬季龙池农家餐桌上不可缺少的一道小菜。辣椒酱主要用大葱、辣椒和蟹酱制成，制作过程叫糟椒子。农历九月下旬是海上捕捞季节，将鲜活肥厚的海蟹切成块，加水加盐制成蟹酱，选取成熟的红色圆辣椒（一般不用尖辣椒，因其皮薄、种子多），去掉辣椒种子后剁碎，和葱段一起放到盆内，加少量的盐，再加蟹酱搅匀，装入坛内密封，放在背阴处发酵五六天即成。腌制好的辣椒酱入口脆生且咸辣适中，是色、香、味俱全的美味佳肴。

肉火烧 潍坊传统名小吃。龙池肉火烧皮酥肉嫩，香而不腻。用白面粉［或掺入少

酱爆梭子蟹（2019 年） 龙池镇党政办公室 提供

许番薯（又称红薯）粉］和面。馅有多种，一般为猪肉馅、羊肉馅、鸡蛋韭菜馅、海米芹菜馅、木耳胡萝卜馅、豆腐馅等。好吃的肉火烧必须是由炭火炉烤制而成。烤炉外形圆桶状，上层为圆形平鏊，下层是烤箱，箱壁使用当地泥土做成，烤箱中间是圆形炭火炉，外围是环状平锅。在炭火烘烤下，肉火烧浓浓的肉香味飘出来，十分诱人。

热合菜 由白菜（或绿豆芽）、粉条、肉丝、菠菜、蒜、香菜（或韭菜）制成，是当地团圆饭中的必备菜品。白菜和粉条需提前泡好并沥干水分，其中白菜选用接近菜心的部分。在烹制热合菜时，需先将白菜切丝，锅内倒油至八成熟，放葱、姜末煸出香味后再放肉丝煸炒，之后加入白菜丝。白菜丝约八成熟时，加醋（多放）和香菜，出锅后倒入盆中。之后，再将发好的粉条、虾皮以及捣好的蒜泥（或蒜片）加醋后趁热一同倒入，加香油或味精拌匀即可。另一种做法是将白菜切丝，锅内放油八成熟，放肉丝煸炒，再放葱、姜末、蒜片（可多放）煸出香味后放入白菜翻炒，接着倒入少许味极鲜和盐。白菜快熟时，再倒入烫好的粉条、菠菜、胡萝卜丝、虾米翻炒，最后加醋（多放）、香菜后出锅。这时再将捣好的蒜泥加醋后趁热倒入，加入香油、味精拌匀即可。热合菜酸中带鲜，浓香扑鼻，各种味道糅合在一起，妙不可言。

龙池咸汤 咸汤做法颇多，有花生咸汤、蛤蜊咸汤、大虾咸汤、萝卜咸汤等。咸汤并不咸而是鲜，汤里面都是鲜味十足的海鲜，其中以蛤蜊咸汤最为经典。蛤蜊咸汤的主要食材为蛤蜊肉，用扇贝或者蛏子肉也可。蛤蜊洗净放到锅中，加入凉水，没过蛤蜊即可。水烧开后，去掉蛤蜊壳，蛤蜊肉洗净待用，煮蛤蜊的水澄清后待用。锅中加少许油烧热，放入裹好面粉的蛤蜊肉炒香，再加葱花爆香，加入澄清的蛤蜊水和盐，煮开后加入调制好的面糊，锅内起泡后加入切成小段的韭菜即成。

龙须菜蒸包 龙须菜洗净，加水煮，水开后即捞出，挤干水分后切成细段，可加入少许韭菜。将肥肉切成肉丁后用热油煎熟，待凉透后倒入龙须菜中，再加调料、植物油、粉条、蘑菇、木耳等之后用白面包好，上锅蒸 10 分钟即可出锅食用。味道鲜美，营养丰富。

腌咸蟹 每年农历八月正是蟹顶盖肥的季节。将新鲜海蟹切成块放入坛中，每放一层蟹，铺一层厚厚的粗盐，可以加一点水，然后密封。十几天后，打开坛子，一股鲜味扑鼻而来，鲜美至极。或取新鲜海蟹若干，以 1 斤海蟹、4 两食盐的比例，将海蟹和盐放入水中，盐水要漫过盐，腌制 8 个小时即可食用。若未食完，一是放在冰箱冷冻；二是用大粒盐覆盖存放，但不能存放过久。

酥鱼咸菜　自家腌制的芥菜疙瘩咸菜切成片后洗净，用凉水泡上一段时间。新鲜的鲫鱼、白菜叶洗净待用。锅底铺白菜叶，然后铺一层咸菜片，再铺一层鲫鱼，如此反复，也可以再加一些藕片、海带。之后倒入酱油、花生油，大火烧开，文火慢炖，直到鱼刺酥烂为止。出锅后，鲫鱼鲜美，咸菜软糯，味道奇特。

蛆虾酱　蛆虾是当地一种小虾，因体形非常小，故称蛆虾。蛆虾洗净后放入坛中，加入大量的盐，坛口密封，放在太阳底下暴晒。蛆虾在坛内自然发酵，慢慢成为蛆虾酱。蛆虾酱腥味浓郁，一般人吃不了，但当地人特别喜欢吃。一般用生葱蘸着吃，也可以用鸡蛋、葱花炒食。

合饼　清水和面，擀成单张饼，之后将切碎的韭菜、炒好的鸡蛋、烫好的粉条放在一张饼上，上面再覆盖一张饼，周边捏紧，将菜包住。然后放在鏊子上烙，待两面成金黄色、中间鼓起，即可食用。

土特名产

龙池海盐　龙池海盐以地下卤水为原料，经滩晒而成。因卤水中钠、镁含量高，土质中锰离子含量高，且制作工艺先进，故所产海盐纯度高，粒大方正，晶体规则，清亮透明，质地坚硬，咸味浓厚。食用盐调味鲜美，腌渍食物不霉不烂；工业用盐用途广泛，可增加化工产品出产率，减少消耗，降低成本；农牧渔业用盐，可作选种、腌制、保鲜等。

龙池海盐（2017 年）
龙池镇党政办公室　提供

梭子蟹　龙池梭子蟹中秋节前后上市，头胸甲坚硬，背部呈青黄色，体表色泽光洁，蟹体厚实，体型肥满。可蒸，可煎，可炒，可鲜食，可腌食，可

梭子蟹（2017 年）　龙池镇党政办公室　提供

小磨香油（2017 年）　龙池镇党政办公室　提供

贵妃皇菊（2017 年）　龙池镇党政办公室　提供

酱爆，亦可搭配炒年糕、炒咸菜、煮豆腐。

黄须菜　又称龙须菜，是藜科一年生草本植物碱蓬的幼苗。生长于渤海盐卤之地，富含多种矿物质和丰富的膳食纤维，具有清热解毒、利湿助消化之功效。

小磨香油　采用低温水代法制取，无任何添加剂，自然沉淀，枣红透明、清澈明亮，香味浓郁、油质醇正，天然抗氧化物质——芝麻酚没有被破坏，保质期长，营养价值高。可“益气力，长肌肉，填脑髓，久服轻身不老，坚筋骨，明耳目，耐饥渴，延年”，是美味又健康的佐餐佳品。

贵妃皇菊　属南菊北植，在盐碱地首种成功。有疏风清热、清肝明目、消炎解毒、祛风润喉等作用。花朵厚而大，耐冲泡，冲水后在杯内翻转如滚绣球，汤色金黄，入口甘甜。

老家杂粮　有小米、小麦、大麦、荞麦、高粱米、花生、黍米、玉米、豇豆、大豆、红小豆、黑豆等，用来熬粥，营养价值高。特别是玉米渣（俗称玉米碴子），是冬天必备的熬粥原料。其中黑小麦和绿小麦是青岛农业大学的科研成果，属药食两用的功能型食品；小米为碱性小米，对身体健康有益。

岁时节俗

春节 俗称“过年”。除夕早上，家家户户贴春联。下午到墓地上坟，请祖先回家过年。晚上，各家设供桌供奉祖先。一家人要在一起包饺子、吃团圆饭。凌晨12时过后即起床，秉烛焚香，鸣鞭炮，化纸锭，祀天地，祭祖先，然后按长幼辈次，叩头祝贺。天刚亮，男女老幼均换上新衣，族间晚辈到长辈家拜年祝贺，长辈多以花生、葵花籽或糖果招待。出门逢人，相互道贺“恭喜！恭喜！”。从年初二到初五，亲友互相拜年，也有邻里互相请酒谈心，谓之“春叙”。一般初五后，仪节结束，名曰“圆年”。街市的商号开始开门营业。

1949年后，春节中带有封建迷信的旧风俗逐步革除。当地政府机关、社会团体、驻军分别开展“拥军优属”和“拥政爱民”活动，放映电影，演出文艺节目，开展慰问。县、区人民政府还向烈军属发信慰问。龙池是革命老区，自1945年烈士祠建成后，每年正月初一上午，干部、群众都有组织地向先烈敬献花圈、默悼致哀，以示吃水不忘打井人。

元宵节 农历正月十五为元宵节。是日早晨，家家放鞭炮，早饭照例吃饺子，午饭、晚饭酒菜之盛，不亚于除夕。正月十三晚开始挂彩灯，一些杂耍活动也相继开始，到元宵节当天达到高潮。高跷、旱船、龙灯、狮子舞轮番上阵，看的人眼花缭乱，谓之“闹元宵”。除各户装的门灯外，一些大的村庄集资设灯市三天。能工巧匠各出新裁，鸟、兽、虫、鱼，惟妙惟肖，神话人物，婀娜多姿，火树银花，五彩缤纷。有的村放“铁花”或焰火，也很有趣。相传，“龙池的干花（焰火别名），白塔的灯”，当时均负盛名。

清明节 农历三月初（公历4月5日前后）为清明节。青少年们相互邀约到野外踏青，饱览阳春景色，或玩荡秋千，舒展筋骨。中华人民共和国成立后，机关、学校等均到烈士陵园祭扫，进行革命传统教育。当地群众仍保留为祖坟添土扫墓的习俗。

端午节 农历五月初五为端午节。是日，家家户户门上插艾草，吃粽子。儿童在手腕上系彩丝，佩香囊（又名香荷包），以驱虫避瘟。旧时士绅人家，有中午饮雄黄酒的习俗。

中秋节 农历八月十五为中秋节，又名团圆节。节前，亲朋好友间多互相馈赠月饼、丰糕、酒水、果品等。中秋节晚上，摆放月饼、瓜果于庭院，对月烧香，名为“敬月光”。一家人在月下欢聚，饮酒赏月。贫苦人家当天稍微改善一下生活，就算过节。中华人民共和国成立后，随着人民生活水平提高，月饼的花样逐渐增多，更为畅销。

重阳节 农历九月初九为重阳节。少数富有闲散之家有登高望远或饮酒赏菊的习俗。多数农民正忙于农事，这天只做青萝卜汤饮用，意可祛百病，故有民谚：“节令到了九月九，过路郎中抄了手。”

过小年 农历十二月二十三为“辞灶日”，也叫“过小年”。人们在灶前供糖瓜，焚香烧纸马，送灶神上天，并乞告灶神“上天言好事，下界降吉祥”。

民间礼仪

婚嫁 旧时风俗，青年男女的婚姻，本人无权选择，都要听从父母之命、媒妁之言，故很多青年男女的婚后生活并不幸福。男女结婚的年龄，一般在 18 岁左右，个别早婚者尚不满 16 岁。男女到结婚年龄时，家长便请媒人介绍，一般要求门当户对。经媒人撮合，双方家长同意后，还须请算命先生推算生辰八字，如无冲克，方可订婚。之后男方家准备布帛、首饰、金线、柬帖（即婚约）送往女方家，女方家再以衣帽回敬，并将柬帖交换，俗称“订亲”。

结婚前数月，由男方家选好吉日，交媒人送至女方家，叫“请期”，俗称“送妆姑”。女方家要置备妆奁给女儿，叫“办嫁妆”。一般人家为六至八抬，多者三十二抬。

新人拜堂（2019 年）　　龙池镇党政办公室　提供

穷人家嫁女，只有衣物包袱一个，俗称“轿里捣包袱”。今改由男方家置办嫁妆。

结婚之日，男方家要备亮轿、花轿各一乘，由新郎乘亮轿到女方家，亲迎新娘入门。是日，两家都张灯结彩，宴请宾客。新娘至男方家下轿后，地铺红毡，由嫁客（男方到女方家接新娘的人）二人扶入庭院，新婚夫妇按照男东女西的站位，先拜天地，后拜父母，然后入洞房。晚间行“合卺”礼，俗称“喝合婚酒”，邻里青年男女都到洞房里看新娘，并尽情戏谑，谓之“闹房”。

第二日，女方家备车接女儿回家，名为“回门”。第三日，再由女方的家长用车送回男方家，叫“送三日”。新娘送面食和馓子给亲友，名曰“分盒”。

此外，有少数无力娶妻者，可到有女无子的人家去做养老婿，名曰“招赘”或“倒插门”。但须改为女方之姓。穷人家无力娶妻，从小领穷人家的女儿到家，叫“童养媳”。待至成年，再行婚礼，名为“圆房”。妻死再娶叫“续弦”，夫死再嫁名“再醮”。在旧社会，改嫁要受到社会舆论的谴责。

民国以后，曾提倡过自由恋爱和文明婚礼，但青年男女结合，很少获得真正的自由。在婚礼仪式上，要邀请地方上知名人士为“证婚人”，双方的家长为“主婚人”，媒人为“介绍人”，鸣放鞭炮，亲友来宾致贺词，新郎、新娘致答词，证婚人发给结婚证书，并拍摄结婚照片。此种婚礼，只有政府机关公务人员如此，农村并未流行。

1950 年，《中华人民共和国婚姻法》施行，婚姻受到法律保护。婚前经亲友介绍，双方经过一定时间了解，彼此情投意合，到法定结婚年龄（男 20 岁，女 18 岁），即到当地政府部门登记，领取结婚证书，择日举行婚礼，父母不得干涉儿女的婚姻。但订亲、送喜日、回门、宴请等旧习俗，多数人家仍然沿袭。

丧葬 旧时家里死了长辈，要告诉亲友，名曰“报丧”。在家中搭灵棚，挂旌，或设神位（即灵牌）。子女要穿白衣孝服，整日陪灵，亲友前往吊唁，要赠纸及财物，丧家散白布以示哀悼。一般是三日入殓，孝子与亲属绕棺一周与遗体告别。接着“发丧”，要扎好车、马、轿、庸人等以火焚化，为死者送行。葬时要请阴阳先生点穴，俗称“看风水”。富豪之家，门前、墓地搭彩棚，以备亲友设祭。出殡时，前有鼓乐、僧道导引，邻里帮忙抬棺，亲友在棺后相送。沿途，亲友摆设祭品，焚香叩拜，叫“路祭”。棺木入穴后，叫“下葬”。葬讫，用砖砌好，填上土，叫“成坟”。送殡者返回，叫“回丧”。孝子逐户登门向邻里叩谢，叫“谢忙”；到亲友家拜谢，叫“谢孝”。贫苦人家的葬仪较为简单，三日即殓棺出殡，掘土为圹，筑土为坟，谓“入土为安”。周年之后，孝子换掉白衣、白鞋，名曰“除服”。

1978年，葬丧改革，提倡火葬，既节约又卫生。昌邑县火葬场建成后，一般是死者死后三日内，将遗体送火葬场焚化，把骨灰盒带回。送葬之日，亲属臂缠黑纱致哀。

喜庆

坐月子 妇女分娩，俗称“坐月子”。产妇在产后一个月内，一般不出门活动。其间，邻里亲友赠送鸡蛋、猪肉、油条等食品，表示祝贺，俗称“下汤”。

贺百日 孩子降生100天，称为“贺百日”。是日，至亲好友多赠送糕点、布料、童装、首饰等以示祝贺。有的富裕人家设宴款待宾朋。

贺生日 民众对家庭成员的生日很重视。每至生日，全家改善生活，多吃打卤面或饺子以示祝贺。富裕人家过60岁以上寿辰，多设宴祝寿。

贺房 旧时民众建房，上梁要择吉日，脊檩上贴“上梁大吉”“吉星高照”，脊瓜柱上贴“上梁喜逢黄道日，立柱正遇紫微星”“础石千秋稳固，梁柱百世永存”等对联，门窗上张贴“安门大吉”“安窗大吉”。正午时安装脊檩，放鞭炮，撒喜糖，以示祝贺。是日，招待工匠的酒菜丰盛。现在农村建房仍有此俗，但择吉日者渐少。

乔迁 迁入新居，亲友携带鱼肉等食品前来祝贺，主人宴客，俗称“温锅”。农村与城镇均有此俗。

禁忌 孕妇禁看怪相、听怪声，俗说犯者于胎儿不利。

家有患麻疹的小孩，忌生人进入，门悬红布以示警告。

旧时，已出嫁的女儿，辞灶后，忌回娘家，忌在娘家过春节，忌在娘家生小孩。

给长辈拜年和探望病人，习惯在上午，忌在下午。

盖屋建房，门口忌冲墙角或屋山。

身亡异地者，尸体或灵柩不入内宅，有“冷尸不入院”之说。

旧时，新媳妇忌不在婆家过二月二、三月三、端午等节。

旧时，不到五岁的小孩死后，不立坟，不入墓地，名不入谱。

戴孝者，春节不到亲友家拜年。

家遇丧事，当年春节不贴红对联，不点红蜡烛。

方言俗语

方言

闹的：怎么的。

草家毛：人无勇气。

夜来：昨天。

火啦：人发怒。

寻思：思考、琢磨。

耳根子硬：不轻信人言。

死孙：人不开明。

滚刀肉：无赖人。

梭客：放荡挥霍。

炮筒子：性情直率。

茅房：厕所。

馉馇：饺子。

谚语

没有匠人盖不成房，没有农民打不出粮。

粮食本是宝中宝，一日三餐不可少。

有收无收在于水，多收少收在于肥。

春天多积一点水，秋天多收一成粮。

水满田，粮满仓，河里无水仓无粮。

人治水，水利人；不治水，水害人。

不怕旱天，就怕靠天。

人不吃饭饿肚肠，地不上粪不打粮。

棉花锄八遍，桃子赛鸭蛋。

谷锄八遍饿死狗，麦锄三遍面充斗。

儿要亲生，地要深耕。

炒菜离不开油，种田离不开牛。

猪吃百样草，看你找不找。

鸡、鸭、兔、羊，本少利长。

清明秫秫（高粱），谷雨谷。

头伏萝卜、末伏菜，三伏有雨多种麦。

芒种三日见麦茬。

旱了东风不下雨，涝了西风不开晴。

开门风，闭门雨，闭门不住下一宿。

早降毛雨无大雨，晚降毛雨无晴天。

日没暗红，无雨必风。

夜里起风半夜住，半夜不住刮倒树。

云从西北起，风狂雨又急。

晴天防雨天，丰年防歉年。

家有贤妻，为人不遭横事。

一口吞不下一个饼，一锨掘不了一个井。

牙不剔不疼，耳不掏不聋。

不生气，不犯愁，无病无灾到白头。

要得身体好，天天起个早。

种不好庄稼穷一季，找不好对象穷一世。

歇后语

老鼠拖木锨——大头在后边

哑巴吃黄连——有苦说不出

马尾称豆腐——提不起来

老鼠钻风箱——两头吃气

秃子头上的虱子——明摆着

头上生疮，脚底下流浓——坏透啦

骑驴看唱本——走着瞧

碟子里扎猛——不知深浅

聋子的耳朵——白搭

瞎子打灯笼——白费蜡

茶壶里煮饺子——肚里有，倒不出

张飞穿针——大眼瞪小眼

泥菩萨过河——自身难保

夹道里抬木头——直来直去

山顶上滚碌碡——石（实）打石（实）

二十五个老鼠下肚——百爪挠心

猪鼻子插葱芽——装象（相）

西北风刮棘子——连风（讽）带刺

齐氏牛街美食民俗街（2019 年）　　李宁　摄

绸乡名门

龙池是著名的丝绸之乡。清末民国初，茧绸业多带有家族性质，形成一批世家，在绸乡文化传播中起到引领潮流的作用。丝绸业的发展，让许多家族迅速兴盛起来。陈氏家族在柳疃起步，经营迅速扩大，并涉猎到各行各业。齐氏家族秉承家训，传承优良家风，懂经营、会管理，很快把事业做大，清末有十余人先后通过科举进入仕途。抗日战争时期，马渠村被誉为“小莫斯科”，瓦城被誉为“小延安”，涌现出许多红色革命家庭。魏氏家族积极接受新事物、新思想，在抗日救亡中，率先将中国共产党的主张传播到龙池大地。解放战争时期，更涌现出很多英雄人物和党的优秀干部。赵氏家族以经营茧绸起家，为昌邑丝绸业发展奠定基础。社会主义建设新时期，巾帼不让须眉，在科技、卫生界，赵氏女辈多有建树。

魏氏家族

魏氏始祖善、昆、弟三人，明永乐二年（1404）自四川成都府迁至山东，一支居潍县温庄，一支居寿光黄家桥，一支居龙池。四世祖魏林入赘黄氏，迁居马渠村，至2019年已传至二十九代。魏氏家族有优良的家风和严格的家训："祖宗重德行，苗裔繁万代。立身讲诚信，重操守常在。农商衣食源，工商正道财。诗书史为鉴，文知愚顽开。报国为忠良，为民勤无怠。尊老敬孝道，安抚多关怀。怀本诚敬祖，按时节祭拜。爱幼慈且严，骄纵不是爱。父子骨肉情，兄弟手足脉。邻学六尺巷，乡里睦且爱。莫做亏心事，勿取不义财。健身宜动静，知足宽胸怀。魏氏众后代，践行福自来。"无论务农、经商，还是悬壶济世，魏氏一族皆秉承家风家训，仗义疏材，扶贫济弱。无论在什么年代，在什么样的艰苦环境中，家风家训一直代代传承。魏氏家族善于接受新事物、新思想。特别是在抗日救亡运动中，魏氏后人率先将中国共产党的主张传播到龙池大地，其居住的马渠村被誉为"小莫斯科"。在抗日战争和解放战争期间，涌现出很多英雄人物和党的优秀干部，魏氏一赁铺胡同出现过6位区级以上干部，被称为"书记胡同"。据1957年统计，马渠村在职县团级以上干部57人，其中51人为魏氏后人，被人称誉为"革命干部的摇篮"。

魏孔举（1866—1936） 魏氏第二十世孙。字伦堂，马渠村人。所读医籍以《黄氏八种》《医宗金鉴》《痘疹全书》为主，医道精于痘疹。魏孔举行医远及平度县、掖县、潍县等地，不辞劳苦，不计得失，盛名远扬。百姓屡赠"懿行同钦""仁术树德""惠济乡间"匾额，以赞其功德。

魏汝栋（1902—1958） 魏氏第二十世孙。又名魏良弼，马渠村人。在南洋行商时结识周恩来。1924年，报考黄埔军校。1927年，参加北伐战争。中华人民共和国成立后，曾任中共中央东北局卫生部部长、长春第一汽车制造厂党委书记、西安汽车制造厂厂长。1958 年 12 月去世，葬北京八宝山革命公墓。

陈云亭（1926—2013） 魏氏第二十世孙。原名魏玉翼，马渠村人。1942 年，加入中国共产党，同年 6 月入伍。历任昌邑县东冢区青年抗日救国会（简称青救会）会长、昌邑县闫家区委副书记兼教导员，华东野战军阜颖县委干事，南照区委书记，皖北行署监察处处长，阜阳地委组织部副部长，安徽省委监察委员会审理处处长、副秘书长，安徽省委办公厅副主任，省直机关革命领导小组副组长，省革委会政工组直属组长，省直机关党委副书记、书记，六安地委副书记，淮北市市长、书记，省委党校副校长（主持工作）、校委委员。中共安徽省第四次党代会代表，安徽省第七届人大常委会委员，副省级。1988 年 12 月离职休养。

魏惜珍（1918—1999） 魏氏第二十一世孙。原名魏振贵，马渠村人。少年时期在十字路高级小学和私立文山中学求学。1936 年，到潍县县立中学求学。1937 年七七事变，学校解散，参加孙汉三、张智忠等领导的抗日救亡活动，发展中华民族解放先锋队，筹措武器，组织抗日武装。1938 年 10 月，任昌邑三区（龙池）区委书记。1942 年，任昌北县七区（东冢）区委书记。1945 年，任昌北县委宣传部部长。1949 年，任昌北县委书记。1951 年，调任潍坊市委统战部部长。1953 年，任中共昌潍地委委员、潍坊市委书记。1956 年，调任山东省人民委员会宗教事务处副处长（正县级）。1959 年，调临沂县，历任白庄人民公社党委书记、县经委主任。1980 年，调任潍坊地区经济委员会副主任。1983 年 10 月离休，享受厅局级待遇。

姚显光（1921—1948） 魏氏第二十一世孙。原名魏振英，马渠村人。1939 年入伍，同年加入中国共产党。抗日战争期间，在玉皇庙一带开展抗日活动，曾任夏店区委书记，动员“大参军”。1948 年，任南下干部宣传队大队长。他是峻青小说《黎明的河边》中姚队长的原型，带领干部南下时，在河南淮阳牺牲。

魏效聪（1921—1942） 魏氏第二十一世孙。又名姜艾，马渠村人。1939 年，参加革命。1940 年秋，同刘荣光、魏坚毅等去胶东抗日大学学习，结业后分配到昌潍县委组织部任副部长。1942 年春，外出考察工作，在七区刘家车道村东南河套里遭遇日军“扫荡”的骑兵，与敌人顽强战斗，直至把子弹打光，后壮烈牺牲。

魏铎之（1922—2003） 魏氏第二十一世孙。马渠村人。1938 年 10 月入伍，1941 年 10 月加入中国共产党。1962 年，晋升中校军衔。曾参加孟良崮等战役，荣获三级独立自由勋章、三级解放勋章。历任八路军胶东军区班长、山东军区二分区县独立营连长、华东军区后备兵团营长、西南军区炮兵战车团参谋长、坦克第三编练基地大队长，陆军某部副团长、团长，某部十师参谋长、副师长、装甲兵司令部副参谋长，浙江省嘉兴军分区司令员等职。1988年，荣获独立功勋荣誉章。

陈挺 1925年生，魏氏第二十一世孙。原名魏振才，马渠村人。1939年11月，参加革命。1942年，加入中国共产党。抗日战争时期，历任昌邑县、潍县儿童团团长，昌潍县青救会会长、各救会会长，县委副书记、县中队指导员，渤海军区清河军分区政治部民运干事、政工干事。解放战争时期，任潍北县委书记、县长、武工队队长、县委委员、民运部部长，荣立二等功、三等功各一次，获"围城猛虎队"集体荣誉。中华人民共和国成立后，曾任团中央组织部副部长，第三机械工业部政治处主任、党组书记，中央国家机关党委委员等职。

魏振章（1930—2003） 魏氏第二十一世孙。马渠村人。1944年冬，毕业于昌北县立高小。1945年2月参加工作，历任南鄑亭小学教师、武工队队员，昌邑县城关区各届抗日救亡联合会、青救会会长。1947年，加入中国共产党。1948年3月，参加潍县战役，遂留潍县，历任潍北县马宿区粮库会计主任、潍北县粮食局秘书。1953年，到华东财政干校学习，后调临淄县，历任县委宣传部理论教员、路山人民公社党委书记。1960年，调任昌潍地委宣传部理论教员。1962年，调临淄县，历任辛店孙楼人民公社党委副书记、书记、革委会主任，淄博市贫下中农协会副主任。1975年，任临淄区委副书记、书记。1984年4月，任临淄区人大常委会主任。1990年3月，离休。

王永明（1922—2003） 魏氏第二十二世孙。原名魏文贤，化名魏赤义，马渠村人。1939年，加入中国共产党。1940年5月，到胶东党校学习；12月，分配到胶东西海军分区政治处，任青年干事。1941年2月，任西海军分区政委；12月，调任中共南掖县九区区委组织委员。1942年2月，调回昌北县，历任八区区委组织委员、永安区委副书记、王耨区委书记、青乡区委书记。1949年3月，参加南下大队学习，任中队支部组织委员；5月，任中共丹徒县委组织部副部长、部长。1950年1月，参加华东党校学习；5月结业后，历任华东局农委会组员、农村工作部二处科长。1955年2月，调任农村工作部科长。1957年，调吉林省通化地委，历任农工部副部长、柳河县委第二书记，长白朝鲜自治县县委第一书记、县革委会主任、县委书记。1975年11月，任中朝鸭绿江云峰电厂党委副书记。1978年12月，复任中共通化地委农工部副部长。1983年9月，离休。

李云杰（1920—2003） 魏氏第二十三世孙。曾用名李杰，原名魏广达，马渠村人。

1937年12月，参加革命。1938年，加入中国共产党。曾任中共马渠支部委员。抗日战争时期任昌邑青救会、青联会主任，鲁中青年联合会秘书、主任，潍安县委书记。解放战争时期，任中央青年委员会工作组副组长，中央青年委员会全国第一次团代会代表，团中央组织部干部科科长、副处长、处长。中华人民共和国成立后，任团中央组织部副部长，重工业部东北粗铜冶炼厂厂长，冶金部中条山有色金属公司总经理，冶金部有色冶金设计院副院长、院长，国家建委设计局副局长、局长，中国国际工程咨询公司副董事长兼总经理等职。1992年，离休。

魏凤翔（1922—2007） 魏氏第二十三世孙。原名魏建普，马渠村人。1938年，参加工作。1939年10月，加入中国共产党。1941年上半年，任马渠村村长，同年6月，任东三区区委书记。后历任县委机关总支书记、昌邑县特务连政治指导员、渤海区清东专署民政科科员、昌邑县永安区委书记（接任武工队大队长、教导员）、昌邑支前指挥部秘书、昌邑县政府秘书、胶东行署水利局副科长、山东省导沭整沂工程委员会科长、山东治淮指挥部副处长、山东省水利厅工程管理局副局长、山东惠民地区水利建设指挥部指挥、胜利油田防护指挥部指挥、惠民地革委农业指导组副组长、惠民地区行政公署农办副主任。1985年6月，离休。

魏坚毅（1923—1992） 魏氏第二十三世孙。原名魏增建，马渠村人。出身于贫苦农民家庭，幼年在马渠村上学，高小毕业后务农。1940年3月，经魏惜珍介绍加入中国共产党，并在马渠村开展抗日救亡活动。1940年8月，调胶东区委党校脱产学习。翌年6月结业，先后任中共西海地委巡视团团员，西海地委掖西工作团副团长兼区委书记。1942年6月，调掖南县工作，历任中共掖南县第九分区委、第十二分区区委书记。其间，领导当地群众深入开展减租减息和大生产运动，加强根据地武装建设和经济建设，为夺取抗日战争胜利做出较大贡献。1945年8月，昌邑县分为昌北、昌南两县，魏坚毅到昌南县工作，历任中共昌南县工作委员会副书记、县参议会参议长、县各届抗日救亡联合会会长、县委书记兼独立营政委等职。他不畏艰险，顽强战斗，与日伪军残部、国民党顽军、地主还乡团进行殊死搏斗，同时领导群众开展反奸除霸、土地改革和参军支前运动，为昌南人民的解放做出积极贡献。中华人民共和国成立后，魏坚毅领导昌南县人民大张旗鼓地开展镇压反革命、抗美援朝和生产建设运动，巩固人民政权，促进国民经济的恢复和发展。1952年6月，任中共潍坊市委书记。1954年4月，任中共昌潍地委副书记，1964年10月任书记。“文化大革命”初期，魏坚毅遭受迫害被停止工作。

1970 年 3 月恢复工作后，历任昌潍地区革命委员会党的核心领导小组成员，中共昌潍地委副书记、书记，昌潍地区革命委员会主任等职。1978 年 2 月，魏坚毅任中共济南市委书记。1983 年 7 月，魏坚毅任中共山东省顾问委员会常委。1986 年 7 月，兼任省顾问委员会秘书长。

陈玉章 1920 年出生，魏氏第二十四世孙。原名魏金成，马渠村人。1939 年，加入中国共产党。1941 年，任中共马渠支部书记，同年任中共西三区区委书记。1942—1943 年，任中共昌邑县九区区委书记。1944 年至 1945 年年底，任中共昌潍县第九区区委书记。为保卫“渤海走廊”，他带领全区人民挖抗日沟，带领区中队身经百战，保证“渤海走廊”的畅通。解放后，曾任淄博市委宣传部部长等职。他与罗平合写的革命回忆录《保卫渤海走廊》，1982 年由山东人民出版社出版，2019 年被收录入昌邑市党建研究会编的党建教材丛书《潍河怒涛》中。

陈氏家族

明洪武三年（1369），陈氏始祖陈德甫由成都府南关铁臼巷，以军籍派遣至昌邑龙池南白塔村，因村西南一里处有一白石塔，故定村名为白塔村。后人口逐渐增多，散居昌南、高密、平度、东北等地。每年春节到白塔祭拜的有 18 个村之多。

陈氏家族自古崇道德、尚礼让，诗书继世、忠厚传家，以孝、悌、忠、信、礼、义、廉、耻八德律己，深知国之本在家，家之本在身，一身之荣辱，一家之安危，系与国家之盛衰，多有敦孝悌、重人伦、睦族敦宗、崇文重教、忠义爱国的家国情怀。家庙内常年供奉抵御日本侵略者的两位烈士。

陈氏先祖倡导“读书为本”，世代相传。自五世祖出仕九江口巡检起，建家塾、请名师，尚学为风。清末民国初，民主革命家陈干在白塔村筹建昌邑第二十二国民小学，并题诗“将相本无种，男儿当自强。浩然持大义，振我汉家邦”，激励陈氏学子奋发读书。据陈氏族谱载，自明至清，先后有举人 5 人，贡生、庠生 90 余人。陈氏家族为昌北一大望族。

清光绪末年，东白塔村陈传喜、陈传洪、陈传德兄弟三人在柳疃开设“永盛茂”，是昌邑茧绸业的老字号。民国初年，族人陈干等入股成为新的股东。“永盛茂”在柳疃、潍县、北京、丹东、青岛、香港等设有分号及与他人合股的商号。陈氏兄弟在经济和用人上联系密切，在柳疃还合伙开办“三合堂”钱庄。

陈思贞　陈氏第七世孙。字松佳，白塔村人。清顺治八年（1651）贡生。他磊落宏伟，博览群书，超然物外。补修《陈氏族谱》，对于壬午（明崇祯十五年，1642）殉难者的记载尤其详尽。初任濮州训导，升日照县教谕，后调任曹县教谕。享年七十六岁。曾自撰赞文：“早年游泮，加意经史。科举九次，一等七次，首名六次。连蹇不中，教授生徒，游泮者十有九人。生平乐园居，嘉花木竹石，好古图书，风雨晦明之际，每携一编不能释手。然往往以此为人所轻，亦不之介意。至若传先人之衣钵，启后人之弓裘，与有力焉。”颇见其性情。

陈以恪　陈氏第九世孙。字备三，号潍滨，白塔村人。明崇祯十五年举人。入清后任金乡县教谕，后任寿光县教谕。在任期间，整顿学政，教导有方，升上海知县，不久即致仕归里。建斗室，自题为“澹足山房”，名士吕海臣为之记。卒年九十四岁。

陈之枌　陈氏第十世孙。字中阿，白塔村人。陈以恪孙，清康熙五十二年（1713）举人。为人孝顺友爱，朴实诚恳。好学，尤其爱好历史，著有《五伦集古》四卷。授任为泰安州学正，其间，所治校风气良好。清雍正十二年（1734）改任泰安教谕，上任方满五月，被人陷害，解职归里。

陈之楹　陈氏第十世孙。字华樟，白塔村人。陈以恪孙。生性沉稳安静，为文风雅。清雍正十一年（1733）授东平训导。他整顿学宫，对学生要求严格，使学校风气得到好转。年七十，死于任所。

陈之枫　陈氏第十世孙。字寿山，白塔村人。邑增生。陈之枫天资俊逸，博学知古，喜饮酒赋诗，且擅书法，四方都钦服他的学识。清乾隆五年（1740），知县周来邰聘其入县志局，参与修订《昌邑县志》。他秉笔森严，受到时人推许。

陈延恺（1839—1933）　陈氏第十七世孙。东白塔村人。陈延恺出身贫寒，少颖悟，性刚毅。9 岁读书，16 岁攻习医学，30 岁即闻名乡里，前来求医者不绝于途。陈延恺对张仲景《伤寒论》有较深入研究，著有《伤寒浅释》一书，因家贫未刊。行医 60 余年，在当地民间有较大影响。

陈希孟（1889—1913） 陈氏第十八世孙。字亦贤，南白塔村人，陈干族弟。自幼勤奋好学，年未二十，即以博学能文著名，被目为“陈氏之龙驹”。受陈干影响，17岁时加入同盟会，走上反清的革命道路。后一直追随陈干进行革命活动。陈干组建的淮泗讨虏军改编为陆军第三十九混成旅后，陈希孟被委以书记官，与于恩波一起成为陈干的得力助手。1912年冬，随陈干至烟台解散东北军，因士兵哗变，以身殉职，时年24岁。

陈干（1881—1927） 陈氏第十八世孙。字明侯，东白塔村人。中国近代民主革命家，与徐镜心、丁惟汾、张继、商震并称为“北方革命健者”，与蒋大同、商震合称“关东三杰”。1902年，从军出塞，即有“慨然有揽辔澄清之志”。1904年，入湖北陆军学堂。1905年，赴日本，后加入中国同盟会。不久受孙中山派遣，回到东北开展反清革命，出任八旗学堂校长，是东北地区最早的革命者。1907年，回到昌邑，宣传革命。1908年，与商震、景定成等人赴青岛，创办新式学堂震旦公学，并把革命思想传播到校外群众中，发展革命组织，为武装起义做准备。同年，与刘冠三、于洪起等人发起成立山东保矿会，反对德国侵占山东矿权，力争民族权益。此后，陈干为革命事业奔波于日本和中国东北。在长春组织山东同乡会，为革命积蓄力量。1911年，武昌起义爆发后，陈干认为山东革命应集中力量由津浦铁路北伐策取济南，便至南京，获得支持。1912年，被黄兴任命为山东民军统领，一路攻打清军，光复徐州。1913年，任陆军部咨议，晋升为陆军中将。1914年日军第一次侵占青岛时，奉命赴胶东调查民间损失。1916年，任山东省政务厅厅长。1921年，任广东非常大总统咨议。1922年，被各界推举为中日谈判代表，为收回青岛进行艰苦的谈判斗争。后任鲁案协定善后委员会委员、胶澳商埠督办公署顾问。1923年，奉命办理接收威海事宜。1926年，参加北伐战争，任国民革命军总司令部参议。1927年8月18日，在南京被桂系军阀杀害，终年46岁。著有《倥偬集》《欧战拾遗》《鲁案》《威案》等。1986年，山东省拨专款重新修建位于龙池镇的陈干墓园。

杨紫霞（1888—1987） 女，陈干夫人，安徽宿县南关人。三岁丧父，自幼就读私塾，并随四舅邱河清习武。邱河清早年加入洪莲会。清宣统二年（1910）3月20日，宿州乡民起义，邱河清为头目之一，杨紫霞也跟随参与，与前来镇压的清兵斗争。不久随邱河清部队过江，到达南京，与张勋部周旋。3个月后，邱河清部加入冷御秋领导的义勇军，南下杭州。1911年3月，随部队来到广州，响应黄花岗起义。广州事败后，奉命回杭州。杭州光复，随军到上海，不久又至南京。武昌起义前夕，随军到武昌，后随军回南京反攻张勋。她在军中作战勇敢，并积极照看伤病员。陈干当时被任命为淮泗讨虏军司令，冷御秋部被收编后，邱河清任参议。杨紫霞因之与陈干相识，不久结婚，婚后追随陈干左右。解放后居太原，曾任山西省民革委员、省政协文史馆馆员、太原市政协常委。逝世后与陈干合葬。

陈孝祖（1913—1995）　陈氏第十九世孙。字绳伯，东白塔村人。陈干长子。毕业于旅顺工科大学，在校期间就读机械工程专业，抗战爆发后投笔从戎。曾任国民政府陆军修械所所长及第十二集团军修械厂厂长，后出任军事委员会参议、秘书、参谋等职并兼湖南大学工学院教授。抗日战争胜利后，出任绥靖区少将高参、国民党青岛市党部执行委员及青年教导总队队长（少将）兼山东大学机械系教授。1949 年迁往台湾，不久退役，专任台湾中兴大学农业机械系教授。教学育人达 27 年之久，对于农业机械的研究发展，极著成效。1982 年退休。

陈龙飞（1913—1939）　陈氏第二十世孙。北白塔村人。青年时因贫困所迫而当兵，在国民党军队中受尽欺压。1938 年 2 月，带领五六十人携枪起义，参加八路军。开始任大队长，后任团长。1939 年 6 月 3 日，在招远玲珑金矿战斗中，亲率其部击退敌人 7 次进攻，右臂负重伤，仍坚持不下火线，后不幸中敌冷枪牺牲。

陈光宗（1930—2005）　陈氏第二十一世孙。北白塔村人。参见“名人与名镇·人物传略·陈光宗”。

齐氏家族

明永乐十八年（1420），四川成都府金堂县部分齐氏居民迁昌邑县龙池镇，繁衍生息，因人口增多，分居齐西、龙东、龙街等村。齐氏先祖深受儒家思想影响，重视家风世泽，崇孝尚德，崇文重教，勤俭持家，忠义爱国。齐氏族人信奉“传家万贯，不如教子成才”，凭着崇文重教理念的世代相传，齐氏后人不负祖先读书明理的教诲，一直实践着知识改变命运的追求。

齐氏家庙始建于清道光年间（1821—1850），后数次修缮、扩建。家庙前，齐氏族人修建“墨池”，并以楹联“朝为田舍郎，暮登天子堂”“将相本无种，男儿当自强”激励子弟上进。齐家学子们纷纷到“墨池”里取水砚墨、洗笔，整个湾塘的水都染成黑色。齐氏族谱载，除“一门四进士”和武进士齐恩铭外，还有23人分别考中举人、贡生，考中秀才的更是不计其数，齐氏家族一度成为皇帝恩宠的世家大族。齐氏族人看重家风传承，恪守家规家训，并世代相传。有的保家卫国，气壮山河，名留青史；有的舍生取义，正气浩然，垂范后世；有的仗义疏财，捐资兴教，造桥修路，实现了修身齐家治国平天下的抱负。2017年，家庙重修，并立牌坊，气势宏伟。

道光年间，龙池镇齐西村齐增修家族、瓦东村赵梦全、姚徐邓村徐培祺三家合股开办柳疃街早期的茧绸商号“广盛店”。齐增修家族还在吉林长春开设“广顺号”，齐增修亲任掌柜。他懂经营、会管理，在任时将“广顺号”发展到鼎盛，仅在长春的分店支铺就有六七十家。龙池与寄居长春的齐氏族人，在清末有十余人先后通过科举进入仕途，其中获进士出身的有5人：齐绅甲（1864—1895），清光绪十七年（1891）举人、十八年（1892）科进士，曾任山西知府。齐忠甲（1865—1920），齐绅甲弟，光绪十七年举人、二十年（1894）科进士，授翰林院编修，任江南道监察御史，1913—1917年任国会参议院议员。齐耀琳（1862—1949），光绪二十一年（1895）科进士，授翰林院庶吉士，历任清苑县知县、直隶州知州、保定知府。1911年12月，授河南巡抚。1914年7月，任江苏省长。齐耀珊（1865—1945），齐耀琳弟，光绪十六年（1890）进士，历任湖北宜昌知府、江海关道兼洋务总办、湖北提学使、北京盐务筹备处处长。1918年1月，任浙江省省长。1920年6月，任山东省省长。曾任内务总长、商务银行总裁、农商总长等职。齐恩铭，光绪二十四年（1898）应试京都，清廷钦点第十四名进士。慈禧太后称其为“山东大胖孩子”，留为侍卫，守卫故宫太宰门，历任花翎侍卫、乾清门行走。时人美称“一族五进士，十三知县”。

齐增修 齐氏第十一世孙。字慎思，齐西村人，例贡生，举乡饮大宾，诰封中议大夫。清道光十年（1830）为“广顺号”第二代掌柜。他吸收本家个体户入股，不断增资，扩大规模。精心经营，下设商铺号称“七十二家商铺”，遍布吉林长春各处。收入大幅增加，股东们分得资金，用以买地、盖屋，添置财产，使齐西村大变样。

齐荩臣（1838—1909） 齐氏第十二世孙。齐增修长子，又名振忠，字芝庭，齐西村人。原入泮名荩堂，字芝臣，号龙泉，以捐输授知府衔，候选分府，赏戴花翎，叔以侄贵（其侄齐恩铭中进士），钦加三品封典。一生广交江湖豪杰，好打抱不平，仗义疏财，好善乐施，资助穷人。曾资助修建潍河大堤，扶持昌北豪杰李润芬。晚年设堂建馆讲学，学生陈干、张恒、齐东野等皆为同盟会会员。

齐恩周（1904—1961） 齐氏第十三世孙。齐荩臣三子，字文甫，又名牛达，齐西村人。1932 年，加入中国共产党，在柳疃开办周记车行，借以掩护革命活动。齐恩周任《抗日简报》主编期间，撰文号召人们抗日，揭露国民党政府假抗日、真投降的面目。1937 年到延安，进陕北公学学习。1949 年后，任天津市烟酒公司经理、财经学院副院长等职。

牛群 1949 年生，齐氏第十四世孙。又名齐建新，1949 年 12 月出生于天津市，祖籍齐西村。中央戏剧学院戏剧文学系毕业，国家一级演员，中国摄影家协会会员，中国曲艺家协会理事，中华说唱艺术研究会常务理事，中华全国集邮联合会会员，中国明星足球队队长，现代出版社副社长兼副总编辑。1968 年，高中毕业后下乡插队。1970 年入伍。1974 年，调入北京军区政治部战友文工团从事相声创作表演。1987 年，毕业于中国人民解放军艺术学院。1990 年，毕业于中央戏剧学院戏剧文学系。1993 年，转业调入中国广播艺术团。1995 年，毕业于北京大学中文系（文学学士）。1999 年 8 月，受聘为《名人》杂志主编。2000 年 10 月，调入现代出版社工作。在相声创作表演及摄影等方面有较高的造诣。曾应邀赴悉尼采访，为观众及网民推出《牛眼看奥运》《牛嘴说奥运》节目。1999 年 9 月，受聘为中国金鸡百花电影节首席摄影师。创作并演出相声段子上百个，代表作品有《巧立名目》、《假话真情》、《妻子褒贬》、《小偷公司》、与冯巩合演《领导冒号》、与冯巩合作创作并演《亚运之最》等。著书《巧立名目》（相声专集）。先后在全国、全军的曲艺比赛、会演中 9 次获创作、表演一等奖，获北京军区授予的二等功 1 次、三等功 3 次。在中央电视台“我最喜爱的春节联欢晚会节目”的电视观众评奖中，相声《亚运之最》《拍卖》《办晚会》《最差先生》《明天会更好》《两个人的世界》6 次夺魁。获首届“侯宝林金像奖”。

齐宗华 1929 年生，女，齐氏第十七世孙，齐西村人，北京国际关系学院教授。外交部高级翻译，60 年代开始担任毛泽东、周恩来、刘少奇、朱德、邓小平、陈毅、彭真等老一辈无产阶级革命家的译员，被毛泽东称为齐桓公的后代。被称为中国外交界的

“五朵金花”（王海容、唐闻生、齐宗华、罗旭、章含之）之一，出席各种民间、政府、政党间的国际会议，如50年代初期两年一届的世界和平理事会，1960年6月的布加勒斯特会议，1960年莫斯科各国共产党和工人党代表会议，1962年关于老挝问题的日内瓦会议，亚非经济会议，塔什干亚非作家会议以及第28届、29届联合国大会等。作过宋庆龄、廖承志、郭沫若、刘宁一、程潜、罗隆基、蔡廷锴、侯德榜等人的法语翻译，与世界各界和平事业战士如约里奥·居里（居里夫人的女婿）、法国著名作家罗曼·罗兰以及卜居马赛的西班牙艺术大师毕加索等人结识交往。

赵氏家族

明永乐二年（1404），赵永富由湖北襄阳府枣阳县道树庄十字路口老槐树底，奉文遣派到昌邑之西北乡瓦城村。赵永富携子凤飞、凤理到瓦城村并将兄弟二人安置妥当后，仍回湖北原籍。赵凤飞、赵凤理兄弟二人分两甲，长曰一甲，次曰九甲，一甲户住村中桥东，即今瓦城东村，九甲户住村中桥西，即今瓦城西村。九甲三世兴，四世宁，五世龙，六世孝，瓦城俱有茔墓所在。

赵氏自立村起，以农为主，兼经商，很少为官，但一直尚学的家风传承至今。无论贫富，幼童自五岁始必开蒙授学，由支族统管。赵氏家族秉承祖训：敦孝悌、睦宗族、力本业、慎交游、和兄弟、训子弟、尚勤俭、戒争讼、遵法律、禁非为。秉承家训：读书为重、次即农桑、取之有道、工贾何妨。除事农外，涉猎各行各业，均有成就。

清道光二十五年（1845），在柳疃首先开设的丝绸店是福盛茧店。柞蚕的生产是有季节性的，每年只有春、秋两季两次收茧。柳疃丝绸业发展起来后，柞茧需求量增大，并且必须连续供茧，茧业专营店便应运而生。赵梦全与齐西村齐增修、姚徐邓村徐培祺三家合股开办柳疃最早的茧绸商号“广盛店”。福盛茧店的创始人赵连润，专门到产区坐庄收茧，茧店发展势头很好。

随着丝绸业的发展，福盛茧店不断扩大，赵连润的儿子赵乐有将其改名为复兴店，不但经营柞蚕，还开机房织机，在北京又开了专营柞绸的复兴店。到民国初年，赵家在瓦城村置地200多亩，在各城市开设机房多处，工人达数千人之多。赵乐有的弟弟赵乐全到东北大兴安岭开办“复兴信”以经营柞绸，织绸为主，还兼营粮食、面粉、烧酒等。复兴信面粉厂规模很大，运粮运面的火车甚至可以直接开进厂里装卸货物。开办丝绸企业，最重要的是资金问题，柳疃的丝绸经营者们，不但通过经营积累了必要的资金，同时也积累了丰富的融资经验。

1928年，在辽宁建厂的有：赵殿庆在宽甸板面岔开办纩丝丝绸厂“协兴和”，工人200余人；赵继和在宽甸天平峭开办纩丝厂“同盛源”，工人近200人；赵乐荣在西丰县开办纩丝厂“协顺利”，纩车70支；赵继名在西丰县兴隆镇开办纩丝厂“同顺祥”；徐宣茂在西丰县大庆阴开办纩丝厂“庆玉德”；赵竹轩在铁岭上马屯开办振隆丝厂；赵殿芬在吉林辽源开办丝厂“仁德和”；赵建善开办协兴丝厂等。

清朝及民国时，在瓦东村开办的茧绸工场及织绸机数：“同聚恒”、50部，“同祥泰”、50部，“瑞祥泰”、100部，“瑞盛祥”、100部，“同盛德”、80部，“复兴和”、100部，“协成德”、60部，“同聚泰”、30部，“同顺利”、80部。1955—1959年，个人手扔梭织布有王西彬等10人。1956—1960年，龙池乡在瓦东村成立织机组，有徐其锷、赵增选等6人。

赵梦全（1814—1882） 赵氏第十七世孙。字弼堂，号芦堂，排行第四，瓦东村人。监生。家中有多种买卖，主要从事丝绸、盐运，曾下南洋，买卖遍及东南亚和北京、烟台、东北等地。清道光年间（1821—1850），选安徽凤阳府经历并盐运附加二级，皇帝赐匾“伦本宣廷”“黄国飞升”。清咸丰元年（1851），实授安徽凤阳知府。正值捻军起义，在本籍任团练，制器械，并出资筑圩，水不能供给，便出资掘地十余里，引虞河水流圩下，村人赖之。每到孙子庙会之日，便施茶通衢，率以为常。捐资主持修筑护庄堤，免受潮水侵袭。出资主修天增道，成为当时村中一大景观。一生乐善好施，不杀生，时人称许，成为赵氏后人的典范。清同治十二年（1873），掖水王昉题其玉照文曰：“雪月精神，笔墨因缘，德容足称，德音雅传。”掖水翔九张皋题曰：“云霞之貌，松竹之身，不冠不笠，以样上文。既练兵，以靖寇，亦障海，以利民，财之疏耶，义之充耶，可见其为人。”掖水翟熙典亦有题诗。

赵连运 赵氏第十九世孙。生于清道光初年，瓦东村人。道光二十五年（1845），在柳疃创办茧绸庄福盛店，即后来的复兴店，是昌邑丝绸业奠基人之一。（参见“名人与名镇·人物传略·赵连运”）

赵乐有（1885—1961） 赵氏第二十世孙。赵连运之子，瓦东村人。昌邑有名的大财主，拥有土地700多亩、房屋350间，土地延伸到昌邑城下。在北京有钱庄、烧锅酒厂和绸庄生意。1938年5月八路军南下时，曾为部队筹粮、捐款、捐物，为抗日做出积极贡献。

赵殿鹏（1900—1952） 赵氏第二十一世孙。赵乐有之子，瓦东村人。1928年前后，在瓦城小学担任校长。1947—1952年，担任潍县胜利小学校长。

赵明绰（1932—2016） 赵氏第二十二世孙。赵乐有之孙，瓦东村人。1949年3月参加工作，同年8月从北京随军由山西徒步西行至陕西，又辗转到甘肃、青海，其后一直在青海省贵德县党政部门工作。1950年加入中国共产党，1964年到青海省黄南藏族自治州政府工作，1980年任江苏省镇江市委组织部副部长，1983年任镇江市广播电视局局长。1992年离休。离休后从事国画创作，出版国画集《淡泊》，受到业内人士赞誉。

赵钟菊 1965年生，女，赵氏第二十二世孙，瓦东村人。研究生学历。1987年9月分配到中国重汽技术发展中心工作，任中国重汽集团有限公司规划及技术发展部专务（副部级）。主持完成“十一五”国家科技支撑计划“自主品牌重型卡车数字化设计制造集成平台研发与实施”课题研究及实施工作，获得国家、省、市资金支持979万元。获济南市科技进步奖二等奖、中国汽车工业协会科技进步奖三等奖；主持完成《智能物流管理系统在重型卡车制造业的应用》，获2006年度省企业管理现代化创新成果二等奖；主持完成“中国重汽网络备件管理系统”，获济南市科技进步奖三等奖；2004年被济南市列为第六批青年科技明星计划；2001年获济南市“1997—1999年度优秀学术成果”二等奖；《面向集团企业的协同设计环境设计与实现》2005年获山东省制造业信息化优秀工程硕士毕业论文奖。被重汽集团评为“青年科技专家”、“科技专家”、公司十佳职教工作者、公司十佳先进女职工；2004年被济南市委组织部列为第六批济南市青年科技明星；被济南市总工会授予“济南市职工创新能手称号”“济南市建功立业先进个人”；其所在的信息所获2006年度济南市“十佳女职工建功立业标兵岗”、济南市五一劳动奖状先进集体称号；当选济南市市中区第十六届人民代表；2011年获山东省人民政府国有资产监督管理委员会2008—2010年度省管企业信息化先进个人称号。

赵素贞（1947—2012） 女，赵氏第二十三世孙，瓦东村人。1962年3月参加工作，

1971年7月加入中国共产党，1973年3月至1975年10月参加援助坦桑尼亚医疗队。历任潍坊市人民医院眼科医师、主治医师、副主任医师、主任医师、五官科党支部书记。潍坊市眼科学会副主任委员、山东省麻风病防治协会理事会理事、山东省白内障康复中心委员会委员、潍坊市专家协会委员会委员。获“山东省齐鲁巾帼十杰”“山东省三八红旗手”“潍坊市优秀共产党员”“鸢都巾帼十杰”“潍坊市三八红旗手”“潍坊市优秀党务工作者”“潍坊市卫生系统行风建设先进工作者”“潍坊名医”“潍坊市专业技术拔尖人才”“潍坊市人民医院建院130周年功勋员工”等荣誉称号。2012年4月18日去世，安葬在瓦东村。在职期间，对党和人民无限忠诚，品德高尚，光明磊落，严于律己，始终工作在一线，兢兢业业为患者服务，被誉为患者的亲人。

名人与名镇

清代齐氏一门四进士，名扬海内。赵连运第一个在柳疃创办茧绸庄，把丝绸经营到了南洋。最早在故乡传播革命真理的孙朋乐，与张智忠一起在青岛开办荒岛书店，把革命真理传播到祖国各地。继承并发展龙池剪纸的陈光宗，成立龙池第一个剪纸小组，让龙池剪纸走出国门。为龙池乡镇企业闯出一条可行发展新路的魏培林，重视人才，敢闯敢干，为村办企业发展竖起标杆。昌邑第一位全国人大代表傅春发，带领村民改造盐碱地种植水稻，成功为龙池农业摆脱困境闯出新路子。名人效应，榜样力量，激励着一代代龙池人奋发向上，屡创佳绩。

人物传略

姚用（生卒年不详） 字伯通，龙池镇姚徐邓村（姚瓦街）人。原籍莱州昌阳方山前姚家庄。南宋隆兴二年（1164），因饥荒，其曾祖始迁昌邑，遂为昌邑人。他的父亲姚义承绍前业，充本县首户。金真祐年间（1212—1216），乡人作乱，在他的调解感化下得以平息。姚用生性温良，以孝友闻名，弱冠之年即有远大抱负。元中统四年（1264），受委差巡检勾当，遇事敢为。元至元十七年（1280），受本县保举，充昌邑县盐局官勾当。至元十九年（1282），充昌邑县监酒税使。在任期间，用心公务，且能体谅民情，受到官民一致称赞。

赵连运（1827—1907） 龙池镇瓦城村人。清道光二十五年（1845），到柳疃开设丝绸商号复兴茧店，从胶东各县和辽宁半岛诸县运来柞茧，进行缫丝，供给柳疃一带丝绸专业户和丝绸商号用料。厂址设在柳疃街南头路西拐角处，总面积20亩，四周建有高大的青砖连间瓦房，既作库房，又作围墙。复兴店的柞蚕从胶东和辽东运来之后，柳疃一带很多小纩房即到复兴店领茧纩丝，经验收合格即发加工费。复兴店有几处大的纩房，利用社会力量加工生产也是复兴店的经营方式。清光绪三十一年（1905），赵连运经营的复兴店积累了雄厚的资金，命长子赵乐有去辽东半岛柞茧产区进行考察，在辽东丹东原料产地建一处复兴茧店分号，由原料产地加工产品，节省了废料的运输费用，在当时可谓首屈一指。凭着柞茧丰富，水路交通方便，柳疃一带老乡多，互有依靠，逐渐形成规模。赵连运善于观察市场经济动向，于清末开创金融汇兑，使用支票。复兴店利用自己在外地的复兴店分号，接收外地各丝绸商号的银子，开出支票，在柳疃复兴店提取现金。比镖局保送方便快捷，以后镖局渐无，国家金融汇兑渐起。赵连运的私人汇票，是中国早期金融流通方式之一。福盛茧店不断扩大，不但经营柞蚕，而且也开机房织机，在北京又开了专营柞绸的复兴店。到民国初年，赵家在瓦城村置地200多亩，在各城市开设机房多处，工人达数千人之多。在东北大兴安岭开办“复兴信”丝绸店，以经营柞绸、织绸为主，还兼营粮食、面粉、烧酒等。复兴信面粉厂规模大，运粮运面的火车甚至可以直接开进厂里装卸货物，业务做到南洋、俄罗斯以及欧洲各地。

孙汉三（1905—1938） 龙池镇瓦城村人。1937年，加入中国共产党，任瓦城村党支部书记。后任昌邑县中华民族解放先锋队书记。孙汉三发动群众，搜集武器，筹粮筹款，壮大抗日武装力量。1938年4月，八路军鲁东抗日游击队七、八支队奉命赴胶东时，留守处工作由其负责，在异常艰难的环境里，坚持斗争。同年，中共昌潍联合县委成立，孙汉三任北部沿海中心区委书记。他带领群众一面积极发展抗日根据地，一方面同消极抗日、积极反共的国民政府军事委员会别动总队鲁冀边区第二游击区第四梯队（简称“四梯队”）进行斗争。1938年10月24日夜间，被“四梯队”特务杀害，年仅33岁。

孙光喜（1905—1939） 龙池镇瓦北村人。出身贫苦，抗日战争时期受到共产党员孙汉三的影响，思想进步很快。1937年，季方华到瓦城组织抗日武装，孙光喜主动承担传递情报任务。不久加入中国共产党。昌潍中心县委的一些领导经常到瓦城活动，孙光喜的家便成了“联络站”。他冒着生命的危险，掩护了一批批革命干部，出色地完成了传递情报的任务。1939年3月8日，县委机关驻在孙光喜家里，半夜时分，突然接到从内线送来的情报:“潍县、昌邑、柳疃、泊子四路敌人，分进合击瓦城。”县委立即做出部署，并派孙光喜通知各村。9日拂晓，敌人包围瓦城，县委和部队早已安全转移到东利渔村。县委发现有几人没有转移出来，孙光喜主动要求到瓦城附近侦察情况。回来的路上，被敌巡逻马队发现。他临危不惧，英勇搏斗，打倒几个汉奸，咬断一个日军的手指，终因寡不敌众被捕。敌人妄想从他嘴里得到县委机关的驻地，他的回答只有一句话:“不知道！”敌人没办法，用铁丝穿着他的锁骨带回据点。审讯时，敌人让他辨认被捕的同志，他摇摇头说:“不认识。”敌人用尽各种酷刑，他始终没有泄露党的秘密，最后被敌人放出的狼狗咬死。

傅春法（1905—1998） 龙池镇王家庄子村人。1947年加入中国共产党。曾任中共昌邑县委委员、市政协委员、第四届全国人大代表。1981年退休，1998年9月因病去世。

童年时，傅春法饱尝旧社会的苦难，为了维持生计，失去了上学的机会，不得不跟着大人搂草放牛、捕鱼捞虾。长大后，闯关东，卖苦力。1948年春，他响应党的号召，在王家庄子带头创办了第一个生产互助组。1950年春，傅春法出席山东省人民代表大会，并获得了奖品（喷雾器一个、七步犁一个、除草机一台）。1952 年，进京出席会议，受到毛泽东的亲切接见。从 1953 年到 1955 年，他先后担任王家庄子村初级社、高级社主任。1956 年，担任王家庄子村党支部书记。1964 年 4 月 6 日，王家庄子村遭遇百年不遇的大海潮，全村 2700 多亩的土地被潮水淹没，其中 1900 多亩小麦全部被淹死。在这危难之际，傅春法没有气馁，首先站出来，带领党支部一班成员及共产党员战斗在抢险第一线。在他的感召下，群众也发动起来堵潮水，转移老弱病残者，围堰保吃水塘，慰抚困难等。在抢险过程中，哪里危险哪里就有傅春法。他提出“不能坐、等、挨、靠，更不能吃救济过日子。穷则思变，就要大于苦干”。在他的带领下，当年改种水稻 1500 亩，亩产 160 多千克，全年总产量达 24 万多千克，并向国家交售 7 万千克。当年受灾，当年翻身。1970 年北方地区农业会议以后，他深受鼓舞，提出了王家庄子村的奋斗目标：“一年大干、两年大变，三年实现粮食总产双百万”。从 1964 年到 1974 年，他和群众努力奋斗，一干就是十年。大力开展农田基本建设，修渠道 316 条，长达 11 万米。修水利建筑物 368 座，3100 亩土地全部平整。搬动土石方 100 多万立方米，基本实现了排灌配套。为了防风固沙，还栽树木 52 万棵，实现了农业生产的良性发展。1972 年的大旱，1974 年的大涝，都经得住了考验，连续三年粮食总产都达 100 万千克。1975 年，已是古稀之年的傅春法，带头改变传统耕作的观念，实行科学种田。这一年粮食单产过了千斤，总产值达 142.5 万多千克，平均每户产粮 5000 千克，集体向国家交售 70 多万千克，平均每户两吨半，同时使集体储备粮达 70 多万千克，公共积累达 50 多万元。大干带来大变，海潮之后短短 11 年的时间，王家庄子这个出名的穷村，在傅春法的带领下，一跃成了昌邑县对国家贡献最大最富裕的村庄，成了全县、全地区乃至全省学习的典范。1972—1975 年，先后有也门民主人民共和国农民代表团、朝鲜民主主义人民共和国盐碱地改良利用考察团和世界粮食计划署委派的 18 个国家的农业考察团前来参观学习，得到国际专家及友人的认可和好评。被人们称为“硬骨头”的傅春法，被推选为全国人大代表，出席第四届全国人民代表大会。

李重九（1910—1941） 又名李潜光，龙池镇郭疃村人。高小毕业后，去东北当店员，因不堪老板虐待，辞职回家。1929 年 2 月，入育秀中学读书，学习刻苦，成绩优秀。1931 年中学毕业后，被派到昌邑县教育局工作，并兼任昌邑县第一小学教师。1932 年，加入中国共产党，参加一、三区党支部。1935 年，昌邑县立第一小学撤销后，回郭疃村任小学教员。白天在学校上课，晚上办夜校，给农民讲课，还经常与孙汉三、赵立秀、魏惜珍等分析时局，研究革命工作。1937 年冬，参加筹建鲁东抗日游击队第七支队。第七、第八支队会师到胶东后，他在后方办事处工作。1938 年 10 月去胶东，历任蓬莱县委秘书长、掖县副县长、东海专署民政科科长等职。1941 年 10 月 17 日，在马石山战斗中牺牲，年仅 31 岁。

孙朋乐（1910—1983） 又名孙乐文、孙络文、孙新生，龙池镇瓦城村人。1928 年，孙朋乐考入烟台先志中学，1930 年考入中国大学。在北平期间，阅读了大量的马克思列宁主义书籍和进步书刊。1931 年“九一八”事变后，积极参加青年学生抗日救国请愿运动，遭镇压后，1932 年返乡。后去烟台，继续进行抗日宣传。为隐蔽身份，孙朋乐联络几位同学开办一处小学。在此期间，他经常撰写推动革命的文章，在烟台《复兴日报》发表。1933 年 9 月，孙朋乐去青岛，同年春张智忠也来到青岛，并联络同学宁推之、丁振清、于志杰等在广西路 5 号租一门市房，开办起荒岛书店，经营进步书籍，一时门庭若市，深受社会各界尤其得到进步师生的青睐。当时，孙朋乐与老舍、洪深、闻一多、沈从文、臧克家等时常来往，臧克家的处女作《烙印》就是由该店接洽承印的。在中共青岛市委青年委员乔天华的指导下，荒岛书店成为中共青岛地下组织联络点之一。1935 年，由于国民党警特人员的破坏荒岛书店被迫关闭，孙朋乐复去烟台。1936 年，在陕西创办《陕西新秦日报》，并开设燎原书店，继续进行革命宣传工作。1937 年 12 月，孙朋乐到延安，进入瓦窑堡军政大学（抗大）学习。1938 年 8 月，在延安加入中国共产党。1945 年，抗战胜利前夕，调入中央管理局。1946—1950 年，任热河北省平泉县委书记、区委组织部部长、书记。1951—1954 年，任中共中央东北局组织部党员管理处处长。1954—1956 年，任抚顺市劳动局局长。1956—1957 年，调至中央高级党校学习。1958—1961 年，任抚顺市人事监察局局长。1961—1962 年，任抚顺市人民委员会秘书长。1962—1983 年，任抚顺市人事局局长。1983 年 9 月 16 日病故。

傅希堂（1918—1942） 又名傅秀科，龙池镇瓦城北村人。1939 年，参加八路军，并加入中国共产党，后任独立营二连连长。傅希堂身先士卒，勇猛果敢，其所在的二连，以生死不惧、敢打硬拼、每战必捷而威慑敌胆，被敌人称为“疯狗连”。1942 年苏部战斗中，傅希堂率部坚守南门。面对近千名敌人的疯狂进攻，他镇定自若，一手握刀，一手拿枪，边指挥，边射击。为掩护机枪射手，他的耳朵被炸伤，但他不惧伤痛，又转身向敌人猛烈射击。在他的鼓舞下，全连上下士气倍增，敌人数次进攻均被打退。战斗中，被流弹击中头部，壮烈牺牲，年仅 24 岁。

陈光宗（1930—2005） 龙池镇北白塔村人。中国剪纸研究会会员、中国民间美术学会会员、中国工艺美术学会会员、中国民间文艺家协会会员、昌邑市政协委员。曾在昌邑县文化馆工作，是昌邑剪纸的代表人物。1953年，在陈光宗的倡议下，成立第九区业余剪纸小组，陈光宗任组长，成员有王锡芝、赵秉和、陈丕芝。此后，剪纸作为一门民间艺术，逐渐在龙池乃至昌邑推广开。1954年，开始在《儿童时代》发表作品。1956年，龙池成立剪纸小组，在原有基础上又吸收傅显朗、徐玉芳加入，影响不断扩大。1958年，龙池剪纸小组在山东省群众艺术馆正式备案。1959年，创作毛泽东《蝶恋花》词意剪纸，出席山东省首届文教战线群英大会并获奖，龙池剪纸小组也被正式命名为“昌邑县龙池剪纸小组”。1960年，参加山东省文艺座谈会，被聘为山东省剪纸创作研究组成员。1963年，剪纸作品《赶鸭》《葡萄河》由新华社转发苏联、东欧等社会主义国家及国内各大报刊发表。先后发表剪纸作品数百件，并多次获得各级奖项。出版专著《中国剪纸的种类与技法》《剪影艺术速成技法》。曾举办省、市、县各级个人作品展多次，传记被收入《山东省志·文化志》等多部典籍。在他的带动下，剪纸深入扎根民间，并走出龙池，走出昌邑，走向全国，走向世界。1994年，昌邑电视台、潍坊电视台、山东电视台、中央电视台等相继专题采访和录制《山东昌邑民间剪纸》节目。

魏培林（1941—1995） 龙池镇龙北村人。中专文化，经济师。曾任潍坊昌龙实业总公司董事长兼总经理。1961年毕业于昌邑农校。他心系家乡，没有抱“铁饭碗”，而是回村担任村记账员、民兵连连长。1970年任村党支部书记，立志带领村民摆脱贫困。1984年，开始带领村民办企业，相继创办纺织、印染、粮油加工、网络丝、盐场、化工厂、石材加工、石雕艺术等12家企业。固定资产3200万元，年总产值1.2亿元，年创利税300万元。他重视人才，善于管理，使企业从无到有，从小到大，从农村发展到城市。他广招天下贤才，仅全国教授、高级技术人员就聘用了12人。他充分利用各种优惠政策，调动技术人才的积极性，发挥他们的生产经营和管理才能，企业一年一个新台阶。他打造的纺织产品和石雕艺术畅销全国，誉满各地。开封天波杨府的石雕工程和名噪全国的翰园碑林就是石雕工厂的杰作，荆门市的华夏艺林、潍坊市的世界风筝之都雕塑、碑林石雕和天津的铁牛雕像也是他们的成功之作。1993年，魏培林将目光投向海外，投资700万元和台商合资办起昌麦染料化工有限公司。在昌邑县城盖起了两幢四层生产和经营大楼，年产分散染料500余吨，销往东南亚和中国香港、台湾地区，年创汇60万美元。产品以质量和信誉赢得市场，连续七年获得山东省工商局“重合同守信用”企业，山东省特级信用企业，县、市级文明单位，市级模范村，优秀企业家等荣誉称号。在他的带动下，其他村办、镇办企业都纷纷效仿他的经营之道，创办企业，创新理念，扩大经营，收到良好效益。魏培林多次被选为县党代会代表、人民代表大会代表，潍坊市党代会代表，并多次被省、市、县级党委及政府授予“模范共产党员”“精神文明先进个人”“劳动模范”“先进工作者”“优秀农民企业家”等称号。1991 年，被中共山东省委授予“山东省优秀共产党员”称号。1995 年 1 月，因病医治无效去世。

名人与龙池

蒲伟与龙池海洋化工 蒲伟，1977 年生，山东淄博人。工商管理硕士，退伍军人，2015 年来到龙池工业园区担任山东昌邑海能化学有限责任公司总经理。他保持军人自强不息、锐意创新的优良传统，2016 年以来，带领 500 余名员工，合心聚力，实现连年经济效益和员工收入水平的同步增长。2018 年，实现销售收入 7.59 亿元，税金 4517 万元，在昌邑市税收过千万单位中排名第八位。

蒲伟在企业做大做强的同时，开展基础资源优化整合，走集约化发展道路，使园内企业得到共同发展。他充分发挥海能化学作为龙池镇龙头企业的领头雁作用，制定资源共享、净化环境的蓝色工业经营规划，打造资源共享保护环境新模式，先后与昌邑华腾印染、昌邑大安化工、青岛三力本诺、东元连海化工等多家企业签订战略合作协议，实现蒸汽、氯气、氢气资源共享，降低成本和损耗，保护环境，共同做好工业园区的主人。围绕扩大生产规模、拓展经营平台、提高盈利能力、增强企业软实力的建设和规划，根据市场需要，积极推进 8 万吨 / 年环氧丙烷及 16 万吨 / 年氯碱搬迁项目建设，集中生产，有效管理，不断完善产业链条和扩展生产规模，开创企业蓝色海洋化工绿色发展新格局。

寇玉湘与龙池农技推广 寇玉湘，1962 年生，昌邑柳疃人。大学本科学历。1978

年考入山东省昌潍农业学校，2007年考入山东省农业管理干部学院农学专业。昌邑市乡镇农业系统首位农业技术推广研究员。1996年5月，到龙池镇担任农技站站长。到任时时值麦收，寇玉湘发现联合收割机收割的小麦麦茬太高，农民全部采取火烧麦秸然后再播种的方法，致使麦收期间村村点火，处处冒烟，不仅破坏了麦田，也造成空气污染。他立即展开工作，对焚烧秸秆的危害，推广秸秆还田和化学除草的好处，以及玉米免耕高产栽培技术等一一写在明白纸上，赶印6000多份发到各家各户。并和农技站的同事一起挂条幅、贴标语、跑地头、进农户，一边发放明白纸，一边讲解技术要领，一边在小麦秸秆还田的地块中搞好玉米免耕栽培试验示范。广大农民由抵触，到认识，最终变成自觉行动。此后20年，龙池镇再未出现田间焚烧秸秆现象。全镇5.8万亩粮田到2000年全部普及小麦、玉米秸秆还田技术，年增效益500多万元。2002年春，乡镇事业单位机构改革，镇农技站、林业站、农业机械管理站三合一，成立龙池镇农业综合服务中心，寇玉湘担任服务中心主任。他深知，巩固和完善秸秆还田技术、发展高产高效优质农业的重点在于推广农业机械化。于是主动联系各村“两委”干部，走访科技带头户和种粮大户，宣传农机购机补贴的惠农政策并逐户落实。当年龙池镇7万亩耕地拥有农机总动力达8.8万千瓦，其中拥有大型拖拉机、小麦联合收割机、玉米联合收割机、秸秆还田机、挖掘机、玉米脱粒机、小麦免耕播种机等农业机械830台（部）。大型农机的推广应用，减轻了农民的劳动强度，解放了大批劳动力，促进了全镇耕地土壤的改良和农业的增产增收。特别是大力推广小麦免耕播种保护性耕作技术，效果显著。农机、农艺有机结合技术年推广面积达5万亩以上，玉米机收和小麦、玉米秸秆还田技术达100%，小麦、玉米两季年增收1160万元以上，多次受到上级部门的表扬，并荣获山东省农业厅“保护性耕作项目”农牧渔业丰收奖二等奖。2006年起，他主导谋划林网建设长远规划，把龙池镇林网分为八个片区，立足网、带、片、点相结合，按照200～400亩一个网格的要求，因地制宜，植树建网。分片区逐年改造，每年完成6000～10000亩。全镇建成农田林网“14纵32横”，全长400多千米，农田林网网格化程度达97%。龙池镇的农田林网建设，成为山东省“平原绿化的典范”。2013年，在龙池镇召开全省平原绿化现场会予以推广经验。

魏铁良与龙池抗日战争纪念馆 魏铁良，1952年生，龙池龙街人。1970年12月参军入伍，1972年1月加入中国共产党，1975年3月退伍，1979年起协助龙池镇政府做民政工作，2012年加入义工协会，同年6月担任龙池抗日战争纪念馆（抗战烈士祠）义务守祠人。

守祠期间，他及时清除院中的杂草，补栽和修剪花草，打理屋檐下因多年雨水冲刷而成的道道沟壑。利用闲暇时间，用收集来的砖块修补房屋，对院内门窗进行粉刷，使烈士祠面貌焕然一新。

龙池抗日战争纪念馆是国内首家乡镇级抗日战争纪念馆，是山东省爱国主义教育基地和全国重点文物保护单位。每年接待参观的人超过 2 万多人，工作繁忙，但魏铁良不辞辛苦，进行义务讲解。春节期间仍坚持在工作岗位上。2016 年，魏铁良生病住院，仍不忘工作。

作为龙池镇爱国教育基地，每年清明节、“八一”建军节、国庆节、春节等节日，社会各界人士都会到烈士祠祭拜先烈。作为守祠人，他义务充当讲解员，讲解昌北特别是龙池一带在抗日战争和解放战争期间发生的历史事件，对敌抗战中牺牲的革命先烈的英雄事迹，每年义务讲解时间 450 小时以上。

几年来，魏铁良义务守祠和讲解赢得了人民群众的认可和广泛赞誉。先后接受过山东电视台、潍坊电视台、昌邑电视台等多家新闻媒体专访。2017 年，魏铁良获潍坊市道德模范称号，2018 年被山东省委授予优秀共产党员称号。

宫慧芳与龙池特色种植 宫慧芳，女，1974 年生，昌邑市奎聚街道人。2016 年来到龙池，创立艺源合作社并担任理事长，开始种植丹参、黄芩等中药材。她是龙池镇中草药事业发展的奠基者、特色经济作物种植的带头人，为龙池镇打造“乡村振兴示范镇”“中医药特色小镇”做出了突出贡献，2019 年被授予山东省最美乡村女致富带头人。

龙池大部分村庄浇水不便，春季干旱时更难浇水，导致传统农作物产量低，收入少，急需改变种植模式。2016 年，源于对传统中医药的热爱和对改变老区农业现状的责任感，宫慧芳考察适合干旱地区生长、经济效益高的中草药品种。陆续引进碱地玫瑰、泰山贵妃菊、金银花等耐盐碱新品种，种植品种达十多个，面积千余亩，与多家科研机构及大型药企建立合作关系，为种植户提供技术指导及回收保障。

宫慧芳到外地学技术，蹲在药田里摸索经验，跑市场，扩展药材的销售渠道。2017 年，注册“艺慧源”和“利渔”商标，开发中药养生茶和养生优粮两大系列。从青岛农业大学引进黑小麦、绿小麦等特色产品种植，打造养生优粮系列，并为“利渔”小米、黑小麦两个品种申报无公害农产品认证。又引进矮化砧苹果和芒果味油蟠桃两个新品种，推动龙池镇特色种植多样化发展。同时，为增加产品的附加值，开展药食同源中药材产品的研发和深加工。开发出养生茶品、养生用品、养生食材和养生优粮四大系列50余款健康产品。2018年，推出以养生枕、艾绒坐垫为代表的养生用品系列。2019年参加潍坊市职工创新创业大赛后，在专家的指导下，开展文化引领下的多业态跨界融合新模式。将红色文化、养生文化与传统文化相结合，打造文化品牌，合作社被纳入龙池镇生态康养综合体项目，使文化旅游、教育研学、健康管理等融为一体的构想成为现实。

2019年龙乡文化节，推出玫瑰饼、玫瑰酱、养生花糖等养生食品系列，不断丰富龙池特色养生产品。2019年，艺源合作社成为昌邑市中草药行业的领军企业，与多家科研机构及大型药企建立合作关系，种植射干、菊花、碱地玫瑰、丹参、板蓝根、知母、白芍等中药材十余种，种植面积超千亩。成立龙池镇玫瑰产业协会，深挖玫瑰产业链，带领全镇妇女共同创业。培养了一批综合素质高、创业能力强、发展潜力大的优秀农村创业人才。合作社已引导种植中草药1500余亩，辐射周围5个村庄，直接带动100多户种植户发展特色农业。业务涵盖中药材和特色农产品种植、生产、加工以及养生用品开发、健康旅游等多个方面，发展成为“昌邑市中草药产业龙头企业”“龙池农业领军企业”。合作社获得“潍坊市示范合作社”“昌邑市示范合作社”“潍坊市巾帼文明岗”“龙池镇创新发展先进单位”等多项荣誉称号。2019年实现利润113万元。

人物表

龙池镇革命烈士一览表

表3

姓名	性别	出生时间	籍贯	参加革命时间	入党时间	牺牲时所在单位	牺牲时职务	牺牲时间、地点	安葬地点	备注
刘干臣	男	1913年	岱邱村	1941年	1939年	昌北县五区	区长	1946年9月昌北县密埠村	岱邱村	政府追烈，曾用名“刘贞文”
迟坤华	男	1929年	岱邱村	1947年4月		志愿军二十七军通信营报话排	班长			1951年4月在朝鲜失踪，1962年追烈

续表 3

姓名	性别	出生时间	籍贯	参加革命时间	入党时间	牺牲时所在单位	牺牲时职务	牺牲时间、地点	安葬地点	备注
张式安	男	1930 年	岱邱村	1947 年 4 月		三野三纵队	通讯员	1947 年 7 月 掖县水沟头		
迟东禄	男	1926 年	岱邱村	1945 年 12 月		西海军分区特务营二连三排九班	战士	1946 年 10 月 昌北县		
迟吉明	男	1918 年	岱邱村			昌北县九区担架队	民工	1945 年 4 月 昌北县明家部	岱邱村	政府批烈 烈士墓
迟宗俭	男	1926 年	岱邱村	1944 年 9 月		三野九纵队	副连长	1947 年 3 月 平度县三合山		
迟能信	男	1929 年	岱邱村	1945 年 9 月		渤海军区十四团	战士			1947 年失踪追烈
齐文彩	男	1925 年	岱邱村	1947 年 10 月	1949 年 9 月	步兵二〇一师六十团二连	班长	1951 年 7 月 朝鲜江原道谷山群	朝鲜	
郝登楷	男	1914 年		1945 年 12 月	1947 年 10 月	四野九纵二十二师	副班长	1948 年 10 月 锦州战役		曾用名“郝正廷”
刘元明	男	1917 年	岱邱村	1945 年		渤海军区十四团	战士			1947 年失踪追烈
李重九	男	1909 年	郭疃村	1937 年 3 月	1936 年	胶东东海行署	科长	1940 年 10 月 牟平县南马石山	郭疃村	曾用名“李潜光”
李孟友	男	1903 年	郭疃村			昌北县支前民工大队	民工	1951 年 朝鲜	朝鲜	县政府追认为“民工烈士”
李承春	男	1927 年	郭疃村	1945 年 7 月		西海军分区独立一团	战士	1946 年 掖县粉子山	掖县粉子山	
李希九	男	1921 年	郭疃村	1939 年		八路军五支队	排长	1940 年 栖霞县大阳庄	大阳庄	
李广成	男	1915 年	郭疃村	1945 年 9 月		第四野战军	副连长	1949 年 河南省麻城	麻城	
李献三	男	1913 年	郭疃村	1938 年		鲁东游击队第八支队	中队长	1939 年 寿光县	郭疃村	
李培兰	男	1917 年	郭疃村	1945 年		昌北县税务局	税收员	1946 年 6 月 郭疃村病故	郭疃村	1946 年 6 月县政府批烈
李述臻	男	1924 年 9 月	郭疃村	1947 年 2 月		第四野战军	战士	1951 年 6 月 丹东蔡家沟	蔡家沟	
李培珊	男	1920 年 3 月	郭疃村	1939 年 4 月	1940 年 6 月	昌北县大队一连	班长	1941 年 2 月 昌邑县角埠	郭疃村	
李乃华	男	1918 年	郭疃村	1945 年 10 月		渤海军区十四团一营二连	战士	1947 年 寿光县田麻村	郭疃村	
李述友	男	1928 年 2 月	郭疃村	1944 年 2 月		渤海军区独立营一连一排	班长	1947 年 6 月 寿光县稻田村	郭疃村	烈士墓

续表 3

姓名	性别	出生时间	籍贯	参加革命时间	入党时间	牺牲时所在单位	牺牲时职务	牺牲时间、地点	安葬地点	备注
李述典	男	1918 年 2 月	郭疃村	1938 年	1939 年	昌北县独立营二连	副指导员	1942 年 8 月 昌北县道照村	郭疃村	
李广洲	男	1919 年	郭疃村	1946 年 6 月	1942 年	昌北县独立营二连	班长	1946 年 8 月 昌北县李家埠	郭疃村	
陈延普	男	1910 年	郭疃村	1948 年 2 月		四十一军三十一师三六一团侦察连	炊事员	1949 年 5 月 湖南省长沙市	长沙市	南下途中病故，1954 年批烈
李忠孝	男	1926 年 1 月	郭疃村	1947 年	1946 年	第四野战军	班长	1948 年 锦州战役	锦州	
李忠信	男	1918 年	郭疃村	1939 年		昌北县大队	战士	1939 年 昌北县柳疃	郭疃村	
李祥九	男	1919 年	郭疃村	1938 年		鲁东游击队第八支队	战士			失踪 1950 年追烈
李官九	男	1917 年	郭疃村	1940 年		胶东五旅十四团三营	班长	1941 年 海阳县万地	万地	
李乃仁	男	1918 年	郭疃村	1945 年 7 月	1945 年 6 月	二十七军九十四师二八一团	排长	1951 年 朝鲜元山	朝鲜	
满传家	男	1920 年	郭疃村	1946 年 6 月	1945 年	南京军区水泥厂武装部	干事	1960 年 南京病故	南京	1960 年南京军区批烈
李廷彬	男	1921 年	郭疃村	1938 年 2 月		鲁东游击队第七支队六十四团	战士	1941 年 淄博市周村区	周村	
温希舜	男	1921 年	西白塔村			昌北县支前担架队	民工	1945 年 3 月 昌北县柳疃	西白塔村	1950 年县政府批烈
温朝博	男	1912 年 3 月	西白塔村	1938 年 9 月		鲁东游击队第七支队	战士	1938 年 11 月 昌北县西陈村	西白塔村	烈士墓
温希谦	男	1923 年 9 月	西白塔村	1941 年 2 月		昌潍独立营	战士	1945 年 2 月 寿光县	寿光县	曾用名“温效谦”
温立廛	男	1918 年 7 月	西白塔村	1945 年		第三野战军三纵队	班长	1947 年 8 月 招远县道头		
温朝聘	男	1925 年	西白塔村	1944 年 9 月	1940 年	昌南县武工队	副班长	1947 年 4 月 昌北县洼子村	西白塔村	
温希皋	男	1922 年 5 月	西白塔村	1943 年		第三野战军	排长	1948 年 8 月 济南战役	济南	
姜言美	男	1925 年	西白塔村	1944 年 1 月		第三野战军	通讯员	1948 年 1 月 嘉祥县	嘉祥县	烈士墓
陈贵武	男	1921 年 12 月	东白塔村	1938 年 1 月		一一五师	排长	1941 年 11 月 潍县	潍县	

续表 3

姓名	性别	出生时间	籍贯	参加革命时间	入党时间	牺牲时所在单位	牺牲时职务	牺牲时间、地点	安葬地点	备注
陈延儒	男	1919 年	东白塔村	1947 年 3 月		志愿军二十七军二十五师	班长			1950 年在朝鲜失踪追烈
陈希刚	男	1921 年	东白塔村	1947 年 4 月		第九兵团九纵队	班长	1948 年 9 月济南战役	济南	
陈绍相	男	1921 年 8 月	东白塔村	1942 年 6 月		志愿军二十七军	战士	1953 年朝鲜	朝鲜	
李汝泮	男	1924 年 2 月	东白塔村	1944 年 5 月		渤海军区十四团	战士	1948 年 10 月河南省柳河车站	柳河	
陈师道	男	1923 年 6 月	东白塔村	1944 年		铁道部队八五〇七团	班长	1951 年朝鲜	朝鲜	
陈乃维	男	1924 年 2 月	东白塔村	1944 年 5 月		昌北县独立营	班长	1948 年 11 月昌北县吴家庙	东白塔村	
陈乃法	男	1924 年 7 月	东白塔村	1947 年 3 月		昌北县独立营	班长	1947 年 12 月昌北县褚庄	东白塔村	
陈乃俭	男	1925 年 12 月	东白塔村	1942 年 3 月		昌北县密埠区公所	干部	1943 年 2 月昌北县密埠	密埠	政府批烈
陈乃宗	男	1931 年 11 月	东白塔村	1947 年		志愿军二十七军	战士	1951 年朝鲜	朝鲜	
陈乃昌	男	1930 年	东白塔村	1945 年 11 月		志愿军二十七军	战士			1950 年在朝鲜失踪追烈
陈贵巢	男	1921 年 10 月	东白塔村	1941 年		昌北县一区队	班长	1943 年 3 月昌北县沟崖	东白塔村	
齐万普	男	1927 年 2 月	龙东村	1944 年 3 月		山东警七旅十六团一营三连	战士	1945 年 8 月临沂县石桥子	齐西村	
齐作周	男	1916 年 4 月	齐西村	1940 年 2 月		昌北县独立营一连	战士	1941 年 8 月昌北县青乡	齐西村	烈士墓
齐再田	男	1927 年 1 月	齐西村	1947 年 4 月		昌北县独立营三连	战士	1948 年 4 月在齐西村病故	齐西村	1952 年县政府批烈烈士墓
齐治家	男	1921 年 4 月	齐西村	1944 年 8 月		昌北县公安局	战士	1947 年 9 月昌北县十字路	齐西村	烈士墓
齐宗周	男	1910 年 5 月	齐西村	1938 年 6 月		鲁东游击队第八支队	连长			失踪军人 1952 年 8 月追烈烈士墓

续表 3

姓名	性别	出生时间	籍贯	参加革命时间	入党时间	牺牲时所在单位	牺牲时职务	牺牲时间、地点	安葬地点	备注
齐金田	男	1913 年 2 月	齐西村	1940 年 3 月		昌北县独立营一连	战士	1941 年 11 月齐西村		1941 年 11 月在家养病被敌杀害县政府批烈
齐功田	男	1928 年 6 月	齐西村	1946 年 6 月		志愿军钢字信箱九四五〇号三支队二排	排长	1953 年 4 月板门店战役	朝鲜	
赵玉池	男	1920 年	龙街村	1947 年		志愿军八十八师二六四团一营	战士	1951 年 3 月朝鲜相州金谷里	金谷里	
魏贵俊	男	1921 年	龙街村	1945 年 3 月	1947 年 1 月	三野十纵二十八师八十三团	战士	1947 年 6 月莱芜县香山区富家村	富家村	
魏纯一	男	1925 年 10 月	龙街村	1942 年		三野十纵二十八师八十三团	文教干事	1947 年 8 月寿光县八区穆扬庄	龙街村	烈士墓曾用名“魏世光”
魏五洲	男	1910 年 2 月	龙北村	1938 年 9 月		昌北县独立营	战士	1946 年 3 月昌北县明家部	明家部	
魏敏初	男	1896 年 7 月	龙北村	1942 年 4 月		昌北县司法科	干部	1948 年 6 月龙北村病故	龙北村	1948 年县政府批烈
魏冠太	男	1923 年 8 月	龙北村	1942 年 4 月		西海军分区二团直属四连	事务长	1944 年 6 月龙北村病故	龙北村	1944 年县政府批烈
魏含杰	男	1905 年 10 月	龙北村	1940 年 5 月		清东独立团情报站	站长	1944 年 5 月昌北县瓦城	龙北村	被敌杀害批烈
魏含泰	男	1908 年 2 月	龙北村	1939 年 4 月		胶东五旅十三团	指导员	1941 年 4 月栖霞县	栖霞	
魏凤仟	男	1912 年 5 月	龙北村	1947 年 10 月		第三野战军	战士			1948 年淮海战役失踪 1960 年追烈
魏尚岐	男	1921 年 2 月	龙北村	1941 年 3 月		胶东军区警卫团	连长	1946 年 9 月掖县大赵家	大赵家	
魏玉臣	男	1918 年 3 月	龙北村	1939 年 8 月	党员	西海军分区二团直属四连	指导员	1942 年 7 月昌北县马疃	龙北村	烈士墓曾用名“魏译绰”
魏介申	男	1914 年 4 月	龙北村	1936 年 7 月		第三野战军	战士	1946 年 9 月平度良子山	良子山	
王孟良	男	1914 年	王家庄子村	1945 年		一二〇师三六〇团三营八连	战士	1950 年广东省博白县		

续表 3

姓名	性别	出生时间	籍贯	参加革命时间	入党时间	牺牲时所在单位	牺牲时职务	牺牲时间、地点	安葬地点	备注
张怀仁	男	1926 年	王家庄子村	1946 年 8 月		第二十七军	班长	1949 年 安徽省燕湖市	燕湖市	
傅春田	男	1909 年	王家庄子村	1942 年		昌潍独立营	班长			1944 年在潍县蔡家栏子战役失踪 1960 年追烈
傅春芳	男	1918 年	王家庄子村	1946 年 8 月	1945 年	九纵二十七师八十一团	副连长			1948 年淮海战役失踪 1960 年追烈
张显有	男	1920 年	王家庄子村	1943 年		昌潍独立营	战士			1943 年在鲁中南失踪 1960 年 7 月追烈
赵悦仓	男	1917 年	王家庄子村	1940 年 3 月		胶东五旅十四团	战士			失踪军人 1960 年 7 月追烈
孙康令	男	1920 年	王家庄子村	1939 年 3 月		胶东五旅十四团	副排长			失踪军人 1960 年 7 月追烈
赵成宗	男	1921 年	王家庄子村	1940 年		胶东五旅十四团	班长			失踪军人 1960 年 7 月追烈
戚锡善	男	1926 年	王家庄子村	1942 年 3 月		昌潍独立营	战士	1944 年 7 月 潍北蔡家兰子	王家庄子村	
张振亮	男	1926 年	王家庄子村	1946 年 6 月		昌潍独立营	班长	1949 年 11 月 西海军区医院病故		1950 年追烈
魏考令	男	1904 年	油坊村		1941 年 3 月	油坊村	支部书记	1946 年 油坊村	油坊村	1946 年伤口复发牺牲 1950 年 7 月省政府批烈
魏莒洲	男	1925 年	油坊村	1941 年 8 月		胶东五旅	战士			1945 年失踪 1950 年追烈
齐崇礼	男	1907 年	油坊村	1941 年		昌北县独立营	战士			1942 年失踪 1960 年追烈
魏连信	男	1911 年	油坊村	1938 年		昌北县独立营二连	战士	1941 年 油坊村沟崖	油坊村	烈士墓
魏鸿富	男	1924 年 11 月	油坊村	1945 年	1945 年	昌北县卜庄区营子学校	教师	1947 年 10 月 昌北县武兰村		常备担架队的负责人 政府批烈
孙善积	男	1918 年 4 月	沙岭子村	1938 年 4 月	1940 年	胶东军旅十四团三营	排长	1940 年 栖霞	栖霞	

续表 3

姓名	性别	出生时间	籍贯	参加革命时间	入党时间	牺牲时所在单位	牺牲时职务	牺牲时间、地点	安葬地点	备注
孙廷岗	男	1921 年 3 月	沙岭子村	1938 年 3 月		胶东军旅十四团五营	班长	1941 年掖县高王山	高王山	
孙希忠	男	1920 年 7 月	沙岭子村	1941 年 3 月	1943 年	志愿军	连长	1950 年 11 月朝鲜	朝鲜	
孙桂密	男	1923 年 4 月	沙岭子村	1943 年 7 月		昌潍独立营一连	副班长	1944 年寿光县黑庄子	沙岭子村	
李祥贞	男	1918 年 10 月	沙岭子村	1942 年 6 月	1943 年	昌北县独立营二连	班长	1943 年昌北县白塔村	沙岭子村	
陈玉宗	男	1924 年 3 月	石桥村	1946 年 5 月	1945 年 11 月	西海军分区二团二营九连	班长	1948 年 12 月平度县	石桥村	
魏立同	男	1926 年 8 月	石桥村	1943 年 3 月	1944 年	西海军分区十四团	排长	1948 年 8 月济南战役	济南	
魏满贵	男	1922 年 5 月	石桥村	1943 年 3 月		昌北县独立营	战士			1943 年 8 月失踪 1950 年 7 月追烈曾用名“魏信明”
魏立茂	男	1910 年 3 月	石桥村			昌北县支前担架队	民工			1947 年平度失踪 1950 年追烈
姜曰瑞	男	1924 年 7 月	石桥村	1946 年 5 月		渤海军区十四团	战士	1948 年 8 月济南战役	济南	
魏虎奎	男	1926 年	石桥村	1942 年 4 月		胶东五旅训练班	战士	1943 年栖霞县牙山	牙山	
魏万经	男	1911 年	石桥村	1939 年		胶东五旅交通营	战士			1947 年失踪 1950 年 7 月追烈
王有哲	男	1922 年	果园村	1944 年 2 月		三野十纵二十八师八十三团二营五连	班长	1946 年 7 月昌乐县尧沟车站	果园村	
刘述堂	男	1915 年 5 月	果园村	1939 年 4 月		胶东五旅十三团	战士	1941 年 5 月栖霞县	栖霞	
刘述勤	男	1910 年	果园村	1939 年 4 月		胶东五旅十三团	班长	1941 年 5 月栖霞县	栖霞	
毕恒玉	男	1913 年 6 月	马渠村	1944 年		昌潍独立营	战士	1946 年 9 月昌北县李埠村	马渠村	
魏振栋	男	1924 年 9 月	马渠村	1940 年 2 月	1941 年	渤海军区武工队	战士	1944 年 3 月潍县吴家	马渠村	烈士墓

续表 3

姓名	性别	出生时间	籍贯	参加革命时间	入党时间	牺牲时所在单位	牺牲时职务	牺牲时间、地点	安葬地点	备注
姚显光	男	1921 年	马渠村	1939 年 5 月	1939 年	昌北县委南下大队	宣传队长	1949 年 河南省怀阳	怀阳	曾用名“魏振英”，政府批烈
魏怀有	男	1909 年 7 月	马渠村	1939 年 3 月		昌北县独立营	战士	1946 年 7 月 昌北县十字路	马渠村	
姜维禄	男	1921 年 2 月	马渠村	1942 年 3 月		第三野战军	卫生员	1947 年 9 月 长清县	马渠村	烈士墓
陈忠三	男	1902 年	马渠村	1939 年 2 月		胶东五旅	战士	1942 年 海阳县郭城	郭城	
陈永政	男	1925 年 7 月	马渠村	1945 年		四野前线兵站	站长			哈尔滨失踪 1947 年追烈
魏　八	男	1923 年	马渠村	1938 年		胶东五旅	战士	1942 年 海阳县郭城	郭城	
魏刚年	男	1921 年	马渠村	1942 年		渤海军区十四团	战士	1946 年 黄县	黄县	
魏汝干	男	1900 年	马渠村	1938 年	1938 年	中共昌北县委	组织部长	1942 年 10 月 马渠村	马渠村	1942 年批烈
盛永山	男	1925 年 9 月	马渠村	1940 年 2 月		昌北县独立营	战士	1944 年 潍县蔡家兰子	马渠村	烈士墓
姜智先	男	1927 年 2 月	马渠村	1946 年 2 月		三野九纵队	卫生员	1948 年 3 月 徐州	徐州	
董兆庆	男	1924 年	马渠村	1943 年		昌北县独立营	班长	1943 年 9 月 昌北县棋盘地	棋盘地	烈士墓
姜占先	男	1920 年 10 月	马渠村	1941 年 11 月		昌北县公安局	排长	1943 年 3 月 掖县土山	马渠村	
姜维祺	男	1902 年 11 月	马渠村	1940 年	1940 年	马渠学校	教员	1943 年 12 月 马渠村	马渠村	为掩护工作干部牺牲，批烈，烈士墓
姜兰先	男	1926 年 4 月	马渠村	1940 年 2 月		昌北县一区队	战士	1940 年 8 月 昌北县十字路	马渠村	烈士墓
陈永介	男	1925 年	马渠村	1944 年 2 月		三野十纵八十三团	排长	1948 年 5 月 河南省南阳县	南阳县	
魏汝顿	男	1925 年 10 月	马渠村	1946 年		昌北县独立营	战士	1947 年 潍县东芝庄	马渠村	
魏　祥	男	1923 年 2 月	马渠村	1939 年 7 月		胶东五旅特务连	战士	1941 年 11 月 昌北县杨家部	杨家部	烈士墓
姜慈先	男	1923 年 5 月	马渠村	1940 年 4 月		胶东五旅	战士	1943 年 10 月 栖霞县	栖霞	
盛永法	男	1903 年	马渠村	1938 年		八路军山东纵队	战士	1940 年 沂水县牺牲	沂水县锁头村	

续表 3

姓名	性别	出生时间	籍贯	参加革命时间	入党时间	牺牲时所在单位	牺牲时职务	牺牲时间、地点	安葬地点	备注
姜维考	男	1925 年 5 月	马渠村	1945 年 4 月		二十七军七十九师二三五团一营六连	班长	1951 年 11 月朝鲜	朝鲜	
姜维聪	男	1921 年 6 月	马渠村	1947 年 3 月		九纵二十五师七十四团一营一连	班长			1947 年平度县三合山失踪 1960 年追烈
姜爱先	男	1931 年 7 月	马渠村	1947 年 3 月		九纵二十五师七十四团一营一连	战士	1947 年 9 月平度三合山	三合山	
陈怀玉	男	1929 年 3 月	马渠村	1947 年 3 月		三野九纵二十五师七十四师一营一连	战士	1947 年 9 月平度三合山	三合山	
魏立信	男	1925 年 2 月	马渠村	1939 年 2 月	1940 年	胶东五旅	连长	1948 年潍县战役	潍县	
魏增连	男	1919 年	马渠村	1942 年 2 月	1942 年	昌北县独立营二连	排长	1944 年昌北县十字路		烈士墓
魏振恩	男	1923 年 3 月	马渠村	1941 年 2 月	1940 年	胶东抗大学校	战士			1941 年失踪追烈，烈士墓
魏振富	男	1923 年 9 月	马渠村	1941 年 1 月	1942 年	昌北县独立营	班长	1943 年 6 月潍县蔡家兰子	马渠村	烈士墓
吴奎文	男	1911 年 6 月	马渠村	1937 年 10 月	1937 年	鲁中三军分区司令部	副参谋长	1946 年 7 月蒙阴县汶上区	汶上区	
魏汝栋	男	1905 年	马渠村	1924 年		中央三机部	部长	1958 年 12 月西安飞机厂	西安	
陈济民	男	1911 年 2 月	马渠村	1943 年		济南市人民武装部	副政委	1980 年 5 月济南病故	济南	曾用名“魏汝桂” 1980 年批烈
盛永深	男	1927 年 5 月	马渠村	1941 年 10 月		西藏军区九三九六部队	副团长	1963 年西藏宗巴县	县烈士陵园	
姜　忠	男	1913 年 6 月	马渠村	1940 年 4 月		省军区政治部	协理员	1972 年潍坊病故	潍坊	1972 年批烈
姜　爱	男	1921 年	马渠村	1939 年		中共昌北县委组织部	部长	1940 年大院牺牲	马渠村	曾用名“魏效聪”烈士墓
姜曰道	男	1916 年	马渠村	1939 年		泰安军分区	科长	1974 年泰安病故	泰安	1974 年批烈
魏传舜	男	1913 年 3 月	马渠村	1943 年		三十二军九十四师二团	参谋	1950 年 12 月朝鲜	朝鲜	

续表 3

姓名	性别	出生时间	籍贯	参加革命时间	入党时间	牺牲时所在单位	牺牲时职务	牺牲时间、地点	安葬地点	备注
魏传金	男	1921 年 7 月	马渠村	1938 年		胶东军区六十五团一营二连	战士	1940 年招远县	马渠村	
魏成森	男	1924 年 9 月	马渠村	1941 年		三野后勤部通讯连	连长	1947 年 6 月临沂县	临沂	
姜曰师	男	1920 年 5 月	马渠村	1945 年		第四野战军	连长	1948 年 8 月河北省	河北省	
王增全	男	1899 年 6 月	王范庄村			昌北县支前大队	民工	1947 年 9 月平度县小合子	王范庄村	1950 年批烈
范德隆	男	1920 年 2 月	王范庄村	1939 年 10 月		昌北县独立营一连二排	副排长	1942 年 11 月昌北县杨家部	杨家部	
张和文	男	1887 年 2 月	王范庄村	1937 年 1 月		鲁东游击队第八支队	战士	1939 年 4 月黄县黄山馆病故	王范庄村	1950 年 4 月批烈
张洪太	男	1895 年 8 月	王范庄村	1939 年 10 月		胶东军区十四团一营一连	战士	1941 年 5 月海阳县楼底村	楼底村	
张洪江	男	1916 年 12 月	王范庄村	1939 年 11 月		胶东军区十四团交通营三连	班长	1942 年 9 月诸城县窝乐村	窝乐村	
王有斌	男	1912 年 4 月	王范庄村	1939 年 11 月		昌北县独立营一连	战士	1941 年昌北县棋盘地	王范庄村	
张洪基	男	1904 年 3 月	王范庄村	1938 年 3 月	1939 年 10 月	昌北县政府	国救会长	1948 年 5 月昌北县城病故	王范庄村	曾用名“张建功”，县政府批烈
张若良	男	1916 年 10 月	王范庄村	1949 年 2 月		第四野战军				1950 年 3 月失踪 1951 年 3 月追烈
范述雷	男	1926 年 1 月	王范庄村	1947 年 3 月		三野九纵二十五师二三四团三营九连	战士			1948 年 10 月江苏省碾庄失踪 1960 年县政府追烈
张和勤	男	1915 年 2 月	王范庄村	1938 年 3 月		胶东五旅十四团一营	教导员	1946 年 2 月黄县龙口	龙口	
张曰财	男	1918 年 11 月	王范庄村	1938 年 11 月		胶东军区十四团一营	班长	1940 年掖县朱桥村	朱桥村	
张洪绪	男	1893 年 2 月	王范庄村	1937 年 1 月		八路军山东纵队五支队	班长	1939 年 11 月沂水病故	沂水	县政府批烈
王增祥	男	1907 年 2 月	王范庄村			昌北县支前大队	民工	1947 年 9 月平度县小合子村	王范庄村	政府批烈

续表 3

姓名	性别	出生时间	籍贯	参加革命时间	入党时间	牺牲时所在单位	牺牲时职务	牺牲时间、地点	安葬地点	备注
王有堂	男	1930 年 3 月	王范庄村	1947 年 3 月		昌北县武工队	战士	1947 年 8 月昌北县吴家庙	王范庄村	
范德仁	男	1899 年 2 月	王范庄村	1939 年 11 月		昌北县独立营二连	战士	1942 年 3 月昌北县大窑村	大窑村	
王有杰	男	1919 年 1 月	王范庄村	1939 年 11 月		胶东军区十四团一营二连	班长	1942 年 3 月海阳县郭城	郭城	
张洪宝	男	1917 年 8 月	王范庄村	1939 年 6 月		昌北县独立营一连	班长	1941 年 3 月昌北县棋盘地	王范庄村	
范述章	男	1924 年 11 月	王范庄村	1939 年 11 月		胶东军区十四团一营二连	副指导员			1944 年 12 月栖霞失踪追烈
张洪柱	男	1906 年 4 月	王范庄村	1937 年 2 月		八路军山东纵队	班长	1939 年 6 月潍县西泊子	西泊子	
徐其浩	男	1927 年 9 月	瓦东村	1942 年 3 月		渤海军区十四团直属连	战士	1945 年 5 月寿光县牛头镇	瓦东村	
赵忠苞	男	1931 年	瓦东村	1947 年 9 月		二十七军特务团三营机炮连	战士	1951 年 5 月朝鲜上甘岭	朝鲜	立三等功一次，追记特等功
赵常利	男	1926 年 3 月	瓦东村	1947 年 2 月		三野第九纵队辎重连	排长	1949 年 5 月江苏省陆家塘	陆家塘	
王凤仁	男	1919 年 3 月	瓦东村	1947 年 2 月		昌北县独立营	战士	1948 年 7 月潍县寒亭	瓦东村	烈士墓
赵常江	男	1918 年	瓦东村	1942 年 7 月		昌北县独立营	战士	1944 年 1 月昌北县城	瓦东村	
王振云	男	1924 年 8 月	瓦东村	1939 年 1 月		渤海军区十四团	副连长	1947 年 8 月阳谷县	阳谷县	
王锡名	男	1919 年 8 月	瓦东村	1943 年 2 月		第四野战军	连长	1948 年 8 月吉林省四平市	四平市	
赵元考	男	1919 年 2 月	瓦东村	1942 年		第四野战军	战士			1948 年失踪 1960 年追烈
王锡浪	男	1929 年	瓦东村	1946 年 3 月		二十七军八十师二三八团三营六连	战士			1951 年 5 月朝鲜失踪 1962 年追烈
徐孝文	男	1930 年	瓦东村			瓦东村	民兵	1951 年 2 月县公安局	瓦东村	看管犯人被害县政府批烈
朱凤新	男	1916 年	利渔村	1939 年 10 月		胶东军区十三团四连	连长	1943 年平度县大泽山	大泽山	
王永湖	男	1917 年	利渔村	1940 年 5 月		第三野战军第九纵队	连长	1947 年益都车站	益都	

续表 3

姓名	性别	出生时间	籍贯	参加革命时间	入党时间	牺牲时所在单位	牺牲时职务	牺牲时间、地点	安葬地点	备注
王长明	男	1916 年 4 月	利渔村	1942 年 4 月	1943 年	渤海军区爆炸排	排长	1947 年寿光县寒桥	利渔村	立二等功一次
徐清章	男	1920 年	利渔村	1938 年 4 月		鲁东游击队第八支队	指导员	1946 年莱芜县	莱芜县	
徐学泮	男	1918 年	利渔村	1940 年 4 月		西海军分区独立团教导队	排长	1943 年寿光县杨家楼	利渔村	
孙法怀	男	1922 年	利渔村	1947 年 3 月		三野九纵二十四团三营七连	班长	1947 年平度县三合山	利渔村	
徐学胜	男	1922 年	利渔村	1947 年 3 月		沈阳军区二〇三部队	副团长	1967 年四川省万县		执行任务因沉船牺牲部队批烈
孙法忠	男	1921 年 3 月	利渔村	1940 年 8 月	1939 年	西海军分区司令部警卫排	班长	1942 年 12 月掖县刘家	刘家南山	
赵立凯	男	1911 年	瓦西村	1940 年		第四野战军	连长	1945 年 10 月鞍山市	鞍山	1945 年被敌杀害 1965 年内务部追烈
赵锡铁	男	1927 年	瓦西村	1941 年		志愿军	战士	1953 年朝鲜	朝鲜	
赵锡浩	男	1920 年	瓦西村	1938 年 9 月		胶东军区十四团	战士	1939 年栖霞县	栖霞县	
赵锡考	男	1921 年	瓦西村	1944 年 8 月		渤海军区直属团二营	班长	1946 年 4 月寿光县侯镇	瓦西村	
赵炳强	男	1926 年	瓦西村	1944 年 4 月		山东军区五师十三团一营二连	战士	1946 年 12 月寿光县三甲	三甲	
赵炳干	男	1923 年	瓦西村	1943 年	1943 年 10 月	昌潍独立营一连	战士	1945 年 2 月昌北县长流埠	瓦西村	烈士墓
赵立秀	男	1913 年	瓦西村	1943 年	1947 年	昌北县夏店三小	校长	1947 年昌北县夏店村	瓦西村	烈士墓县政府批烈
赵凤辉	男	1922 年	瓦西村	1940 年 2 月		昌潍独立营	战士	1943 年掖县粉子山	粉子山	
王洪泉	男	1923 年	瓦西村	1939 年		昌北县第九区公所	区长	1940 年瓦西村北门外	瓦西村	1941 年县政府批烈
于光德	男	1921 年	瓦西村	1938 年 7 月		八路军山东纵队一支队	排长			失踪军人 1960 年追烈
赵立宁	男	1907 年	瓦西村	1938 年		鲁东游击队第七支队	班长	1938 年 10 月淄博市周村	瓦西村	
赵建峰	男	1906 年	瓦西村			昌北县支前担架队	民工	1947 年瓦西村	瓦西村	伤口复发牺牲县政府批烈

续表 3

姓名	性别	出生时间	籍贯	参加革命时间	入党时间	牺牲时所在单位	牺牲时职务	牺牲时间、地点	安葬地点	备注
孙广希	男	1905 年 5 月	瓦北村	1938 年 5 月		昌北县武工队	战士	1940 年昌北县瓦城	瓦北村	
孙汉三	男	1890 年 1 月	瓦北村	1938 年 1 月	1938 年	中共昌北县委	县委书记	1939 年 9 月瓦北村	瓦北村	烈士墓曾用名“孙朋杰”
陈希言	男	1924 年 2 月	瓦北村	1939 年 11 月		昌北县独立营二连	战士	1942 年 3 月昌北县小河南	瓦北村	
傅希堂	男	1918 年 4 月	瓦北村	1938 年		昌北县独立营二连	连长	1942 年 6 月昌北县杨家部	瓦北村	烈士墓曾用名“傅秀尧”
孙其平	男	1912 年 3 月	瓦北村	1939 年 9 月		渤海军区独立团二营三连三排	排长	1945 年寿光县	瓦北村	
孙传瑞	男	1919 年 5 月	瓦北村	1938 年 7 月		昌北县独立营二连	战士	1939 年 9 月昌北县永安	瓦北村	
孙其智	男	1908 年 7 月	瓦北村	1944 年 9 月		四野十三师三六三团六连	班长	1947 年辽宁省新民县安福屯	安福屯	
傅正经	男	1906 年 9 月	瓦北村	1940 年 4 月		第四野战军	营长			1948 年黑龙江五常县战役失踪 1950 年 3 月追烈
于春迎	男	1904 年 2 月	瓦北村	1938 年 2 月		鲁东游击队第七支队一大队	战士	1938 年 3 月昌北县柳疃	瓦北村	烈士墓
赵春阳	男	1915 年 3 月	瓦北村	1942 年 8 月		昌北县独立营	战士	1943 年 6 月昌北县瓦城北	瓦北村	
陈培慈	男	1925 年 12 月	瓦北村	1940 年 8 月		昌北县独立营二连	战士	1945 年 6 月招远县医院病故	瓦北村	县政府批烈
傅永烈	男	1917 年 3 月	瓦北村	1942 年 1 月		昌北县税务管理局	管理员	1943 年 11 月昌北县下营	东冢	县政府批烈
傅永春	男	1901 年 10 月	瓦北村	1938 年 1 月		昌北县武工队	联络员	1945 年寿光县	瓦北村	烈士墓曾用名“傅元生”
于春增	男	1908 年 10 月	瓦北村	1938 年 8 月		昌北县独立营	战士	1939 年 9 月昌北县渔埠	瓦北村	
傅文礼	男	1924 年 1 月	瓦北村	1947 年 3 月		昌北县武工队	战士	1947 年昌北县吴家庙	瓦北村	
孙传法	男	1919 年 5 月	瓦北村	1938 年 4 月		鲁东游击队第七支队	连长	1940 年 7 月栖霞县桃村	桃村	

续表 3

姓名	性别	出生时间	籍贯	参加革命时间	入党时间	牺牲时所在单位	牺牲时职务	牺牲时间、地点	安葬地点	备注
孙居显	男	1906 年 7 月	瓦北村	1941 年 2 月		昌北县独立营	战士			1943 年在寿光失踪 1950 年 4 月追烈
孙明岐	男	1929 年 11 月	瓦北村	1947 年 5 月		志愿军	战士	1950 年 10 月朝鲜	朝鲜	
傅正治	男	1924 年 4 月	瓦北村	1940 年 8 月		西海军分区指挥部武工队	战士	1947 年 9 月昌北县兴福	瓦北村	
魏尚荣	男	1925 年 5 月	魏西村	1943 年 5 月		昌北县独立营五连	战士	1943 年 6 月昌北县大窑	魏西村	
徐良述	男	1921 年 9 月	后徐家庄村	1942 年		昌北县独立营二连	战士	1942 年 6 月昌北县杨家部	后徐家庄村	烈士墓
徐圣贤	男	1928 年 9 月	后徐家庄村	1946 年		第四野战军四十二军一二五师	战士			失踪军人 1962 年追烈
赵立波	男	1927 年	西邓家庄村	1943 年 4 月		昌北县九区中队	战士	1944 年 5 月昌北县王范庄	西邓家庄村	曾用名“赵功德”
邓洪福	男	1928 年	西邓家庄村	1946 年		第四野战军	战士	1948 年 8 月四平战役	四平	
姚安公	男	1914 年 6 月	姚瓦街村	1941 年		昌北独立营	班长	1944 年 8 月昌北县李家泊子	姚瓦街村	烈士墓 曾用名“姚国忠”
姚兴玉	男	1922 年 7 月	姚瓦街村	1943 年 2 月		第四野战军九纵队	排长	1948 年 9 月河南省南阳县马流营	马流营	追记二等功
孙学效	男	1923 年 11 月	孙家庄村	1941 年 4 月		昌北县独立营	战士	1942 年 9 月寿光县榆树园子	榆树园子	
魏文波	男	1925 年 6 月	孙家庄村	1941 年	1941 年	胶东五旅十四团一营三连三排	班长	1942 年 3 月海阳县淤山	淤山	
张学善	男	1914 年 2 月	孙家庄村	1940 年 4 月		胶东五旅十四团	班长	1941 年 2 月海阳县郭城	郭城	
孙永维	男	1910 年 3 月	孙家庄村	1939 年 5 月		胶东五旅	副连长			黄县城西关战役失踪 1960 年县政府批烈
孙洪海	男	1918 年 2 月	孙家庄村	1947 年 3 月	1941 年	九纵二十五师七十四团二营机枪连	战士	1947 年 8 月平度县三合山	三合山	

续表 3

姓名	性别	出生时间	籍贯	参加革命时间	入党时间	牺牲时所在单位	牺牲时职务	牺牲时间、地点	安葬地点	备注
孙洪斗	男	1925 年 1 月	孙家庄村	1943 年 3 月	1948 年	第三野战军十纵队二十八师	班长	1948 年 7 月 河南省杞县	杞县	
范含铨	男	1927 年 1 月	泊子村	1944 年 12 月		胶东军区十四团交通三营	班长	1945 年 10 月 即墨县灵山	即墨县毛戈庄	
范百奎	男	1921 年 10 月	泊子村	1945 年 1 月		泊子村		1957 年 10 月 潍坊中心医院	泊子村	因伤口复发牺牲 1957 年 10 月批烈
姜乃胜	男	1923 年 9 月	泊子村			泊子村	民兵			伤口复发牺牲县政府批烈
姜文希	男	1915 年 11 月	泊子村	1941 年 6 月		胶东军区独立三营	战士			1941 年 11 月失踪 1960 年 7 月追烈 曾用名“姜林昆”
王成周	男	1913 年 10 月	泊子村	1946 年 6 月		胶东五旅十三团	战士			1949 年 10 月失踪 1964 年 8 月追烈
姜海环	男	1924 年 3 月	泊子村	1945 年 2 月	1944 年 4 月	昌北县独立营	班长	1945 年 10 月 潍县朱里	泊子村	
王法善	男	1932 年 7 月	泊子村	1949 年 2 月		济南军区警备司令部	通讯员	1949 年 6 月 南京	泊子村	
陈传忠	男	1915 年	北白塔村	1938 年		鲁东游击队第八支队特务队				1942 年蒙阴县失踪 1950 年追烈
陈朋慈	男	1906 年	北白塔村	1942 年		昌北县独立营二连	班长	1943 年 6 月 昌北县堤河	北白塔村	烈士墓
陈聚芝	男	1916 年	北白塔村	1941 年 7 月		昌北县独立营二连	班长	1943 年 6 月 昌北县堤河	北白塔村	烈士墓
陈秀荣	女	1935 年 6 月	北白塔村	1952 年 8 月		0064 部队一支队女生连	战士	1954 年 7 月 新疆海东县	海东县小教场公墓	
陈云芳	女	1933 年	北白塔村	1950 年		天成部队卫生处	战士	1952 年 新疆		1953 年批烈
陈龙飞	男	1912 年 11 月	北白塔村	1938 年	1938 年	胶东五旅六十四团	团长	1939 年 4 月 招远县金矿	北白塔村	
陈嘉驹	男	1931 年	北白塔村	1947 年		炮兵部队高射炮团一营二连	战士	1949 年 南京市江宁县	江宁县	

续表 3

姓名	性别	出生时间	籍贯	参加革命时间	入党时间	牺牲时所在单位	牺牲时职务	牺牲时间、地点	安葬地点	备注
陈光进	男	1929 年 10 月	北白塔村	1947 年		二十七师八十一团	战士	1948 年周村区	周村	
陈功俊	男	1923 年	北白塔村	1942 年		昌北县公安局	战士	1946 年昌北县十字路	北白塔村	烈士墓
陈恒爽	男	1921 年	北白塔村	1942 年		昌北县公安局	战士	1946 年昌北县十字路	北白塔村	烈士墓
陈朋祥	男	1912 年	北白塔村	1938 年		鲁东游击队第八支队特务队				1942 年蒙阴县失踪追烈烈士墓
陈占一	男	1916 年	北白塔村	1938 年		鲁东游击队第八支队特务队				1942 年在蒙阴失踪追烈

艺文杂记

龙池传统文化底蕴深厚，诗歌、楹联、书法、绘画、剪纸、碑刻等皆有传承和发展。吟咏盐民生产生活的诗作，真实反映了盐民的忧乐苦哀。昌邑著名八景之一的孙子庙奇槐，文人墨客多有吟咏。历朝历代修庙纪事碑文，文采斐然，彰显着时代的印记。掌故传说，体现了龙池乡土气息浓郁。书画雕塑，折射出龙池文人的多才多艺。

诗歌

计台行

〔元〕徐世隆[①]

海王之国富疆地，不取民财取盐利。管仲初成九合功，民到于今犹受赐。
唐家中业有贤臣，斡旋山海为经纶。中更千载无人继，国用自足不敛民。
大元扩地超唐汉，白雪清烟满齐甸。无忧当日一夷吾，有后而今说刘晏。
盐课虽添价不添，山东河南食贱盐。诏令通榷清沧界，白金万笏黄金兼。
贾胡安知取有道？灶户商人俱被扰。金山宝海安在哉？空使优人供戏笑。
尚书素抱通明才，岂但鞭算明计台。宪司前日理冤狱，要使阴德传将来。
莫言鹾府多疑怨，贪墨廉清人自见。君不见，栖霞土产赤色金，百炼愈精终不变。

北海晴波

〔明〕李舜臣[②]

青齐北去旧蓬瀛，万顷波光四望晴。
落日翻云海汐上，轻风卷雪午潮生。
千村夜暖人皆足，万灶春回室已盈。
好在三千勤管策，莫随徐福海中行。

① 徐世隆（1206—1285），字威卿，陈州西华人。金正大四年（1227）进士。入元，官至山东道按察使等。有《瀛州集》百卷，文集若干卷。

② 李舜臣（1499—1559），字懋钦，一字梦虞，号愚谷，又号未村居士，乐安县（今山东广饶）亭鹤村人。明嘉靖二年（1523）进士，官至太仆寺卿，后引病归里。嘉靖二十五年（1546）撰《乐安县志》。

盐丁叹

〔清〕任宏远[①]

天雨盐丁愁，天晴盐丁苦。烈日来往盐池中，赤脚蓬头衣蓝褛。斥卤满地踏霜花，卤气侵肌裂满肤。晒盐朝出暮始归，归来老屋空环堵。破釜鱼泔炊砺房，更采枯蓬带根煮。糠秕野菜未充饥，食罢相看泪如雨。盐丁苦，苦奈何？凭谁说与辛苦多，呜呼，凭谁说与辛苦多！

无题二首

〔清〕郑燮[②]

（一）

绕郭良田万顷斜，大都归并富豪家。
可怜北海穷荒地，半篮盐挑又被拿。

（二）

行盐原是靠商人，无奈商人又赤贫。
私卖怕官官卖绝，海边饿灶化冤魂。

咏风筝

〔清〕黄元御[③]

命薄如纸数里该，姻缘全凭一线来。
平生不爱云和雨，惟喜春风抱满怀。

---

① 任宏远，字仔肩，号泺湄，济南历城人。喜搜集文物，游览古迹。

② 郑燮（1693—1766），字克柔，号理庵，又号板桥，人称板桥先生，江苏兴化人，祖籍苏州。清代书画家、文学家。清乾隆元年（1736 年）进士。官山东范县、潍县县令，政绩显著，后客居扬州，以卖画为生，为“扬州八怪”代表人物。

③ 黄元御（1705—1758），名玉璐，字元御，亦字坤载，号研农，别号玉楸子，山东昌邑人。清乾隆年间（1736—1795）名医。曾任乾隆帝御医，后以省亲为由辞归故里。著有《黄氏八种》等医书。该诗录自潍坊地方志丛书《潍坊诗词》。

奇槐诗

（一）

〔明〕孙梦豸[①]

孙子祠槐枝干苍，玲珑蟠曲透晴光。
叶浓九夏云屯绿，花落三秋雨点黄。
一代威名雄战国，千年风景萃都昌。
里人漫说擒龙事，且坐清荫趁举觞。

（二）

〔清〕邢有恒[②]

将军祠宇海之隈，鸟迹盈阶半绿苔。
人自屠龙归去后，槐枝盘结更奇哉。

（三）

〔清〕党丕禄[③]

奇枝夭矫驾双龙，应有神工造化通。
皴老曾沾秦汉雨，根深饱历海天风。
当年事业惊诸国，此日炉烟福二东。
莫道屠龙皆幻说，即留一木尚奇雄。

（四）

〔清〕李肇林[④]

千年奇树叱双龙，鳞甲皴皴内自通。

① 孙梦豸，昌邑门八村人。明嘉靖三十五年（1556）第三甲第148名进士。明代末年诗人、学者。初放河南知县，干练有为，清廉自律，政声极佳，被朝廷擢升为河南道监察御史。

② 邢有恒，清顺治年间（1644—1661）昌邑廪膳生。

③ 党丕禄，字秀钟，陕西合阳人。举人出身，清顺治十四年（1657）任昌邑知县。

④ 李肇林，清顺治年间贡生，仕夏津县训导。党丕禄宰昌邑县后，以杨炅志稿为蓝本，设局修志，聘李肇林总其事，顺治十八年（1661）遂成新志《昌邑县志》。

插地似应连岛屿，蟠空漫欲傲霜风。
壮犹已迈先秦上，祠庙还巍瀚海东。
岁岁鄑人香火远，宁徒梁魏逊豪雄。

（五）

〔清〕许全临[①]

孙子祠堂岁祀供，双槐天矫绿荫浓。
千年老干宜翔鹤，百尺虬枝已化龙。
勋业昔时消作梦，神灵此日会能通。
溟沧一望墩台远，为奠波涛巩旧封。

（六）

〔清〕宋明翰[②]

古祠何事夸当世，槐影于今错节奇。
天矫天工非力作，玲珑物性借神私。
七雄已历荣枯叶，百世还同卷曲枝。
翠壁华檐乐看汝，风唐雨汉阅多时。

（七）

〔清〕刘育杰[③]

高干扶疏越样奇，屠龙犹想旧兵师。
一时韬略传青史，千载风霜老碧枝。
恍似长蛇交击应，愧同细柳漫披离。
当时休怪怜才少，留取英灵草木知。

---

① 许全临，昌邑人，任昌邑盐官。曾于清康熙十一年（1672）续修《昌邑县志》增刻本，八卷。

② 宋明翰，清康熙年间（1662—1722）庠廪生。

③ 刘育杰，清乾隆年间（1736—1795）昌邑县令。

（八）

〔清〕周来邰[①]

功成当日此分封，犹有双槐覆荫浓。
事业漫嗟蚁穴梦，枝柯直似宋宫龙。
云屯古殿栖凉月，声入长廊续暮钟。
料是谋猷施未尽，灵依草木示奇踪。

（九）

〔清〕陈之枫[②]

古树何年留异踪，森森露井尽槐封。
皮皴已与碑同篆，干屈岂惟人似龙。
羽盖排空荫渤海，灵根盘地奠芙蓉。
深藏羞并群材植，独据紫垣第四重。

（十）

〔清〕魏养本[③]

庙貌巍然海色侵，双槐雄秀气森森。
虬龙卧地苍根老，蜿蜒蟠空碧盖深。
七国已惊奇出业，千秋犹见纵横心。
沧桑几历筹添屋，惟有袍晖真到今。

① 周来邰，山西郝县人。拔贡，清乾隆四年（1739）任昌邑知县。宰昌邑县后，见邑志自康熙十一年（1672）通令各县普修后，已八十余年未修，乃集邑中荐绅，重修邑乘，以党丕禄旧志为蓝本，考之旧志，变易过半，复予订正，历数月而告竣。乾隆《昌邑县志》刻本，共八卷。

② 陈之枫，字寿山，白塔村人。邑增生。清乾隆五年（1740），知县周来邰聘其入县志局，参订《昌邑县志》。陈之枫秉笔森严，受到时人推许。

③ 魏养本，清乾隆年间昌邑名士。

（十一）

〔清〕高嵩[1]

孙庙苍苍霭暮烟，令人遥思汉唐先。
萧森松柏朱门外，层叠山川碧槛前。
齐国奇功五万灶，一生神策十三篇。
英灵海外今何在，俎豆犹然到玉筵。

（十二）

〔清〕孙玉树[2]

谁言孙子庙已空，奇槐郁郁绕寝宫。
瓦城自古留遗迹，表繁黎兹想烈风。
漫道虬枝亢挺秀，应思驭陵共称雄。
至今伟绩垂青史，一柱香烟报骏功。

（十三）

孙际凤[3]

考此槐不记年载，相传先槐后庙，而庙亦不知建自何时。详考碑记，惟宋熙宗时所立者为至远，然亦系重修，则此庙之建未必自宋始，而槐之由来更不知从何朝代矣。余今年八十有六，为童子时犹见两株所脱之胎大俱合抱，后为风蚀雨煮，渐就衰残。西胎被道人伐以供炊，光绪时东胎仅存余朽，甚为可惜。此槐之奇，不奇其干枝拳曲，而奇其能脱骨换胎，神乎！神乎！洵为吾邑八景之一矣。为赋数韵，聊以记脱胎之及见云尔。

天赐双槐迈迹奇，盘旋相顾尽枝枝。
深根瑞结风难垢，瘦骨灵凭寿靡期。
曲折千条惊积蚓，蜿蜒万叠误蟠螭。
两胎若问几回脱，野老闲谈俱不知。

---

① 高嵩，清乾隆年间昌邑县丞。
② 孙玉树，清乾隆年间昌邑县廪贡生。
③ 孙际凤，民国时期瓦城名士。

孙庙奇槐歌

〔清〕郭维本

孙庙嵯峨北海际，不知经历几千岁。
郁葱佳树气凌云，中有双槐尤绝世。
右者蹲踞似秃鹫，短羽纷披身孤锐。
又如春雷惊蛰起，头角淋漓金虬锐。
其一俯看臃肿形，碎裂枯朽疑无生。
忽然横干直东走，盘曲纠结互钩萦。
大枝折迭迷纷错，小枝伸缩倍多情。
层罗结盖生娟媚，别构一局若砖城。
神车升降九天下，灵旗肃肃驰风马。
细叶疏枝鸟怯栖，声光赫濯柯条写。
闻道钟灵古庙先，附条托质太始年。
天定神功食兹土，故教异质肇幽元。
却笑世人竞饶舌，空叹此树真奇绝。
谁知地底盘老根，自然终古凌霜雪。[①]

徐郡晚眺

陈干

落日山川好，天寒松菊存。
边城无宿将，泪洒古彭门。

晚成

陈干

云龙山顶月初高，雨后轻寒锁战袍。
恨不边关策烈马，呕心恐负壮年刀。

① 以上诸诗录自潍坊地方志丛书《潍坊诗词》。

楹联

孙子庙楹联

山门楹联：

马陵奇计减灶可风，名扬七国威震边陲。

二门楹联：

减灶马陵威震七国，采食鄑邑泽披都昌。

遏云楼楹联：

台上笑，台下笑，上笑下笑笑引笑；

扮古人，扮今人，古人今人人看人。

孙庙奇槐楹联：

灵星钟异常留瑞，老干垂青不纪年。

齐西古村落馆别楹联

民俗馆：

香椒腊肉调春饼，瑞雪新梅共玉杯。

剪纸馆：

剪动蚕声餐玉纸，案浮枝叶吐春花。

制盐馆：

气蒸火烤银山垒，日炙风吹晶玉成。

写生馆：

水碧山青流笔下，花红叶绿入眸中。

村史馆：

沧桑知世变，兴废看民生。

书画馆：

郡邑铺笺挥玉斗，龙池研磨写人生。

丝绸馆：

织就云霞飘万里，染成喜乐入千家。

乾隆杯酒馆：

一段传奇留玉液，千秋佳话醉乡情。

家庙楹联

魏氏祠堂大门：

庙貌重新壮潍北，魏氏厚德传万世。

丰祭堪寄追思意，厚养方为孝顺心。

魏氏祠堂照碑联：

祖德祥光千秋照，宗功瑞气万世存。

魏氏祠堂明柱联：

国封毕魏三千年根深叶茂，

蜀迁龙池六百载本固枝荣。

齐西齐氏家庙：

家声由旧留潍北，庙貌维新壮汝南。

西北塔陈氏家庙联：

百代文明光郡邑，千秋血脉因芦根。

利渔徐氏家族家庙联：

颂先贤慈恩美德，启后代孝廉高风。

龙街刘氏家族家庙联：

德垂陶陶枝荣本固，派分汉代源远流长。

北白塔陈氏宗祠：

先知稼穑之艰难，聪听祖考之遗训。

千百世音容如在，億万年俎豆常新。

岱邱郝氏族家庙联：

祖功宗德流芳远，子孝孙贤世泽长。

碑文

瓦城集市残碑 窃惟以有易无，便万民之良法。日中为市，济缓急之善术。但善始尤欲其善终，而善终莫要于谨如始。昌城之西北三十里庄名瓦城，有孙子庙奇槐树，一涛河，虽众民之所聚，实最近北海区也。古无集场，自康熙五十六年，众人之渔盐布缕籴粜以辨钱粮以求度日者，颇嫌远涉之劳，乡社共议，以为苟起一集何不可者？于是集一起，而沿海一带微区咸称便焉。抑犹有虑者，嗣后或有乘端榷贿之徒□肥己，假公济私，大斗小称，夤缘衙行；又西潍邑，恐遭欺压，集既微而坏亦易矣。幸值我屠邑侯□□□□□□□□□□字□□历任方新，励志澄清，早作夜思，讼平赋均，老弱养既，记……

清雍正十二年（1734）立

重修孙子庙记 升平郡王庙创造有自来矣，考之孙子建功于齐食邑于鄑。鄑人共需其恩泽，故立之庙而祀焉。盖稽其旧碣所载，则宋元明以来历代重修。自同治壬申经梦璲赵公因其旧制复加修之，历有年所矣，岁月浸深，栋宇渐就倾圮，众皆以为忧。际可孙公昼夜筹划以为己任，暨吾社诸公倡议修补，正殿、寝宫、东西两庑于是俱新，以及泰山殿、王母宫，莫不焕然辉煌矣。不数旬而工峻，夫有其举之莫敢废也。爰将首善姓名谨勒于左，以为后之乐善者劝是为记。花翎知府衔徐培琪撰并书，主持道人朱翠松叩立。

清嘉庆二十三年（1818）立

重修诸庙碑记 升平郡王庙，规模宏壮，宫殿巍峨，由来旧矣。其右则王母宫，太山行宫盘亘而矗立焉，顾年所多历，渐就倾圮。岁在甲戌春月由赵公振文，慨然兴领袖之思，爰与众善协力同心，鸠庀财搬运先于比闾施舍，覃及远方。遂于二十年，寝殿换椽倒陇，并重修太山殿夹陇，重修王母宫，重修二门。二十一年重修太子、公主二殿，重修捲棚大门，换椽倒陇。二十三年并建土地祠，其壁涂丹垩金漆雕镂书画，莫不与时并举，靡费三千有余，越七载而诸功告竣，赵公嘱余为文以记之。余谓功烈之昭著，神圣之曜德耳。前人述备矣，姑略而不书，惟此日功作之繁与费用之多，不可不纤悉记之，使后之作者继往开来之不易云。授富国场正堂加三级记录五次广东何瑞太撰。

嘉庆二十五年（1820）二月清明立

重修孙子庙记 瓦城村之有孙子庙古刹也，庙有奇槐，载在邑乘，为本县八景之一。考孙子建功于齐，食邑于鄑。鄑人惠之而为之立庙，礼所谓有功德于民利记。孙子庙之立者在汉唐以前，而旧碣可考，祀延其盖稽其旧碣所载，则自宋元明以来，历代重修沾（此段字迹缺少二十余字），时即俱此规模，祁拂历次重修，孙子俱有灵迹，而逢人力所不能办，而神自致诸善，当年道光鬼谷出而救世者也。前此重修在嘉庆二十三年，迄今数十年又渐就剥落，赵公含林倡议修补正殿，新其栋宇两庑，复加涂茨，而大门五辟咸烦观瞻同是，志其年月日。于石之阳面并助缘领袖姓名，于石之阴面以为后来考观。是为志。

清道光五年（1825）立

孙子庙结香社记 古来能御大灾则祀之，能捍大患则祀之，以劳定国则祀之。仰惟子固齐之屏藩也，胸藏韬略心怀忠直，兵书十三篇绳其祖武，又复从学于鬼谷先生，故运筹帷幄中，决胜千里外。当桂陵一战，赵国赖以不坠，马陵一役，韩人恃以无恐，救邻之灾，恤邻之患，并能使临淄即墨闻七万户之众，毫无荼毒，功德之赫赫一时者，自足昭昭千古也。况功成自退，道修闾山，至岁余而人忽不见，或以为度之而出世矣。抑知其神化不可测乎，所以绵延至今，崇祀不绝，香烟不断。每逢月正驾出旬宣远迩，士女瞻拜尊颜，盖以感之深斯敬之切也。兹于癸未春正月，约善士信人共结香社，建此贞珉，永垂祀典，以誌不忘云。

道光三年（1823）正月立

独角神牛歌 瓦城社孙子宫，孙子神牛亦英雄。独角日行八百里，花蹄来往如生风。曾助宁戚成相业，不数田单用火攻。触墙何须分八字，挂书要与阴符通。由茧而栗而握尺，首位都是麒麟容。天地山川社稷宗庙皆不飨，留与孙子成大功。马陵阵前成雄骏，乘韦十二俱无庸。黄姑收去归天上，铸造屡烦功金工。而今屹立山门外，黑精幻化牡丹红。会当乘之入函谷，煌煌紫气来于东。

邑人礼堂 吴克思 撰

道光二十九年（1849）六月勒石

瓦城孙庙罚约碑　兰若者，神所凭依，实清静之地也；而水者，人所取给有颐养之功焉。吾村旧筑招提三间，并修习坎一区，事神卫生而有攸赖。乃乡里子弟，往往入庙游嬉，损坏砖瓦；临湾取鱼，污秽水泽，甚非积善之道。自是，大家公议立罚条以示警云。

执网取鱼，罚钱三吊。

洗脸沐浴浣水、牵牲口就饮者，罚钱五百文。

白手扑鱼、损坏砖瓦，罚钱一吊。

越墙入庙，罚钱五百文。

庙台放物托坚、推盐者用笸箩汲水，罚钱五百文。

清光绪十一年（1885）暑月　公立

重修孙子庙记　瓦城社，古鄙邑也。尝考，孙子食封于鄙，(抚）部人多惠阎。生则沾其泽，没则被其恩，而不能忘我鄙人之庙而祀焉，有自来矣。况稽旧碑所载，道光己酉，经含琳赵公董其事，洎乎同治壬申，复经梦璲赵公总其成，尔来十有余年矣。栋宇渐就倾圮，丹碧亦归惨淡。众方以为忧，梦璲公暨吾社好义诸君子，再倡修之，督料鸠工，鸿光于是重焕。记曰："有其举之莫敢废也，其诸公之谓乎？"兹告竣，爰勒于石，为后之乐善者劝。

光绪十一年六月立

祈护碑　从来贤豪之品百世不忘，将相之才千古为昭，皆后人所悚然敬慨然想者也。兹因孙老爷者，生于战国，系出名族，入齐而为师，救赵而奏绩，马陵道之丰功伟烈，直与管仲晏子之功相与比隆耳。所以俎豆千秋，血食万代，名著于当时，勋垂于后世，不与太上立德，其次立言，并垂不朽哉。兹有弟子王继三者，住东乡偶庄社太保庄，为祖姑史王氏，身边驽弱，无所控告，因念老爷生而为英，殁而为灵，必能登斯民于衽席，保黎庶于奠安，率兹善男信女，以求保护，以申愚衷。故立石以为志云。邑庠生宫毓奇拜撰，邑增生马云腾敬书。太保庄王继三、宫仁龙、王在春、王在廷，太窑庄王恕心、王长林、张月仙，西台庄马殿元，明家部董凌云，抚安庄孙孟令、马畀、马良臣。

光绪十二年（1886）四月初三吉日立

孙子庙神马歌　炉火陶成赤兔良，森森黑鬣威犹张。寒风苦雨嘶频急，露夕霜朝汗自凉。铁勒年深咬欲断，锦鞍日久磨弥光。马陵道上功劳大，歇足山门岁月长。曾苦干戈队里游，窜山跳涧莫能求。五花八骏今何在，独此神驹死不休。

本社孙际凤撰，徐培琪书

民国七年六月勒石

陈明侯中将善行碑 吾邑自明及清五百余年，多出将材。黄忠宣公以兵威镇安南，傅刚勇公以武力平捻匪。民国缔造，陈君明侯，有众一旅，转战江淮以北千余里。迨和局成，自请解兵，为全国倡。犹复间关南北，斡旋于无形之中，其心良苦。而其功尤不可没。较之黄、傅二公所处，其难易则有不同者矣。乃以归省之余，优游里巷，遇吾邑有大兴军、大疑难事，辄以一身肩之或一言定之，一邑实利赖焉。民国三年，德日战起，日人由龙口上岸经邑偏东，人心汹涌。明侯与黄君元三、傅君达泉、刘君选卿等办支应局，为乘韦之犒。日人夙闻明侯名，且感于应付严敏，相戒无惊扰闾阎。是年秋，潍水涨决，吴家漫被灾尤巨，邑令某受贿蚀赈，赖明侯廉得情实，责以大义，使倾贪囊归地方公有，而猥吏始知敬惧。吾邑商业以丝布为大宗，始者有捐无税，由商会自行管理。民国十年某某出面包办，为垄断之计。明侯为请大吏追消行贴，俾布线各捐仍复原状，而民力赖以不困。近者，且以青岛、威海两案坚持正义，为当局楮柱与外人抗，是则大有造于山东全局，又不仅为吾一邑幸也。昔陈平分肉而率割推之天下，项梁治丧而部勤参以兵法。古来英雄豪杰，抱绝大经济者，即流露于寻常措施，亦无不乏应曲当。明侯负盖世之才，济之以百折不回之气，以之赞襄今日之中国，因觉绰有余裕，乃不惜之于吾一邑。虽日郁郁，亦具见其精神之所托，事功之所任见者耳，故不禁大特书来券。

中华民国十三年邑孝廉宋逵生　撰文

固始秦树生　书

故陆军中将陈君明侯墓表 君讳干，字明侯，山东昌邑人。幼颖特，四五岁时，父稚聪公教之诗歌，立成诵。稍长有大志，贫不能就学，乃学织工，未成，复学纺丝，又不屑为。因念古来贤豪，成大功立大业者，率从学问砥砺中来，遂发愤读书。闻邑令胡君铁霜邃史学，敝衣晋谒，愿北面称弟子。胡奇其才，授以龙门史记，君惬益奋。因家居务纷碍攻读，乃就宿邑城东南奎星阁中。阁寂罕人迹，每夜阑书声琅琅达通衢，寒暑无间，遂以有成。

尝随毅军出塞，过喜峰口，登长城，凭吊赋诗，慨然有揽辔澄清之志，巳复与温州孟公衡、常熟彭翼仲、海宁杭辛斋诸人游，讲求经世之学，业益进。是时种族革命之说风靡海内外，君韪其旨，加入同盟会，与商起予、蒋沐谭二人为生死交。同在锦州设学校，提倡革命，为官府所禁，不得行其志。值日俄和成，遍历东北各地浏览战迹，每与人谈及克鲁泡特金下狱事，辄为之唏嘘。人多以为狂，君弥自喜。旋东渡日本，访余杭章太炎炳麟，讲学纵谈天下事。尝言非打破势力关，不必谈人格；非打破生死关，不必谈革命。时革命领袖黄兴、宋教仁、李烈钧诸君开同盟会于日本小石川，君与焉。嗣赴青岛创立震旦大学，为革命策源。适清廷欲举山东五路矿产质诸德人，君联络全省学界组织保矿会奋起力争。鲁扶恶欲扑之，严令解散保矿会，德人嫉之尤深，迫离青岛，公学亦解散。

辛亥秋武昌义起，鲁人欲邀君规复烟台图响应，君谓烟台处僻远难集事，宜先筹策取济南，济南克，百七县可传檄定，蜷伏海隅，适自路耳。辞不往，只身诣江宁献策，寻畀以淮泗讨虏君北伐司令。自凤阳起兵，会各军北伐，下固镇、克宿州，所向有功。军次徐州时，共和诏下，君欲秘之直取山东，众不可。君有诗：“淮水泛天际，将军脱战衣。两河父老在，望断汉家旗。”盖伤之也。

民国成立，改编为三十九混成旅，君任旅长。见国家财政窘绌，自请解散所部军队。二年，奉当事命赴烟台解散驻烟军队。三年，赴河南助剿白狼匪乱。会欧战起，日掊德，陷青岛，复奉命赴胶东各县调查人民死亡及财产损失，均称职。四年，潍河决口三十余处，君倡堤两岸，障水筑成，民免水患，至今赖之。是后充奉天中日调查委员，查办奉天伪皇帝王佛全案，君扑首要者置之法，余百余人尽省释，且当众焚毁与案有关之十五万人花名册，以安反侧，保全甚众，其得大体如此。十一年接受青岛，君被选为鲁案协定善后委员会委员兼胶济铁路理事，遇有交涉，胥持正义与之折冲，日人詟服。既而与英人办威海卫交涉，持正不挠亦如是。人咸啧啧称君不独能治军旅，且兼擅外交才，非虚誉也。君热心公益，尝出巨金助私立胶澳中学经费；又以乡居饮水不洁，集资掘新开河二十余里，以畅水流，人食其利。十三年，徇国民第二军岳维峻督办之请，充顾问。十五年，赴江西谒蒋总司令任总都参议。十六年，任国民革命军第二支队司令，由淮徐北上，转战千里，身先士卒，而踔厉风发，多触世忌，卒赍志以殁，未竟厥施，惜哉。年仅四十有六。

所著有《倥偬集》一卷,《欧战拾遗》一卷,《旅大问题汇纂》一卷,《鲁案》《威案》各一卷,《诗集》二卷,《庭话》《家庭琐言》各一卷。选订《经国文钞》二卷,《六经碎语》卷藏于家。君倜傥怀奇，尝从余游，余爱其才，又见其军事外交均著声绩，有功民国甚伟，特汇书之，俾碣诸墓，以表见于后世云。

藤县陈名豫　敬书

中华民国二十六年六月

散文

家乡的观照（节选）

姚凤霄[①]

从城里往老家龙池走的时候，我的心就已经花开万朵了。心灵的愉悦感带给我先期的抵达，它让精神轻盈地飞翔在身体之前，并不遥远的距离，有了柔软的铺垫，一种快捷地链接温暖手脚，熨帖心扉。家乡的各种美好，幻化成缕缕温情，像充电一样，源源不断的能量从头顶灌注到脚跟，通透的感觉让人神清气爽。家乡泥土的气息，四季风光，河流房屋，人和物的各种形态，隔着时空，在我眼睛里嘴巴里鼻孔里耳朵里全方位呈现出来。许多年之前的老家土地上生长着的温馨，它存储在我脑海里，不时地被我拉扯出来，一遍遍立体回放，支撑和温暖我在城里辛苦忙碌的日常生活。

提起老家——山东昌邑市龙池镇姚徐邓村，我不能不回忆起童年和少年的时光。那时光的清纯，让我烦躁的心绪一下子慢下来：村前小河的水打着轻漩涡流淌，芦苇叶子随风摇荡，荡过来一阵草木的清香，荡过去一串欢快的鸟鸣，蝴蝶是在扬花的麦地上空蹁跹起舞的，夏季舒缓的曼妙里，还有一群河边的孩子，他们笑闹着戏水摘菱角吃。家乡的早晨，常常弥漫着水汽润润的气息，轻轻一吸，千万个细碎的水钻儿扑过来，鼻息

① 姚凤霄，龙池镇姚徐邓村人。中国作家协会会员，首届齐鲁文化之星，昌邑市作家协会主席。著有长篇小说《泗渡》，散文集《幸福启航》《潍河长歌》《凯风自南》《一叶慈悲》。作品见于《人民文学》《山花》《飞天》《西部》等。曾获人民文学出版社美丽中国全国征文奖、第八届冰心散文奖。该文发表于《山东文学》2015年第九期。

嗅嗅，舌头咂咂，便有一绺一绺的味道，甜味、咸味、苦味、烟火味等等，汩汩地涌进胸腔里，存到记忆的深处。到了夜晚，月儿妩媚着脸挂在蓝天之上，小河细密的流水声柔顺可人，水流化作层层银子，漫漫一片，遇到芦苇蒲子就荡起一簇簇浪花，然后缓缓地往前流淌，缠绵如同摇摇荡荡的催眠曲。夜深人静时，能听到风吹树响，丝丝缕缕的人声，鲜活地道的家乡方言慢言慢语，听起来温馨自在。再往后，便是一夜蛙鸣梳理疲惫，拍打着人们甜甜地睡了。

我回来了，站到老家的地理和人文的纵深处。热烈的阳光如瀑布般倾泻下来，洗净覆盖我身心的尘土。我俯下身子，贴近了曾抚养自己多年的泥土，靠近了这块盐碱地上生长出来的众多生命。花草虫鱼和房屋路桥，它们用家乡方言与我默默交流，像熟悉了多年久违的老友。风撩起我的长发，抚慰我丝丝缕缕的疲倦。抬起头，我又闻到了盐碱地咸咸的味道，海风夹带的鱼腥味是那样熟悉，一片片的碱蓬（方言，黄细菜）嫩嫩的绿着，这是盐碱地里特有的植物，饥荒年代里，黄细菜不起眼的菜叶和种子，养活了不少乡亲。现在，家乡物产丰富，各种花样的美食，色彩缤纷地摆上餐桌，日常的庄户饭菜让我眉开眼笑，小时候喜欢的味道和记忆跟随半生，美美享受是外人不可理解的。儿时培养出的一副穷肚肠，依旧记着只属于家乡的泥土味和盐酱香，山珍海味比不上家乡的粗茶淡饭，比不上黄细菜和豆瓣酱。

环绕我身心的还有家乡的许多条河，这是我梦里梦外的河。以前风吹稻花鱼米香，村子的前后左右全是小河和湾塘，现在气候变化，干旱严重，种不了稻子。河水少且不流淌，只是静默地做了天空模糊的镜子。我盯着河水，两眼空蒙，伸出手抚摸天空，恍惚中，得到的却是天神扇动翅膀带来的风——充满活力的缘起。我的思想从各种偏颇的遮蔽中解脱出来，事物从一个时空转移到另一个时空，进而顿悟成一种"中悬"的状态，内心的醒悟和安详，让我整个人处在孔子所言的"思无邪"状态中。世间一物一太极，情感回归心性的原位，感而遂通的澄明，成为一种"道"，成为一种融会贯通和因缘了然的分寸把握。家乡与我心神相连，众多的启示和点化，让我有所开悟。直到有人喊我走，我才缓过神来。

走进龙池村一条狭长的老胡同。窄窄的胡同夹在高高的青砖青瓦房之间，远望就像蓝天凹进大地的一条缝。胡同硬硬的泥地上有些许散落的沙石，岁月汹涌的潮水在我们没来之前已经冲刷过无数遍，摆在我们面前的是青砖斑驳，木门老旧，石阶光滑的样子。整个胡同散发一种岁月沉淀饱经风霜的气息，老旧的砖雕，青瓦，木门，石墩，淡出人们视线多年的东西能在这里一一找到，偶尔还能窥见胡同没有完全泯灭的青春痕迹，一株墙缝中的茁壮小草，伸出头亮了眼。

孙膑精神回归（节选）

赵忠亮[①]

翻开历史，朝代之更替和成败之反转都离不开英雄的力量。可一提到英雄，人们脑海里会立即闪现出横刀立马，冲锋陷阵或是舍生取义，慷慨赴死的形象。而雄姿英发，羽扇纶巾，谈笑间樯橹灰飞烟灭或运筹帷幄，决胜于千里之外，这些也同样是英雄的形象。张良，诸葛亮，刘伯温等，皆是英雄典例，并深深影响了历史的发展进程。而上溯一下他们的师承便会想到《孙子兵法》。《孙子兵法》成了至今仍然适用的军事教科书，并被广泛应用到了其他领域。孙子即孙武，他是春秋时期最著名的军事家，谋略家。而孙武是孙膑的祖辈，战国时期，孙膑的谋略受其祖辈影响也同样高超，并师承鬼谷子，丰富了阵地作战的术略。他助齐军大败魏军，马陵之战成了历史上战争的经典之作。1972 年在山东临沂银雀山汉墓出土的竹简《孙膑兵法》，在战略上更加丰富和完善了《孙子兵法》，以战争手段遏制战争，维护和平，是孙膑军事思想的重要体现，也就是孙膑精神的精髓。历朝历代，人们都有英雄情结，因为英雄代表和传递着正能量，塑造英雄和传播英雄事迹，对净化社会，彰显时代主旋律，有着积极的作用，对时代的进步也有着巨大的推动作用。

2008 年，已经损毁了已 70 多年的瓦城孙子大庙又悄悄的在民间筹划重修了。先是四五个乡贤聚在一起，在旧址废弃的房子里挂起了孙膑的画像进行祭奠。怀念他的功绩，尊崇他的正义。并募集筹款，在 2011 年再塑其神像，恢复旧民俗，并在每年的正月十四日和九月初一自发恢复庙会。许是人们心中对古朴的乡风持久的怀念和对英雄的膜拜，乡民们热情高涨。2016 年，一些慈善民营企业家，顺应民意，慷慨解囊，在旧址上又重新建起大庙，一时盛况空前。纵观史上孙子庙的数毁数建，毁，基本是在战乱，民不聊生之时。修与建，则皆是国泰民安之盛世。而屡毁屡建，便是人们心中对孙膑精神的敬仰未泯。

---

① 赵忠亮，龙池镇瓦东村人。中华诗词学会会员、山东省诗词学会会员、潍坊市诗词学会理事、潍坊书画家联谊会会员、昌邑市作家协会会员、昌邑市文山诗书社副社长兼秘书长。该文发表于《潍坊旅游》2017 年第三期。

孙子庙坐落在龙池镇瓦城三村的交汇处，最初是何时何人所建，已无从考据，建立的原因也有诸多版本，就是神话传说也有无数。已能信服的是唐太宗贞观十年，李世民封其第十子李慎为纪王，封地广及寿光寒亭和昌邑，王宫则建在昌邑境内即现在龙池镇的泊子村一带。因纪王非常尊崇孙膑，便在据白沙县址南十里的瓦城，初建孙膑庙以供奉。到宋太宗淳化二年孙膑被追封为武清伯，庙宇已有相当大的规模，宋熙宁年间，又开始修建扩建。到了明朝天启年间，衡王朱佑楎封地青州，又多次助金扩修孙子庙，规模最为宏大。清末民初的孙子庙，庙基占地三十多亩，正殿、寝殿，配殿，山门等大小建筑三十多间。辛亥革命以后，民风开化，乡里兴办教育，将配殿改为学堂。1938 年为防止日寇在瓦城修建据点，村民将其拆除，“文化大革命”期间彻底拆毁。我是在 1977 年和 1978 年期间在此旧址上读初中的，记忆较为清晰，那时庙基仍然高大雄伟，大庙湾水域阔大，水也很深，有很大的芦苇荡，很多种水鸟栖息。站在学校的院墙里可以俯视村庄，可以望的很远。被誉为昌邑八大景观的古槐还发过芽，《昌邑县志》记载：孙膑庙在县西北瓦城村中，有古槐二株，老干盘错，枝叶俯垂，旋转百结，有龙蟠云绕之态，世传孙子擒龙晒袍处，谓之奇槐。“文化大革命”时破四旧已连根刨除，但余根犹能发芽，叹其真奇也，然而未能及时保护，其憾无补。我童年时的记忆虽然模糊，但对庙上拆下的擂鼓石，石碑等建筑物还是有些印象的，瓦东村与瓦北村交界的石桥，都是由他们垒成，孙膑头枕的海眼，也成了一家院墙的基石，几经风雨侵蚀和人事损毁，早无影踪。现在想想，空有恨意，可又不知将恨寄于何处。

对孙膑精神的一种崇仰，也是生活在底层的这些弱势群体的一种精神寄托。说是南乡有一妇人，无儿无女，丈夫又早年离世，生活异常艰辛，身边无人，娘家的侄子也都隔着甚远且都老实巴交，难以指望。真是屋漏偏遭连阴雨，有村霸常去欺凌，并抢夺财产，该妇人却上告无门，冤情悲情皆无处投诉，无奈之下来到瓦城大庙孙膑神像前泣告，并立誓如能为其申冤，还其公道，一定会倾其家财为其重塑金身。事情偏能应验，此碑详细记录了此事，也找到了立此碑的后人，得到了确认。事情可能遇巧，但说明了每个时代都需要正能量，都需要孙膑精神，需要除恶扬善，需要一个公道合理的清平世界。

在瓦城大庙对孙膑崇拜的影响下，邻近的不少村庄纷纷兴建了孙膑行宫。原昌邑二区东永安村西有孙老爷庙，兴修于晚清光绪年间。邻近的渔尔埠村也建有孙子庙。2017 年正月十四日，瓦城大庙已恢复了扎大牛、摸大牛、烧大牛的习俗，而进旨、演旨的习俗正在恢复之中，并已申报非物质文化遗产。通过这种民俗活动，意在让人们知道正义永远存在，而邪恶势必铲除。古朴的民风回来了，孙膑精神回来了，龙池这个古老的乡镇，相信也会借助古老的民俗文化，与古村落保护一起，形成一条绿色的旅游观光带，让人们熟知和继承老一辈的优良传统并发扬光大。龙池一定会更加繁荣，人民也会快乐的享有这种盛世景象。

著作

龙池历代著作一览表

表 4

朝代 / 时间	作者	作者村籍	作品名称
清末	姜秉琛	马渠村	《管窥集》
清末	陈延恺	东白塔村	《伤寒浅释》
民国	陈干	东白塔村	《倥偬集》
民国	陈干	东白塔村	《欧战拾遗》
民国	陈干	东白塔村	《旅大问题汇纂》
民国	陈干	东白塔村	《鲁案》
民国	陈干	东白塔村	《威案》
民国	陈干	东白塔村	《青岛案》
民国	陈干	东白塔村	《陈氏家乘》一卷
民国	陈干	东白塔村	《庭语》
民国	陈干	东白塔村	《家庭琐言》
民国	陈干	东白塔村	《经国文抄》
民国	陈干	东白塔村	《六经碎语》
1954 年	齐明三	齐西村	《解剖学》
2011 年	龙池镇		《龙池年俗》
2017 年	赵忠亮	瓦东村	《浪中行吟集》
2018 年	赵忠亮	瓦东村	《浪中行吟续集》

掌故传说

“龙池”的传说

龙池村名因“龙池”而得名。村中有一湾池，名曰“龙池”，其来历引自民间故事传说。一年这里出了一个旱魃兴妖作怪，导致旱灾严重，民不聊生。据说他喝干河湾里的水后，就喝云里的水。此事传到北海龙王敖顺那里，龙王勃然大怒，当即就要出海收了这个孽障。龙王娘娘赶紧上前劝阻：“老爷龙体欠安，旧伤复发，需要卧榻静养。妾身去收拾了它也罢，何用老爷出海。”但龙王担心其身怀六甲，恐出意外，没有答应。但娘娘已走出龙宫，窜出海面，驾云奔南而去。此时将近午夜时分，旱魃多日未饮水，正站在高处四下张望，寻觅云朵。他远远看见一片云自北方飘来，顿时心花怒放，急忙扬手拦收。哪知是龙王娘娘驾云而来，一道闪电撕裂夜空，一声霹雷地动山摇。旱魃一看大事不好，便嗖地一声闪身逃跑。旱魃想：这样躲逃摆脱不了龙王娘娘的追杀，必须寻个脱身之策。忽然想到，龙王娘娘不杀人，要是跑到有人的地方，她就无法下手了。于是奔向正南方向一村庄逃去。龙王娘娘识破旱魃的诡计，便使出铁壁遮罩的灵术，将宅院遮起来，使旱魃不能进门入户，与此同时保护各户不受雷电轰击。旱魃逃进村庄，进不了村民家中，只能在街巷里乱窜。村子北部有座关帝庙，内有旱魃的克星关老爷神像，旱魃不敢到村子北部，只好在村子最南边的东西大道上来回逃窜。龙王娘娘与旱魃多次过招，胜负难分。龙王娘娘便使出杀手锏，对准旱魃射出颌下的骊珠，霎时间，旱魃粉身碎骨，消失在一缕黑烟之中。龙王娘娘收回骊珠，突感腹内剧痛难耐，自知方才恶战动了胎气，即将分娩。但她此时已经疲累至极，疼痛不已，不能腾空驾云，便想沿村西河道顺水北下归海，岂料离河仅有 10 丈远时开始分娩。龙王娘娘就地一滚，地面出现一方池穴，在池中生下一雄一雌双胞胎。恢复体力后，携双儿腾空驾云而去。

第二天一早，村人被喜雨惊醒，街道上出现两条南北向的深沟和两个深洞，村西部有一方水池。有通晓典籍的人惊呼，真龙在此显现过，难怪昨夜雷电交加、大雨倾盆。后来，人们在这两个深洞基础上砌两眼水井，井水清澈甘甜，世世代代为后人饮用。而那个水池，被称为龙生池或生龙池，以后简称“龙池”。

寨子城传说

鄑邑故城遗址，村民俗称“寨子城”，其上瓦砾甚多。据老人说，“寨子城”会定期出现，有缘人可见。

据传，很久以前的一天，东利渔村一位村民牵驴外出贩盐后返回村庄，走到“寨子城”附近时已是深夜，眼前突现一座灯火通明、楼瓦亭台的城，里面人来人往，夜市繁荣。这位村民好奇心大起，牵驴入城，去逛夜市。因牵驴不方便，打算找一处地方拴驴。先找到几根金灿灿的柱子，打算拴上去，结果有人阻止；又找到几棵银晃晃的大树，也不让拴；后打算拴到富户院墙边的拴马桩上，也被阻拦。无奈之下，发现道旁有一堆破铁锅，便把驴拴在那里，去逛夜市。夜市上，男女衣着华丽，物品琳琅满目。这位村民逛了很久，觉得累后便在路边一堆草上坐下来休息，不久沉沉睡去。

醒来之时，天大亮，村民发现自己睡在“寨子城”附近的荒野之中，昨夜逛的城已经没有踪影，才明白是“寨子城”重现。之后他赶紧去找自己的驴，发现就拴在不远处一堆破铁锅上。回村后向邻居讲起此事，邻居都说他无发财之命，并告诉他，昨夜城中金灿灿的柱子是纯金，银晃晃的大树是纯银，如果他当时硬要把驴拴在柱子或者树上，留下的就是金银；如果拴到富户院墙边的拴马桩上，就会留下一座宅子。此前已经发生过类似事情。这位村民后悔不已。

温、陈两姓大拜年

不同姓氏之间相互拜年，在全国并不多见。但东、西白塔两村的温、陈两姓人家，至今延续着这样的习俗。东、西白塔两村原是一个村子，村里住的全是陈姓。村中一个陈姓大户，土地连片，骡马成群，高门大院，殷实富足。有一年，县官命陈家出一人当兵戍边，陈家犯难：儿子尚小，身体孱弱，如何受得了军旅之苦？在万分焦急时，家里的一位长工站出来，说要去戍边。老员外一看，这位长工姓温，是外地人，身强力壮，二十多岁尚未娶亲，常年在陈家干活。看到老东家为出丁从军的事情愁眉不展、忧虑万分，便自告奋勇提出代替少东家从军。老员外大喜过望，当即许诺：从军回来，分

温、陈两姓大拜年（2019 年） 龙池镇党政办公室 提供

与土地，建造砖瓦庭院，并把女儿许给他。转眼几年过去了，长工从军期满。这一年大年夜，陈家发完马子（灶王爷骑的马），准备一起守岁吃年夜饭。温姓长工回到家，正要敲门，心里闪现出老东家许诺的情景。心想："当初老东家许诺赠房送地嫁女，或许是我救了他的一时之急，才对我说的安慰之词。现在时过境迁，未必兑现。倘若如此，我闯进去岂不难堪？不如先摸摸动静再说。"于是他轻轻地来到后院，侧耳细听屋里人的谈话。少东家说："自从他走后，每年的这顿饭都给他留着一个座位，放一双筷子。哎，今年又没吃上这顿团圆饭。"接着又传来老东家的声音："盼他早回来，把他们的婚事给办了。"还听到老东家女儿的哭泣声……听到这里，长工感动不已，跑到前院，敲门而入。老东家一家喜出望外，并将他拥入席间共吃年夜饭。年后，老东家赠给长工百亩良田，在村西给他盖了一座砖瓦房舍，择日为他与女儿完婚。经世代繁衍，温姓人口越来越多，形成了现在的西白塔村。

长久以来，温、陈两姓族人和睦相处，形同一家。当地有"温是温，陈是陈，温陈二户一家人"之说。直到现在，每年大年初一早晨，温、陈两姓族人分别到村东、村西集合，在双方族长的率领下，高举姓氏旗幡，敲锣打鼓，吹奏喇叭，燃放鞭炮。过去还要舞狮子，踩高跷，沿着东西大街向村中相对走来。队伍浩浩荡荡，鼓乐齐鸣，鞭炮震天，人声鼎沸。及至村中央两队碰面，双方首领拱手作揖互道："过年好"，两队山呼海啸般同时高喊"过年好"，纷纷上前握手祝贺。因为当年温姓长工回到老东家时，已经过了发马子的时间，作为天神的"马子"已被烧掉了，所以形成了西白塔村温姓人家的一个特殊习惯，过年不发马子。至今仍是如此。

龙池的"干花"

龙池民间农历正月十五燃放烟花有着很长的历史，曾盛极一时。以前，龙池村一魏姓人家制作的一种名叫"干花"的烟花，神奇无比，美妙绝伦。燃放时，烟花不仅在高空中绽放，五彩缤纷，停留多时，而且幻化为各种花卉树木、飞禽走兽、人物形象。两叟对弈形象能做出你争我夺抢棋子的动作，犬吠、鸡鸣、虎啸、马腾、雁飞、鱼跃等更是活灵活现，栩栩如生。传说，清乾隆四十一年（1776），乾隆帝第四次东巡山东。在谒岱庙、奠先师等活动的间隙，悄悄私巡。起因是此前曾听家乡是山东的刘墉说，山东昌邑有一种烟花异常神奇，不目睹难以置信。后因刘墉被免，便未召烟花进京表演。清朝是烟花的鼎盛时期，康乾盛世又被称为烟花盛世。乾隆是个烟花迷，到山东后，便想借此机会亲自验证一番。于是决定以私访的形式走一趟昌邑。他日夜兼程，抄近路，循幽经，哪知闯到了昌邑北部的盐碱荒洼里。天渐黑，北望荒滩旷野无人家，乾隆便和随从纵马直奔正南边的村庄。敲开一户农家院门，说主仆二人经商，自京城远道而来，腹中饥渴，请弄些酒饭。言谈间，乾隆说传闻昌邑有神奇的烟花，特来看样订货，恰巧这户人家就制作烟花。乾隆迫不及待地要主人当场燃放几个看看，并保证看中了会多订货，任由对方出价。这户人家本不富裕，全家就靠这项技艺生活，平时制作烟花，过年时在庄里燃放，村人凑些粮米柴草，富户给钱，供其度日。主人一听有人高价收买，自然喜出望外，马上叫儿子从屋内取出几枚，在院中燃放。乾隆举杯问道："你的烟花叫何名堂？"主人说："还没有名字，客官来自京城，定然见多识广，不妨给起个名堂。"乾隆正待说"干杯"，"干"字刚出口，酒杯未到唇边之时，一枚烟花在夜空中轰然炸开，壮观奇景令他不由得挥手指向五彩斑斓的天空，改口大呼出一个"花"字，酒杯也甩落到地上。事后，主人得知到访者是当朝天子乾隆皇帝，惊悸而又兴奋，便把自己的烟花叫作"干花"，并炫耀为御赐钦定。龙池"干花"确有其事，在当地曾经红极一时。

单臂举车轮

齐西村武进士齐恩铭家有位雇工，绰号大雷，躯干修伟，臂力过人，素有力士之称。有一次，他在场园里整理车轮，将轮内的铁箭刷洗装好后，对围观的人说："你们看我单臂能把它举起来。"众人认为：轮子有三百余斤，单臂怎能举起？说时迟，那时快，只见他两腿叉开，把腰一弓，右手抓住车轮的中心，喝一声"起"，车轮便被轻轻举过顶梁。在场围观者，无不咋舌。

这件事被齐恩铭知道后，欲试其能，对他说道："大雷，咱拉一活（农村中较力的一种方法）吧？"起初他表示不敢，经多人劝，才首肯下来。好事者拿来一根扁担，两人坐好后，相互对拉起来，僵持了十几分钟，大雷猛一用劲，获得胜利，齐恩铭涨红着脸说："大雷，稍等一时，咱们再见高低。"便怒冲冲地走了。众人见齐恩铭恼羞成怒，都替大雷捏一把冷汗。有人警告他说："你这人心眼太死啦！怎好当着大众面前，给'进士'老爷下不了台，你难道不愿吃他家这碗饭了？"他本人也深感后悔，央求人们为他想法解脱。有人为他献策说："再次进行较量时，你装作敌他不过，就此收场算了。"齐恩铭回到演武厅前，练了会功夫，再次比赛时，很轻易地获得了"胜利"。

书画雕塑

龙池是人杰地灵、文化荟萃之地，书法、绘画传承日久，很多庙宇、楼阁、功德碑等都留下过古人的墨迹。清道光年间（1821—1850）姚徐邓村的候选同知徐培琪、清嘉庆年间（1796—1820）的瓦西村秀才王永幹、清光绪年间（1875—1908）的名士齐振忠等都留下过碑文墨迹。瓦城孙子庙遏云楼牌匾，由光绪年间瓦东村秀才王明登书写，他的书法被誉为"字能立起"，惜未能留下墨迹。中华人民共和国成立后，书法、绘画一直受到重视，成为文人的标签，出现过很多书法大家。魏照坤，龙北村人，山东省书法家协会会员，山东师范大学书法篆刻研究会副会长兼秘书长，师承舒同，时有"舒同第二”之称。2019 年，龙池有县级书法协会会员 16 人，其中地市级 4 人，省级 2 人。

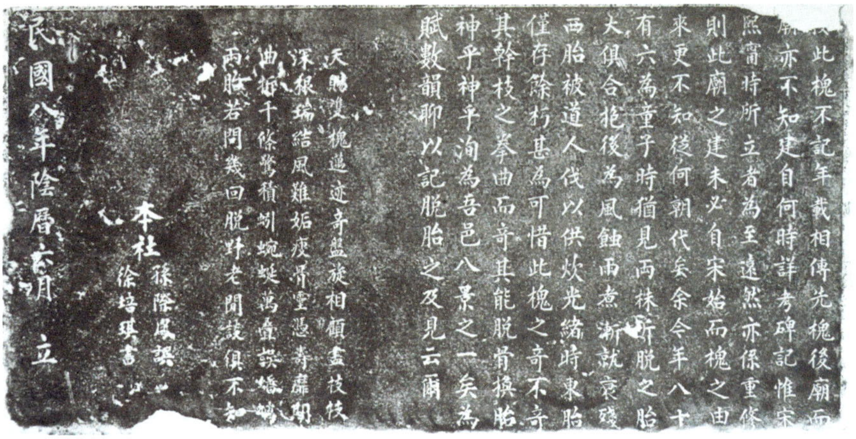

奇槐赞（1919 年）　徐培琪

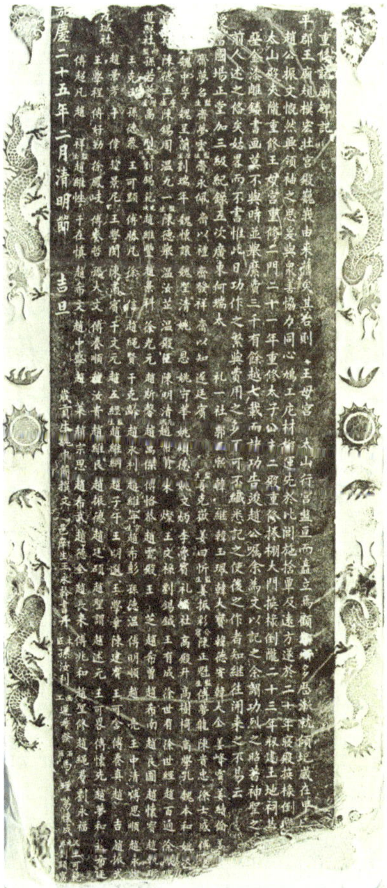

重修诸庙碑记（1820 年）　王永榦

重修孙子庙记（1886 年）　齐振忠

云鹤游天（2020 年）　　姚鹏章

墨舞（2000 年）　　魏照坤

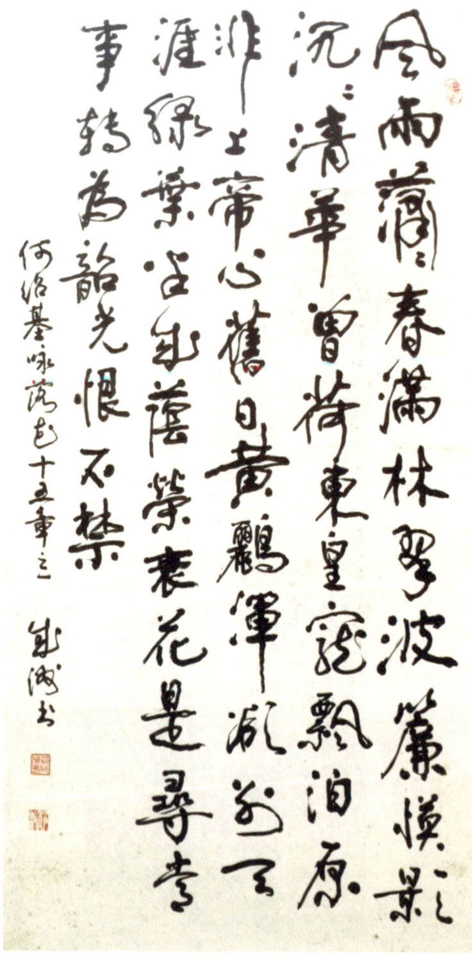

何绍基咏落花诗（2019 年）　　郝成洲

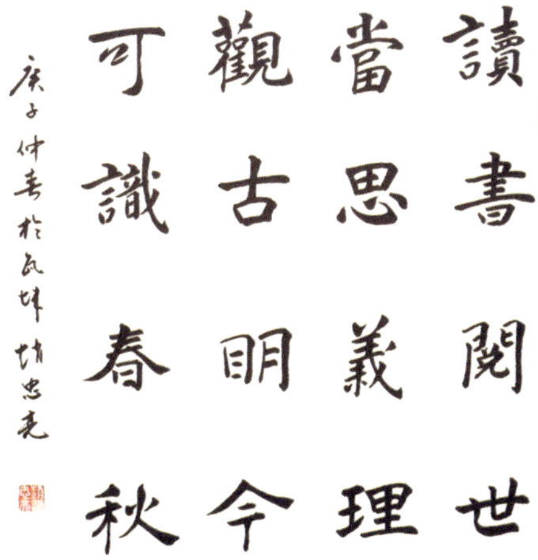

古贤句（2020 年）　赵忠亮

春意（2019 年）　魏焕才

五百罗汉（2016 年）　陈修林　摄

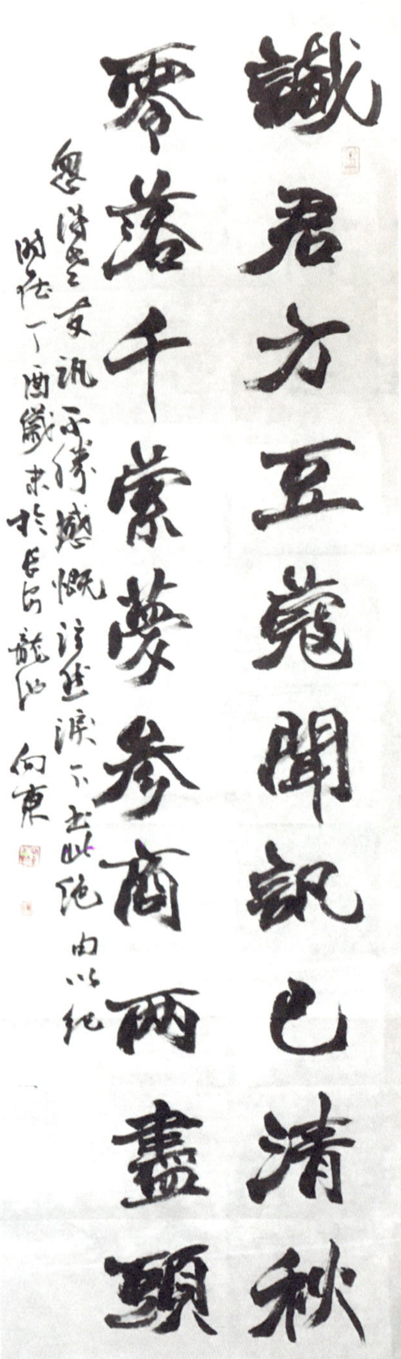

纪晓岚诗（2017年） 魏庆

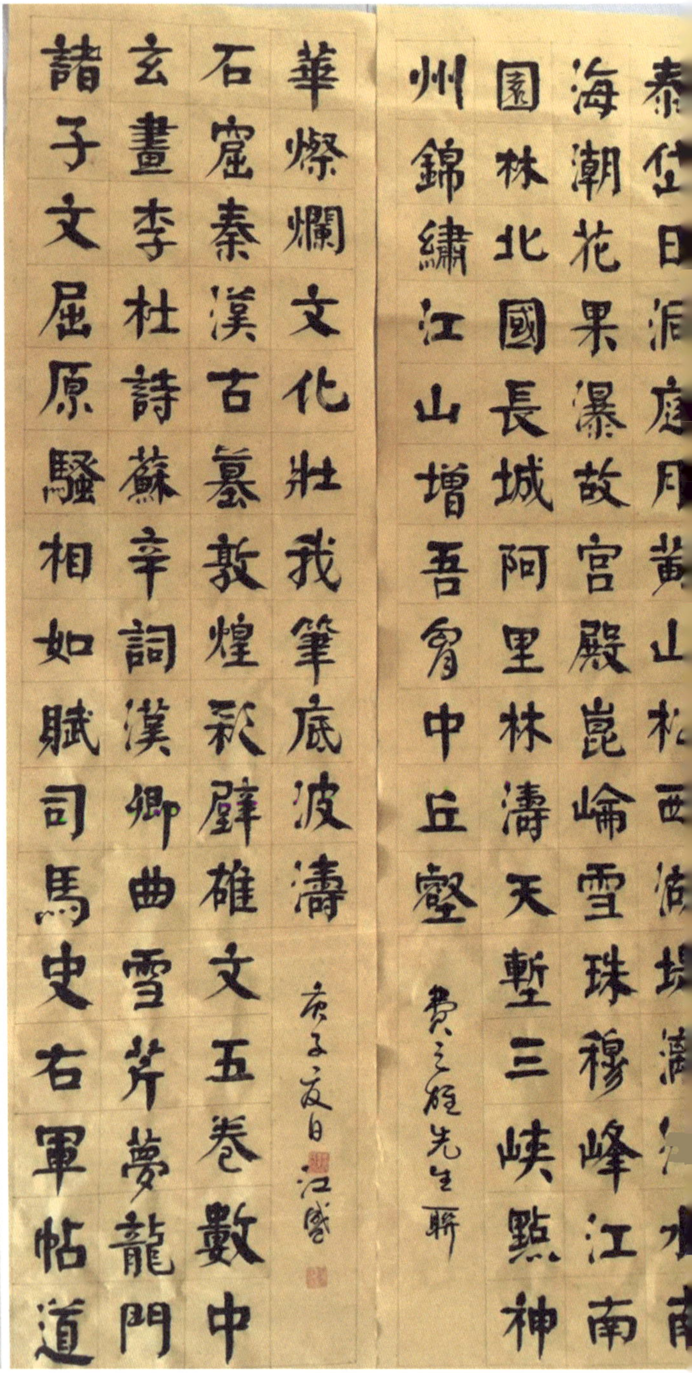

费之雄联（2020年） 魏江盛

钟馗（2014 年）　陈乐云

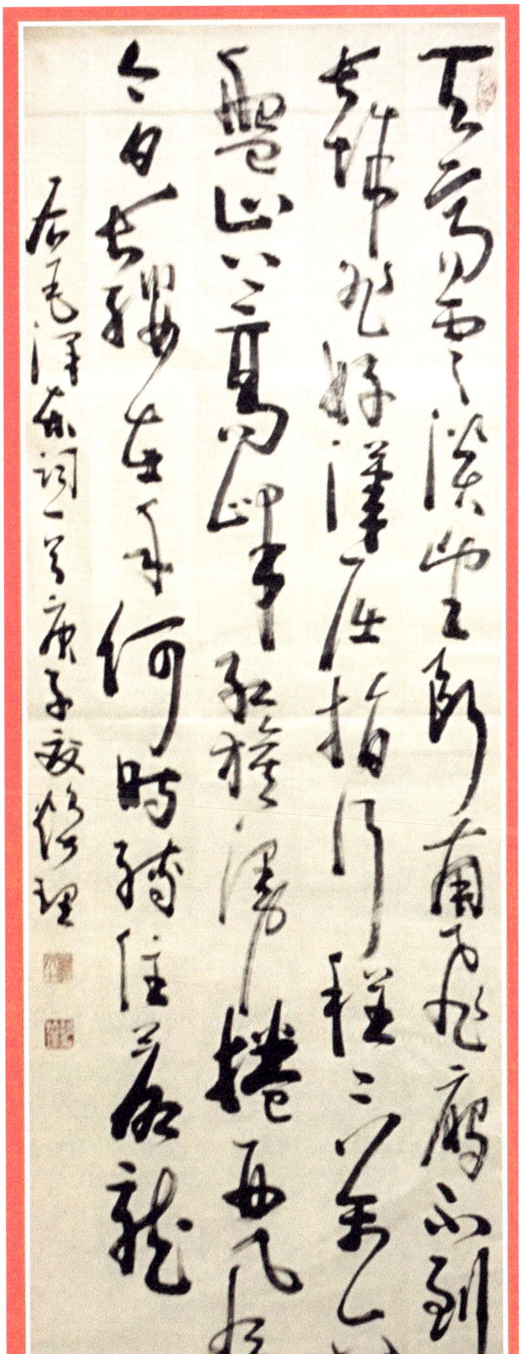

毛泽东词《清平乐》（2018 年）　赵焕礼

歌曲

2019年5月25日，马永安作词、王志新作曲的龙池镇镇歌《家乡龙池》，在昌邑市第四届乡村旅游节暨第四届龙乡文化节开幕式上首次唱响。马永安，潍坊医学院公共课教学部人文艺术教育中心主任，著名作家，策划人、撰稿人。王志新，资深音乐人、导演、策划人。

家乡龙池

作词：马永安
作曲：王志新
整理：曲宝童

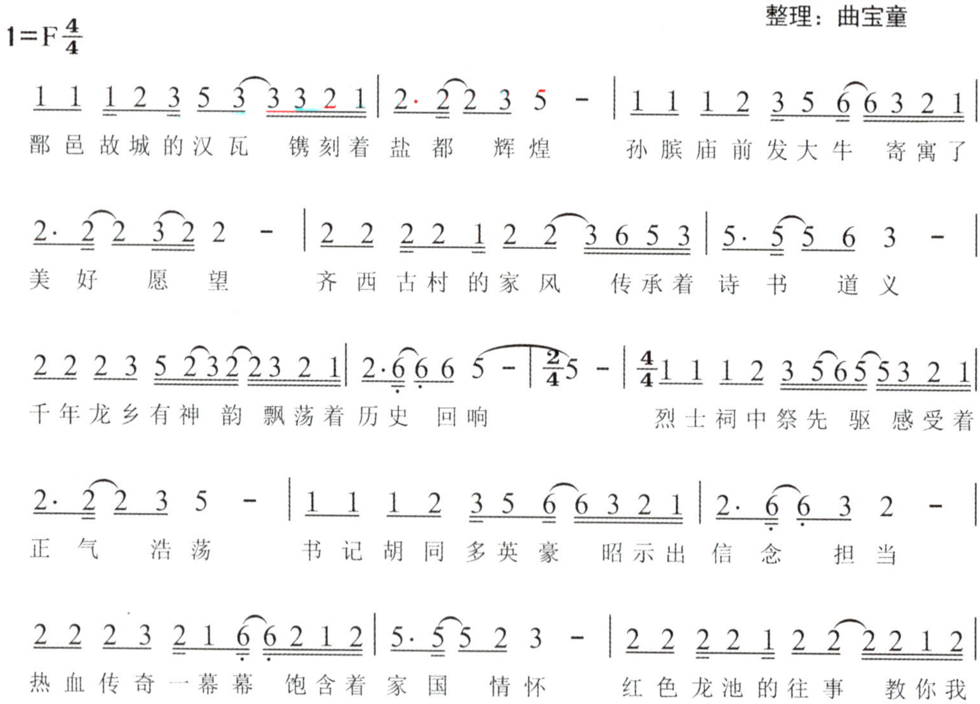

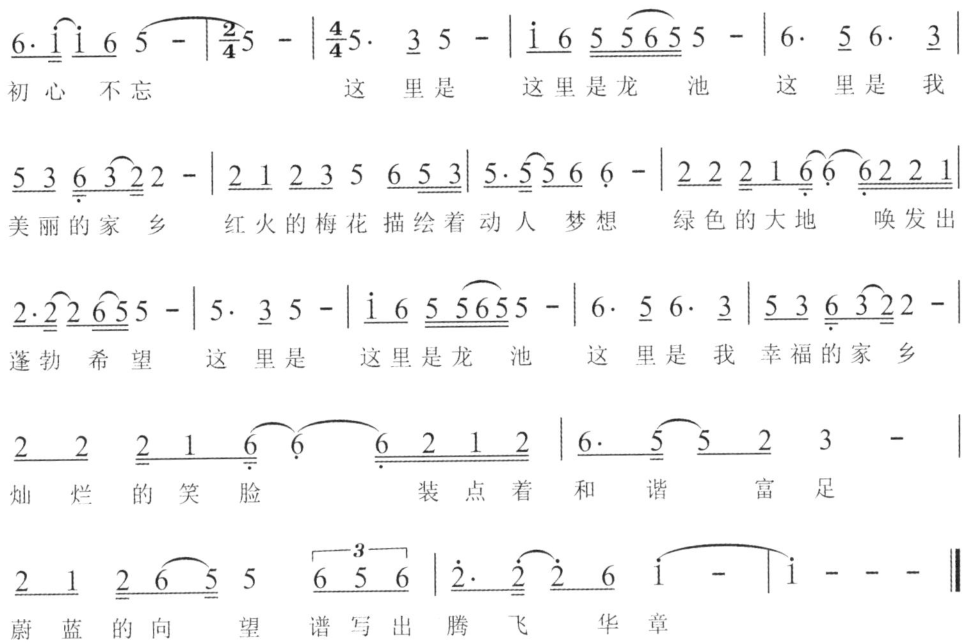

快乐的水手

作词：赵忠亮 张甲辰
作曲：曲宝童

1=D $\frac{4}{4}$
热情 轻快 诙谐

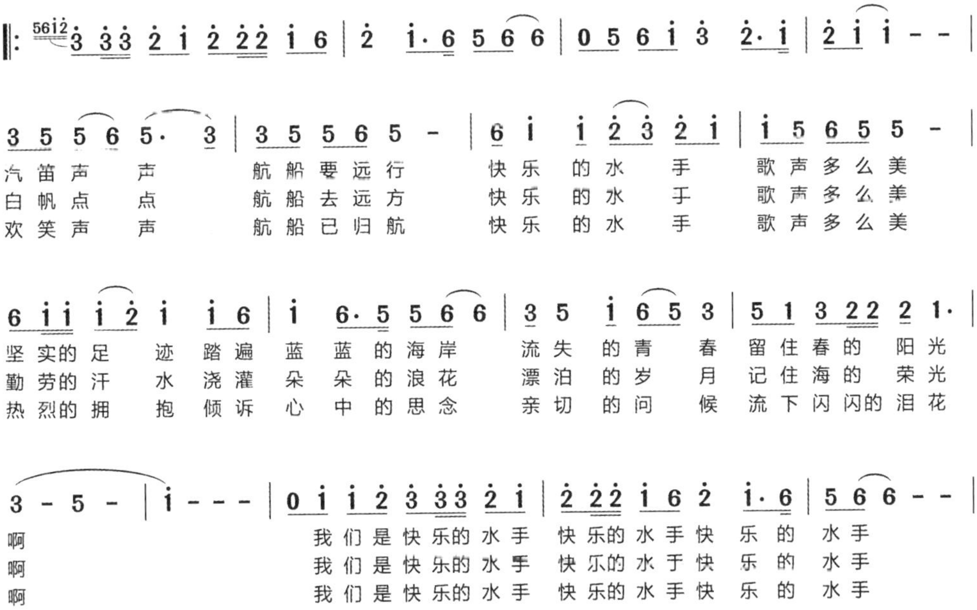

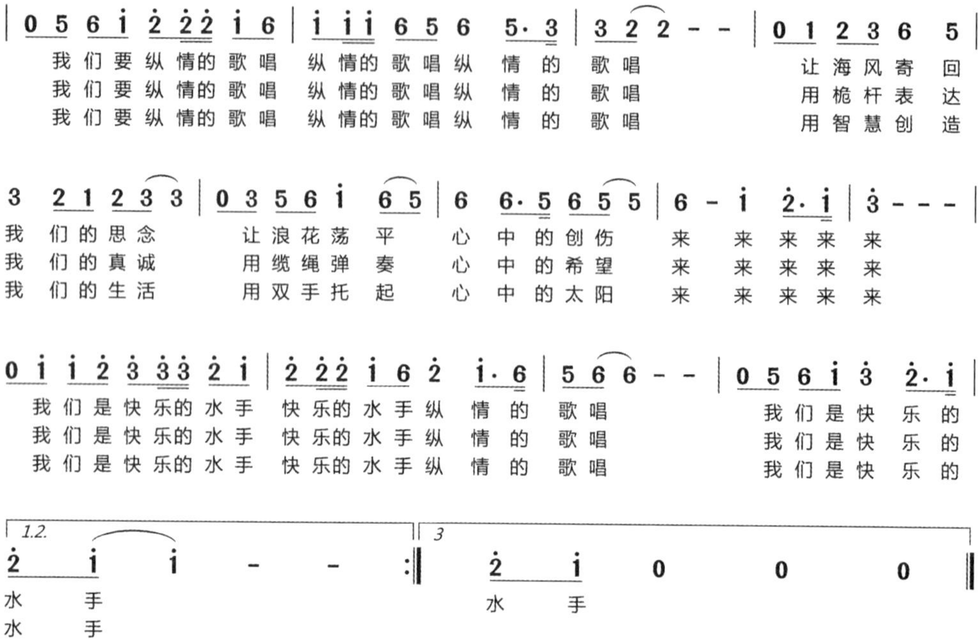
我们要纵情的歌唱 纵情的歌唱纵 情 的 歌唱 让海风寄 回
我们要纵情的歌唱 纵情的歌唱纵 情 的 歌唱 用桅杆表 达
我们要纵情的歌唱 纵情的歌唱纵 情 的 歌唱 用智慧创 造
我们的思念 让浪花荡 平 心 中 的创伤 来 来 来 来 来
我们的真诚 用缆绳弹 奏 心 中 的希望 来 来 来 来 来
我们的生活 用双手托 起 心 中 的太阳 来 来 来 来 来
我们是快乐的水手 快乐的水手纵 情 的 歌唱 我们是快 乐 的
我们是快乐的水手 快乐的水手纵 情 的 歌唱 我们是快 乐 的
我们是快乐的水手 快乐的水手纵 情 的 歌唱 我们是快 乐 的
1.2.
水 手
水 手
3
水 手

大事纪略

人民公社成立、抗击大海潮、治碱种稻，反映出解放以后龙池人民建设社会主义的热情和力量。实行家庭联产承包责任制，设立龙池工业园，国家级生态镇建设等，反映出新时代建设美丽乡村的风貌。获山东省民间文化艺术之乡称号，龙池抗日战争纪念馆和渤海走廊革命斗争陈列馆开馆等，更是反映出龙池人民不忘历史、继承优秀传统和红色基因的精神追求。龙池海洋化工产业园被认定为第二批省级海洋特色产业园区，是龙池工业规模化、生态化、绿色化发展的集中体现。

周庄王四年（前 693）齐师灭纪国郚邑置都昌城

据清乾隆《昌邑县志》载，周初，龙池属纪国郚邑。周庄王四年（前 693），齐师迁纪郚，归属齐国，置都昌，为齐七十二城之一。这里说的郚邑故城，位于龙池镇瓦城村北、东利渔村东南。

春秋时期龙池盐业生产开始规模化

据 1992 年《山东省盐业志》记载：周庄王十一年（前 686），管仲拜相，辅佐齐桓公强国富民。他首创“官山府海之策”“筏薪煮盐，计口授食”，以盐与邻国交易，遂致富强。齐桓公因此成为“春秋第一霸”。龙池一带盐业规模化生产至此开始，已有 2600 多年的历史。

清康熙五十六年（1717）瓦城设集市

据 1990 年出土的清雍正十二年（1734）残碑碑记：据昌城北三十里的瓦城，清康熙五十六年（1717）年前，民众平日所需之渔盐布缕，每有远涉之劳，于是乡社共议，在孙子庙旁街起市，每逢农历二、七日交易，自此集市日盛至今。

清乾隆十九年（1754）在龙池瓦城设富国场

据 1992 年《山东省盐业志》记载：清乾隆十九年（1754），瓦城村北建富国场，为官办十二盐场之一。富国场公署设在瓦城，朝廷派驻大使李昱。上属山东盐运司滨乐分司，下辖利渔、榆英、黄埠三社滩，共有滩地 11845 市亩，灶地 1459.95 市亩。

清乾隆四十四年（1779）重修防潮海堤

据清光绪《昌邑县志》载，瓦城社北二十里有一古堤，相传建于东周末年，为沿海一带防海潮。清乾隆三十五年（1770）大海潮，邑人王永枚、王允升呈请上宪修复。乾隆四十四年（1779），山东巡抚国泰奏请恩准，拨专款并令附近州县一同，在古堤南修防潮大堤一道，东西长六里，呼为大小重厓。乾隆六十年（1795），瓦城王始文倡修护庄小堤，故堤遂弃用。清道光、咸丰、光绪间（1821—1908），瓦城赵钦、赵梦全、孙际可等多次重修护庄堤。清嘉庆十年（1805）大海潮，海堤以南三十余里农田没于海水中，三年后仍可耕种。

清光绪二十三年（1897）重修瓦城孙子庙

据清光绪《昌邑县志》载，光绪二十三年（1897），瓦城名士赵含琳、孙际可等倡修孙子庙，使得庙宇规模扩大，面貌焕然一新。

清朝时龙池制盐工艺提高

据1992年《山东省盐业志》载：清朝初年，盐民采用“日晒盐”的新工艺，从而使盐产量迅速增长。至清乾隆十九年（1754），龙池制盐有煎有晒，产量大增。这一时期，开始挖井晒盐。由于龙池当地卤水水质好，钠、镁比值高，土质中含锰离子较多，加之制作工艺先进，所产原盐以纯度高、晶体规则、清明透亮、质地坚硬、咸味浓厚而闻名。

1939年风暴潮

1939年8月30日（农历七月十六日）晚，狂风暴雨从西北而来，一夜未停，损坏树木、房屋无数。次日大海潮，潮水侵入内陆35千米，农田淹没，庄稼绝产。龙池王家庄子一带灾情甚重，农田、房屋被淹，村中被迫“闯关东”的有82户，很多人家卖儿卖女。

1958年龙池人民公社成立

1951年，先由部分贫农、下中农成立互助组，每村只有一个或两个组，每组10户左右，全区共有十几个组，实行记工算账。1952年年底，马渠区有279个组，参加户数占总户数的85%以上。1953年春，在南白塔试点成立半社会主义性质的农业生产合作社，温朝太任社长。参加农业合作社的有18户，实行土地入股，三七分红（土地三成，劳力包括畜力、农具等七成），统一经营。由点到面，全面开花，逐渐形成办社高潮。1953年上半年由279个互助组合并成98个农业生产合作社。1954年，农业社由于发展太快，缺乏管理经验，出现混乱现象，合作化暂停整顿。1955年11月30日，毛泽东发表关于农业合作化的报告，掀起农村社会主义建设高潮。1956年2月，在南白塔办起第一个高级农业生产合作社，统一经营，按劳分配，取消土地分红。8月，全区由98个初级社合并成23个高级社。1958年9月15日，龙池人民公社宣告成立。全社总计有5937户，入社5881户，占全社总户数的99.1%；单干户50户，占总户数的0.9%。全社总人口22920人，入社22776人，占总人口的99.3%；单干户144人，占全社总人口的0.7%。

1964 年大海潮

1964 年 4 月 5 日，发生在渤海的温带风暴潮，使海水涌入陆地 20 ～ 30 千米，造成 1949 年以来渤海沿岸最严重的风暴潮灾。黄河入海口受潮水顶托，浸溢为患，加重了灾情。莱州湾地区及黄河口一带人民生命财产损失惨重，龙池处在莱州湾南岸，遭受损失最重。4 月 6 日大海潮，水位高达 4 米。东利渔村、王家庄子村一片汪洋，王家庄子 1900 亩小麦被淹，潮水 3 日始退。党和政府派飞机到东利渔村空投食物和衣被，群众未受饥寒。1969 年 4 月 23 日，温带风暴潮使无棣至昌邑、莱州的沿海一带海水内侵达 30 ～ 40 千米。龙池盐田、农田和房屋遭受损失严重，达 200 万元。

1964 年治碱种稻

1964 年 4 月，龙池北部村庄遭遇特大海潮，潮水入侵内地 10 余千米，房屋受损，庄稼被淹，给人民生活造成极大困难。中共龙池社委组织沿海人民同海潮搏斗，引水压碱，种植水稻。王家庄子生产大队捷足先登，种植水稻 1500 亩，获得成功，亩产稻谷 100 千克，总产量达 30 多万千克。1965 年，全社水稻种植面积扩大到 1.13 万亩，亩产量 131 千克，把“春天白茫茫，夏天水汪汪，只长黄蓿不打粮”的盐碱地，改造成鱼米之乡。此后，水稻种植面积逐渐增加。1976 年，水稻种植面积 2.64 万亩，亩产 208 千克，总产达 549.1 万千克。1978 年以后，因水源不足，水稻面积逐年减少。

1976 年龙池获昌潍地区“棉槐社”称号

1965 年，龙池社委根据县委、县人委大力发展棉槐生产的部署，在沙岭子大队试点，沿沟渠、道路种植棉槐 7 万余墩。1966 年，在全社推广，得到各大队积极响应。至 1976 年，全社种植棉槐 540 多万墩，总收入达 181 万元，被昌潍地委、行署授予“棉槐社”称号。

1982 年实行家庭联产承包责任制

1981 年，昌邑遭遇百年不遇的旱灾。12 月 20 日，全县农村工作会议召开，主要议题是学习“大章北经验”，推广以大包干为主要形式的家庭联产承包责任制。随后，家庭联产承包责任制全面推开。1982 年年底，龙池全部实行联产计酬责任制，农民积极性空前高涨，纷纷购机械、学科技。是年底，农业机械总动力达 16489 马力，实现耕种、收割、浇灌、排水机械化。1982 年大旱之年，粮食总产比上年增长 43%，农业总收入增长 32.6%，均创历史最高水平。

2005年设立龙池工业园

2005年，龙池工业园批准设立，总规划面积120平方千米，“十二五”期间规划面积15平方千米。发展定位为“以盐及盐化工为支撑，重点发展精细加工及其延伸产业，加快建设高科技、生态型、循环式的高端化工园区”。2009年，龙池工业园完成基础设施投入1亿元，配套面积2.6平方千米。园区建成道路“两纵两横”5.2千米，日可供电1.6万伏安，供水1.2万立方米，供气1000吨，处理污水1万吨。共落户海能化学、华腾印染等18家企业，总投资60多亿元。其中，建成投产项目13个，在建项目5个。2011年，龙池工业园企业实现主营业务收入16.4亿元，利税1.5亿元。

2013年龙池镇被授予“山东省民间文化艺术之乡”称号

龙池镇采取“政府主导、市场运作、社会参与、项目带动”模式，融历史典故、龙池剪纸等非物质文化遗产于一体，全力打响“文化龙池”品牌。投资600余万元，兴建总面积3200平方米、上下三层的高标准公共文化服务中心，图书馆拥有藏书4000余种、2.2万余册，报刊86种、1万余份，阅读座席82个，实行免费办证、免费阅览、免费饮水、免费寄存、免费WiFi、免费观影“六免费”服务。积极申报龙池剪纸为省级非物质文化遗产，编撰《龙池年俗》。大力推介水文化、盐文化、名人文化、古迹文化、红色文化、非遗文化，打响龙池文化品牌。2013 年 3 月，龙池镇被授予“山东省民间文化艺术之乡”荣誉称号。有“王锡芝剪纸”和“赵怀志传统制盐”2 项潍坊市非物质文化遗产项目。

2014 年龙池镇获“国家级生态镇”称号

龙池镇大力实施“生态立镇”战略，强化生态屏障功能，逐步培育与生态文明相适应的产业体系，把生态文明理念融入经济社会发展的各个层面。全面加快以林网为代表的生态林业建设。克服土地盐碱、淡水资源缺乏等困难，建设农田林网 500 多千米，林网化程度达 97%。全省平原绿化暨绿色通道建设现场会议和全省林业有害生物防控工作会议在龙池镇召开，“龙池林网”成为国内林业系统叫得响的品牌。突出打造“水”生态文化特色。充分发挥镇域湾塘多、内河多的优势，通过开掘沟渠、修建管涵、沿河绿化等方式，大力开展镇域内河串联工程，涵养水源，改善生态环境。大力提升农村环境卫生水平。对违建建筑和“三大堆”（柴堆、粪堆、土堆）进行集中彻底清理，做到镇不漏村，村不漏街，街不漏巷，巷不漏户。全镇共清理 6510 户的 2.3 万余个“三大堆”，拆除 1906 户的 2630 处违建建筑。同时，逐村制定完善村规民约，将农村环境综合整治情况与村民的福利待遇相挂钩，建立长效机制，巩固整治成果。严格生态保护刚性约束。坚持把节能环保、集约利用土地、生态建设贯穿于工业经济发展的全过程，严格落实刚性目标和措施，坚决杜绝“三高一低”项目落地，不断提高工业经济发展的质量和效益。2014 年 10 月，环境保护部发布公告，龙池镇达到国家生态建设示范区之“国家级生态乡镇”考核指标要求，决定授予“国家级生态镇”称号。

2015 年龙池抗日战争纪念馆开馆

2015 年 9 月，龙池抗日战争纪念馆开馆，为国内首家乡镇级抗日战争纪念馆。纪念馆坐落于昌邑抗日殉国烈士祠内，全景式展示了龙池人民在抗日战争中的艰难历程和突出表现，分为“红色龙池，革命热土”“日寇入侵，罪恶累累”“生死与共，浴血奋战”“彪炳千秋，永载史册”4 个部分，图文并茂，配以实物，与烈士祠相得益彰。2015 年 12 月，被山东省委宣传部确定为“山东省爱国主义教育基地”。

2017 年第三届山东省文化创新成果推广应用活动观摩现场会在龙池召开

2017 年 6 月 28 日下午，第三届山东省文化创新成果推广应用活动观摩现场会在龙池召开，共有 100 人参加本次活动。与会人员首先参观齐西古村，听取龙池镇文化创新成果推广应用工作的汇报，并沿途观看龙池民间剪纸等 10 多个传统非遗文化项目展示，现场感受和了解龙池镇在复兴乡村文化、助力乡村振兴的创新经验做法。随后，参观龙池红色文化展览中心，全面了解龙池镇在发展文化旅游、传承红色基因、打造党员培训基地等方面的情况。

龙池镇入选“2018 中国乡村振兴先锋榜”

“2018 中国乡村振兴先锋榜”宣传推介活动，由农民日报社主办，旨在发现实施乡村振兴战略中涌现出的先进典型，总结经验，展现榜样力量，推动引领示范，带动乡村全面振兴。龙池镇以建馆修志为抓手，挖掘农村红色文化资源和乡村故事，以红色文化作为展陈主题，因村制宜、形式多样，全面推动乡村文化振兴。至 2018 年年底，全镇 27 个行政村共建成村史馆 4 处，18 个行政村基本完成村志编修。2019 年 2 月 24 日，由农民日报社举办的“宣传贯彻中央一号文件精神暨 2019 中国三农发展大会”在北京召开，会议揭晓“2018 中国乡村振兴先锋榜”，龙池镇“建馆修志”推进乡村文化振兴项目名列其中，成为乡村振兴十大榜样之一。

2019 年齐西村入选第七批中国历史文化名村

2019 年 2 月，国家文物局、住房和城乡建设部公布第七批中国历史文化名镇名村名单，龙池镇齐西村入选中国历史文化名村。中国历史文化名村是齐西村继中国传统村落后获得的又一国家级殊荣。除此以外，齐西村还入选山东省历史文化名村、山东省传统村落、山东省乡村记忆工程、山东省美丽宜居村庄、潍坊市乡村旅游示范村等。齐西村历史悠久，人杰地灵，文化璀璨。齐氏祖先自明初迁此定居，至今已有 600 年的历史。

齐氏曾是名门望族，晚清时期科甲蝉联，有“一门四进士”的美传；武进士齐恩铭官拜三品御前侍卫，被慈禧太后称为“山东大胖孩子”。村内现存的52处清末齐氏工商业者的老宅，布局集中，风格古雅，建筑精良，属省级文物保护单位。

2019年渤海走廊革命斗争陈列馆开馆

2019年6月29日，渤海走廊革命斗争陈列馆正式开馆。陈列馆是昌邑市渤海走廊党性教育基地主体展馆和潍坊市“使命·担当”党性教育基地的重要组成部分，占地面积6666平方米，展陈面积2650平方米。陈列馆包括展陈厅和报告厅两大部分，其中展陈厅部分共分艰难岁月、使命重托，坚强核心、中流砥柱，赴汤蹈火、浴血奋战，民众奋起、铜墙铁壁，背负期望、为国担当，初心永恒、礼赞英雄6个部分，运用800余幅图片、200余件文物、10余尊雕塑和场景还原以及大量的声、光、电等特效设备，生动再现潍坊三北地区党政军民保卫“渤海走廊”这条生命线的艰难岁月、烽火历程和牺牲奉献。陈列馆吸引不同地区的党政干部、社会群众和青少年前来参观教学，成为党性教育、爱国主义教育和社会主义核心价值观教育的生动课堂。

2019 年昌邑龙池海洋化工产业园被认定为第二批省级海洋特色产业园区

昌邑龙池海洋化工产业园始建于 2005 年 4 月，至 2019 年，共落户海能化学、三力本诺等 21 个项目，总投资 50 多亿元。2017 年，园区全面换挡升级，证照手续规范齐全，基础设施完善齐备，循环经济效果显著，安全环保保障到位，园区管理严格有序，实现主营业务收入 16.52 亿元，税收 2.2 亿元，达到全省化工园区一流水平。2018 年 5 月，在省化工产业园现场认定工作中，龙池化工产业园取得第五名的好成绩。为深入落实《山东海洋强省建设行动方案》，加快培育现代海洋优势产业集群，推动海洋新型产业集聚发展，扩容倍增，2019 年 12 月 24 日，山东省发展改革委、海洋局认定昌邑龙池海洋化工产业园为第二批省级海洋特色产业园区。

2019 年精准扶贫攻坚战

2019 年，龙池镇建档立卡享受政策贫困户共 111 户、187 人，不享受政策贫困户共 290 户、513 人，档外低保五保户 162 户。在做好精准识别贫困户、精准分析致贫原因、精准宣传帮扶政策、精准落实帮扶措施“四个精准”的基础上，建立扶贫领域干部包靠机制，对全镇 27 个村实行包村干部一对一包靠制度，全面开展脱贫攻坚“回头看”排查整改提升工程，切实把底子摸清，建立台账，分类管理，跟踪问效，销号清零。同时组织开展“4321”行动，即通过开展4次帮扶责任人汇报、3次社区间交互检查、2次主要负责人集中遍访、1次第三方“全覆盖”督查行动，确保小康路上不落一户、不掉一人。2019年，筹措资金160多万元，对123户贫困户、档外低保五保户的偏房、厕所、院内小路等硬件标准再提升，彻底改善贫困户的家居环境，确保全面打赢脱贫攻坚收官战。

2019年龙池原盐产量突破400万吨

2019年，龙池有盐田31万公亩，制盐公司13家。与此同时，扩大规模，采用先进的结晶技术，淘汰落后设备和产能，雨季全面使用塑料苫布，缩短结晶期。年产原盐401万吨，年利润4085万元。

2019年农民人均收入突破2万元

2019年，龙池镇在确保农业生产的基础上，大力扶植第三产业，帮助农民灵活运用政策，新增农民专业合作社7家、个体工商户35户，引导闲置劳动力再就业。农民人均收入突破2万元，其中岱邱村、西白塔村、东白塔村、郭疃村、二甲村等皆达2.5万元。

附录

修红色村志 聚振兴动能
——山东昌邑建馆修志推进乡村文化振兴见闻[①]

这是一处鲁东地区常见的传统院落，院门口墙上挂着一块小牌子，上面写着“马渠村史馆”。

马渠村是山东省昌邑市龙池镇辖村。抗日战争时期，这里曾是红色“渤海走廊”上的重要枢纽，全村先后有108名村民加入中国共产党，41人英勇牺牲。

走进村史馆的一间间展厅，马渠村的往昔被一页页翻开，大量的史料、文物和精心设计的雕塑，与讲解员一同讲述着革命年代的红色记忆。

“这个村史馆，连同周边的革命先烈故居，是我们镇着力打造的‘红色马渠’政德政风教育基地，也是乡村红色文化振兴的一个阵地。”亲身参与马渠村史馆建设的挂职干部、龙池镇副镇长赵慕羚十分熟悉马渠村史村情，馆内不少史料就是她与村镇干部一同走村入户挖掘整理的。

马渠村史馆，是昌邑市以建馆修志为抓手，挖掘农村红色资源，推进乡村文化振兴的一个缩影。

2017年，昌邑市着眼“铭记历史、留住乡愁”谋划建设红色村史馆、编修红色村志，由组织部门牵头广泛搜集全市690个村庄的史料，深入挖掘各村在党的领导下进行革命、建设和改革的历史，计划用5年时间建成200处左右的红色村史馆。

截至目前，昌邑市共建成村史馆19处，127个行政村基本完成村志资料编修，组建红色村史宣传队20余支，带动开展了大量乡村文化活动。

昌邑为什么要如此大规模地在乡村建馆修志、传承红色基因？村史馆应该建成什么

① 摘自《农民日报》2018年07月21日01版，作者吕兵兵、刘振远、戴军。

样子？村志史料从何而来？建成的村史馆和编修完备的村志会是一个文化振兴的阵地，还是无人问津的摆设？带着这些疑问，记者走进昌邑多个村史馆，力图找到答案。

卜庄镇西董村史馆是在中共胶北特委旧址上建起来的，村史馆恢复了革命时期的工作和生活场景，辅以少量图片，主要依靠讲解员向村民和来访者讲述西董村的峥嵘岁月。

与西董村相隔不远，下营镇火道村史馆里展陈的主要是当年知青下乡来到村里劳动和生活的场景。一张张照片、一封封信札记录着该村在社会主义建设时期的青春故事。村史馆前，一株知青捐赠的新品种果树与村里的大片果园，传承着知青们与火道村未曾隔断的情感。

龙池镇齐西村史馆的面貌又全然不同。

齐西村较完整地保留了古村落的格局和民居，村史馆就建在一处传统院落里，馆内陈设着改革开放前村民的生活设施，墙上贴着极富民俗特色的剪纸和年画，俨然一处被精心定格的“历史画面”。

村史馆各不相同，村志更是分别讲述着各自的故事。昌邑市委组织部干部孙金涛告诉记者，自开展此项工作以来，昌邑市先后组织86名党员义工和一些群众组成13支采访队，文物和党史研究专家组成顾问团参与建设，老干部、老教师、老模范、老党员、老军人热心助建助修，共整理记录文章360多篇，征集实物资料1100余份，这些资料覆盖全市所有村庄。

赵慕羚是龙池镇采访队中的一员，作为中国人民大学历史学的硕士毕业生，干起史料收集工作来上手很快。在她看来，这项工作既是对村庄史料的一项抢救工程，也是对干部作风的一个提升工程。

近些年来，随着时间推移和城镇化推进，不少承载村庄记忆的物品或遗失，或损毁，好多“活词典”年事渐高，一些风土人情也淡出村民日常生活，抢救村史变得迫在眉睫。

马渠村有一位年事已高的老红军，患有失忆症。当得知镇干部要采访抗战往事时，他颤抖地拿着笔在一张烟盒纸上写下了自己仅存的一些回忆。“现在这张烟盒纸就保存在村史馆里，像一本教材，每次看到上面的故事，观者都会为老红军的奉献精神而感动。”赵慕羚说。

走进村史馆次数最多的，除了全市现有的72名义务讲解员就是各村村民了。瓦东村史馆以瓦城起义为主题的展览标记着这个村的红色基因，而改革开放以来的发展图片展则记录着村民为美好生活而奋斗的故事。几乎每逢周末，78 岁的龙池镇瓦东村村民赵秋田都要带着曾孙来村史馆“看看画、认认字”。他告诉记者，馆里的人和事，就发生在他们身边，看着很亲切，非常打动人。

“以身边人、身边事来感染人、教育人、鼓舞人，是我们一个很重要的初心。”昌邑市委宣传部副部长代选庆告诉记者，对村民进行教育引导，不能生硬灌输、高谈阔论。村史馆里有本村的故事，村民爱看常看，甚至在建馆修志的过程中，不少群众自发参与，无偿贡献文献资料，对村史馆充满感情，红色文化才真正内化于心、外化于行。

如今，参观村史馆、翻看村志，或者在村史馆里开展各式主题活动，成了昌邑很多村民的新生活方式，家风村风更加文明。在卜庄镇郑家社区党总支部书记张艳香看来，村史馆就像是一个正能量的发散中心，走进馆里的村民增强了对本村的认同感和荣誉感。

事实上，建馆修志的过程，本身也是干群关系的一次升华。采访中，不少村干部向记者表示，与村民一道走进村庄历史的经历，就像是共同进行了一场心灵洗礼。

龙池镇委与村民根据众多革命故事总结了马渠“四不精神”：不占群众便宜、不贪抗战物资、不出卖同志、不叛变投敌。“我们开展这项工作，是为了传承红色基因、汲取前进力量，用红色村史馆激活乡村振兴的思想动能。”在龙池镇党委书记朱永红看来，建馆修志凝聚了基层党组织的向心力，提升了号召力和战斗力，参与其中的党员干部精神境界明显提升。

一座村史馆，一部村志，记录着村庄的变迁，也是村民们喜怒哀乐的集中刻画，体现着一个村庄的集体价值观。昌邑市建成的村史馆，都将红色文化作为展陈主题，将村民们在革命、建设和改革过程中凝聚而成的红色基因注入新时代的奋斗中，成为一座座乡村红色文化振兴的堡垒。

龙池镇发展“三色经济”推进乡村全面振兴[①]

对于一项事业来说，战略部署是干好这项事业的灵魂，也是引领事业发展的主心骨，对带动阶段性目标和长远愿景的实现起着至关重要的作用。

龙池镇党委、政府以昌邑市委创新推行“三化”（党员管理项目化、群众服务网格化、各类组织管理功能化），加强基层党组织建设，提振全体党员干事创业争一流的机制为契机，紧跟上级步伐，不等不靠抓落实，按照乡村振兴战略要求，适时提出自己的“三色”战略（蓝色海洋经济崛起、绿色宜居环境提升、红色文旅产业突破），开启了“龙池式”思想大解放、动能大转换、产业大集聚、项目大建设、发展大跨越新征程。

几年来，龙池镇先后入选2018中国乡村振兴先锋榜十大榜样名单、全省乡村振兴“十百千”示范镇等殊荣，乡村振兴的每一步，都迈得坚定、扎实，而且成绩斐然，形成了政治清明、经济发展、社会稳定、生态良好的格局，被认为创出了一条独具魅力的“龙池模式”，原因何在？

从当下对农村的管理机制上看，大面上村一级只是一个基本的管理和治理单元，但早已经不是基本的经济发展单元了；就乡村振兴来说，除少数经济条件好的村庄有所作为外，大多数村只能做到扩大再生产，没有打通一二三产业融合发展的能力。因此，如果把乡村振兴简单地理解为部分村庄的振兴，把农村经济简单地理解为村级经济，把着力点放在个别村庄的振兴上，即使能使个别村庄有所改变，也难以复制，起不到以点带面的作用，也就无从谈及整个农村的全面振兴了。如是，怎样落实中央提出的乡村振兴战略，县（市）乡镇两级的通盘布局谋划，就显得尤其重要了。

梳理龙池几年来走过的乡村振兴之路，能够在短时间内取得产业、人才、生态、组

① 摘自《大众日报》2019年12月13日，作者许丽娟、李冰。

织和文化全方位振兴的成效，正是镇党委、政府不畏困难，不唯政绩，不照搬照抄、盲目跟风其他地区做法，本着“发挥优势、促进融合、打造品牌、借力资本、人才带头”的原则，因地制宜，科学谋划、布局，脚踏实地抓落实的结果。

龙池镇乡村振兴战略规划

龙池镇总面积虽有182平方公里，但仅辖27个行政村2.49万人，村庄分布较为松散，自然形成了龙池、白塔、马渠、瓦城4个聚集区，镇区人口3000余人。境内，堤河、丰产河、虞河等数条河流贯穿其中，湾塘密布、水网纵横，素有“江北百塘镇”之称。

为实施乡村振兴战略，龙池镇根据镇域内经济发展现状，划分为北中南三大片区，分别制定了总体产业建设和农业专项提升两项规划，对镇域发展进行全方位布局。

◆产业规划

北部，以龙池化工产业园为依托，大力发展蓝色海洋化工产业，扩大税收来源，奠定发展经济基础；中部，以白塔社区美丽乡村示范村、龙池社区十村连片整治美化提升项目为支点，发展全域旅游，提升齐西古村知名度，进一步改善绿色生态环境质量，持续增强群众发展获得感；南部，以渤海走廊革命斗争陈列馆、马渠村史馆为核心，打造党性教育示范区，擦亮“红色龙池”特色文化品牌。

◆农业专项提升

在总体规划基础上，针对一产薄弱环节，龙池镇单独制定了农业专项提升规划。北部，打造特色农业示范区和机械化规模农业示范区，扩大中草药种植规模，推广丹参、食用菌等产值高、种植风险小的特色作物品种；中部，实施成方连片土地流转整合，发展规模农业，以生态健康医养综合体项目为核心，打造观光农业示范区，开展“农业·大文旅”综合发展试点；南部，以华维微藻淡水藻养殖项目为龙头，打造半岛地区藻类养殖高端基地，开辟创新农业示范区，建设高端苗木基地。

两项规划互为补充、互促互进，绘就独具特色的龙池“乡村振兴版图”，实现产业良性循环、互惠互利，为龙池各个片区突出特色长远发展定分止争，奠定了基调，划定了边界。

为了稳定发展节奏，保持发展定力，龙池镇聘请专家学者、专业队伍，详细调研、仔细研判，制定出镇域发展“三步走”发展战略。短期目标：双招双引、乡村振兴双拳发力，蓝色海洋化工、绿色生态环境、特色文旅产业齐头并进，扩大产业规模，壮大规模效应；提升环境质量，增强生态承载能力；全域旅游、党性教育优势互补，拓展文旅品牌效应，将龙池镇打造成为潍坊市知名特色小镇。中期目标：以经济建设为中心，明确科技支撑发展新思路，推进产业升级改造，向蓝色海洋化工要税收；结合文旅产业进步，招徕游客提振人气，提升绿色生态效益转换率，变绿水青山为金山银山；引进知名旅游公司，开展市场化经营，多元开发周边衍生产品，破解文旅产业盈利、税收、就业瓶颈。长期目标：积极对外扩张，蓝色海洋化工走出国门，借鉴华腾非洲产业布局模式，以海王化工吉布提—昌邑阻燃新材料项目为依托，整合潍北溴产业链，打造高端化工产业集群；绿色生态建设对标江浙，由政府主导让渡到村集体主导，生态红利受惠主体下移，提升群众参与度、满意度、积极性，壮大发展主体动力；特色文旅发展突破镇域，整合柳疃、卜庄、龙池红色文旅资源，打造昌北全域旅游综合体，为文旅产业持续发展提供强劲新动能。

筑牢绿色生态　强化发展支撑

龙池镇在实施乡村振兴战略过程中，坚持以我为主，突出强基固本，紧紧围绕强化钱、地、人等要素的供给，大力推行农业清洁生产方式，切实做到该减的减下来，该退的退出来，该治理的治理到位。抓住关键环节，破除一切不合时宜的体制机制障碍，推动城乡要素自由流动、平等交换，促进公共资源城乡均衡配置，建立健全城乡融合发展体制机制和政策体系，加快形成工农互促、城乡互补、全面融合、共同繁荣的新型工农城乡关系。

扣紧释放自然资源红利主题，解决“地”的问题。

龙池水脉旺盛，湾塘众多，境内有大小湾塘100多个，素有“江北百塘镇”的美誉。近年来，龙池镇结合打造文旅四大片区，对全镇所有湾塘统一进行拓挖、清淤、美化，打造出风景怡人的生态景观，并建设了梦幻花海生态观光园、龙文化观光园、红色文化广场、故村花田等特色公园4处；以北白塔、西白塔两村获批省级美丽乡村示范村为契机，硬化村内道路1600米，绿化地面4500平方米，美化墙体2600平方米，全面改善村庄环境；布局重点湾塘治理，为重现“江北百塘镇”风光，明确南马渠、北白塔两个湾塘治理重点区域，建设引水清淤工程，高标准绿化美化；实现产业“提质”的同时，打造出200平方公里潍河绿色发展长廊，建设潍水田园等10个田园综合体；盘活“飞地”资源，建成占地2600亩的创业产业园，落户强村富民项目23个，使龙池成为颇具特色的北方小镇。

围绕健全投入保障制度，创新投融资机制，加快形成财政优先保障、金融重点倾斜、社会积极参与的多元投入格局，解决“钱”的问题。

投资1686万元，启动国土占补平衡土地整治项目，治理农田1250亩，硬化田间道路10条14公里，新建桥涵11座，清淤排水沟2.1公里。为实施十村连片整治美化提升项目，投资600万元，整合镇政府驻地周边龙北、龙街、齐西等10个村庄，一村一品全面绿化、美化、亮化。启动镇区靓化提升工程，投资200万元，对9条主要道路路灯及周边绿化进行全面改造升级，打造出3000米独具特色的“网红打卡街”，展现出欣欣向荣的龙乡新气象。

将环境整治作为年度重点“1号工程”，开展工作精益求精细致扎实，标准、风格、布局“三统一”，净化、细化、美化上档升级。全镇出动机械车辆980台次，投入人力7780人次，清理清运“三大堆”及生活垃圾4356吨，全镇面貌焕然一新。

另外，通过PPP模式，投资3.52亿元，规划建设大型文旅接待中心、星级酒店、养老康复中心等，打造集休闲度假、养生康复、医疗服务为一体的生态健康医养综合体，不仅可解决党性教育所需的吃住行等问题，还能促进生态发展、健康医养与红色文旅融合发展，建设宜居宜游的养生福地，培育绿色生态新动能。同时，龙池围绕红色旅游、蓝色化工、中医药等优势产业，精心策划引进一批项目，探索尝试BOT、PPP、投改租等合作模式，吸引国内知名旅游集团公司资本入驻，解决建设资金问题，以此发挥示范作用，带动其他产业、其他领域的工商资本下乡。工商资本下乡，农民不能置身事外，否则就脱离了工商资本下乡的初衷，龙池镇通过尝试土地租赁、股份合作、龙头带动、产业托管等方式，建立龙头企业、合作社、村级组织、农户等之间的利益联结体，建立利益联结机制，把农业产业链的增值收益、就业尽量留给农民，充分调动和发挥出了农民的主观能动作用。

围绕畅通智力、技术、管理下乡通道，着力在“引”字上做文章，抓好招才引智，促进各路人才“上山下乡”投身乡村振兴，解决“人”的问题。

乡村产业振兴，谁来带头是一个大问题，必须在人才引进、发挥能人作用方面苦下功夫。

龙池镇除了努力创造条件让农村的产业留住人，让农村的环境留住人外，还进一步整合资金资源，完善培训机制和内容，依托龙头企业、相关协会、专业合作社等开展技能培训，在“育”字上下功夫，探索远程培训、网络教室等方式，培养一批“爱农业、懂技术、善经营”的新型职业农民，为龙池的产业振兴，培养一大批高水平的乡村本土人才；健全激励机制，在以乡情、乡愁、同学情等为纽带，为龙池在外企业家、技能人才找到参与乡村建设的渠道和平台，吸引他们回乡创业的基础上，在“用”字上出实招，注重从高校毕业生、返乡农民工、退伍军人中选拔人才充实乡村干部队伍；为了多种渠道吸引社会人才，把有志于农业农村发展，懂生产、会经营，具有乡土情怀、热爱乡村、熟悉农业、理解农民的人才“引过来”，龙池镇打破城乡人才资源双向流动的制度藩篱，出台激励他们投身乡村建设的相关政策，帮助他们在农村有为有位、成就事业。

关注困难群众，开展精准扶贫，从党委书记到一般干部，紧盯贫困户生活“两不愁三保障”，真包实靠、亲力亲为。今年以来，全镇扶贫投资 100 万元，修缮房屋 59 户，入户走访 5000 余次，为贫困户解决各类问题困难 200 余件；贫困户统一进行旱厕改造，22 个村 652 户改厕不规范不达标住户逐一整改全部销号。7 月，在昌邑市精准扶贫满意度电话调查中，龙池镇位列第一名。

壮大蓝色化工　巩固发展基础

龙池镇地处昌邑西北，东靠潍坊港，西靠下营港，南部大莱龙铁路、荣乌高速、320 省道等多条交通要道贯穿其中，至为重要的是，北临渤海莱州湾，长达 6 公里的海岸线滩涂辽阔，卤水、石油资源丰富，具备发展海洋化工的天然禀赋。龙池镇共有盐田 4 万余亩，年产原盐 100 万吨，溴素 1 万余吨，盐田置换建设用地无须土地指标，为企业项目落户预留了充足空间。

乡村产业振兴既是基础，也是核心，只有产业振兴，才能带动乡村经济社会全面发展，实现人才、文化、生态、组织等全方位的振兴，没有产业的振兴，其他方面的振兴便无从谈起。

为实施乡村振兴战略，龙池镇对辖区内现有规上工业企业各项指标数据进行全面分析，对与 GDP 核算相关指标进行详细评估，深入企业查看各项财务账目及报表，通过对海能化学、东元连海、明兴化学、昌海化学等重点企业的主要经济数据、统计指标进行系统的分析核算，决定依托区位资源优势，打造一个以“绿色化工、特色化工”为发展基调的“蓝色”（海洋）化工产业园。项目建设规划先后经潍坊市政府批准为第一批发展类化工园区，山东省第三批化工园区认定后，龙池镇立即从山东省工程咨询院聘请 2 名化工行业专家担任园区规划顾问，设立了更高的入园门槛，对新工业园区进行高起点规划和布局，并依托与济南大学等高校的研发中心合作，搭建起校企共建的大平台，确立了以“化工园区 + 企业项目”为支撑的发展方向。

栽下梧桐树，引得凤凰来。

要引进好的项目，就必须先解决投资环境问题。龙池镇在镇区规划园区综合办公及职工公寓工程，提升土地资源集约利用度；制定王家庄子村搬迁方案，为园区扩展开辟空间，并强化镇区集聚功能，增强消费拉动。投资 5000 万元建设高标准特勤消防站，铺设日供水 2 万立方米管线，建设 220 千伏变电站一座，各项工程进展迅速。实施工业园区北扩一期工程，调储土地 1900 亩，修建道路 9 条 13 公里，并在工业园区、镇区、直达昌邑市区之间，专门修建了一条的“绿色通道”——海昌路，并投资 360 万元，实施园区形象提升工程，对新建园区的道路重新绿化，提升园区美化、绿化档次，极大方便了园区务工人员的生产生活。

在此基础上，由党委书记挂帅组建招商铁军，采取以商招商、以商引才、产业链招商等措施，招引高端化工产业项目，广纳顶尖专业人才，双招双引取得突破性进展。依托海能化学现有基础，在市委办公室帮助下，引进投资 4.5 亿元的光引发剂和投资 15 亿元的解氏有机氟系列产品两个项目；立足氯、溴资源优势，精准招商位于产业链顶端的精细化工项目，总投资 20 亿元的海王化工溴系阻燃剂项目、总投资 7.5 亿元的德润润滑油项目达成初步合作意向；经大地兴鲁公司引荐齐鲁化工园企业组团到龙池考察洽谈，双方经过深入沟通洽谈，筛选出春光化工、博通石化、福莱隆发工贸、辛龙化工 4 个产业结合度高、合作前景好的优势企业。目前，龙池镇储备项目达 27 个，总投资 119 亿元。

在招才引智方面，挖掘技术领先项目背后技术专家、专家所属团队、团队领军人物三大重点，刨根问底挖人才、引人才。通过三力本诺 MMA 项目挖掘引进青年学者，填补了园区国家级高层次人才空白；通过华维微藻项目引进中科院海洋研究所张立涛教授，项目荣获齐鲁创业大赛优胜奖，张立涛教授被推评“泰山学者”，实现项目人才双向成长；借力被评为潍坊市首批中医药特色小镇东风，积极洽谈引进尹广谦等中医药高层次人才。龙池通过各种有力措施实现本土人才培养“零突破”，为特色产业发展提供了有力的智力支持。

为严把准入关口，增强项目与龙池化工产业园匹配度，专门聘请山东省工程咨询院，把握“两重点一重大”和“两低三高”等关键政策，从所属行业、安全环保、市场前景等方面，横向对比、深度分析，对项目进行统一审核把关，确保好中选优、优中选强。今年，已有 6 个项目进入筛选程序。

在此基础上，成立园区管理办公室，以年轻化、专业化为选人标准，配备 1 名正科级干部牵头抓总，3 名副科级领导干部、7 名工作人员分工配合，每名园区工作人员包靠 2 ~ 3 家企业，定期上门了解企业生产经营情况和面临困难问题，及时为企业搞好服务。今年以来，召开企业家座谈会 7 次，收集整理企业反映问题、意见建议，安排专人建立专门工作台账，高频调度狠抓落实，实实在在为企业解决问题。

上半年，龙池镇工业总产值、公共财政预算收入，与去年同期相比分别增长 43.5%、19%，工业税收成为镇财政主要支柱，蓝色海洋化工产业，为龙池发展提供了强大动力，在圆满完成“蓝色海洋经济崛起战略”短期目标的同时，正稳步向中、远期目标迈进。

做强红色文旅　积聚发展优势

乡村振兴要靠产业，产业发展要有特色，要走出一条人无我有、科学发展、符合自身实际的道路。特色从哪里来？就是要深度挖掘本地的自然条件、地理位置、资源禀赋、劳动力等突出优势。

辛亥革命时期，龙池镇东白塔村陈干追随孙中山南征北战，被授予中将军衔。抗日战争、解放战争时期，昌邑第一支抗日武装在龙池诞生，八路军鲁东游击第七支队在龙池组建，昌邑县第一届人民政府在龙池成立，龙池也有昌邑“小延安”之称。在抗战最艰苦的岁月，中国共产党在渤海南岸北部三县打通了一条秘密通道，被称为“红色生命线”的“渤海走廊”。马渠村长期作为昌北县委驻地，是保卫通往延安“红色交通线”的指挥中心，被称为“革命干部的摇篮”和“红色莫斯科”。昌邑抗日殉国烈士祠始建于 1945 年，供奉着抗日战争期间牺牲的烈士 527 名，是国内为数不多的新中国成立前建造的烈士祠，历来被人们称为“摸得着的历史，看得见的乡愁”。

品牌规模和质量是反映乡村产业竞争力的重要标志，也是实现乡村产业振兴的重要抓手。

近年来，龙池镇在昌邑市委、市政府和相关部门的精心指导下，统一规划设计，统一建设格调，统一管理模式，打造了以渤海走廊革命斗争陈列馆为核心，整合周边红色文化展览中心、抗日战争纪念馆、红色马渠政德政风教育基地、齐氏家风家训馆、瓦东村过硬支部村史馆及陈干纪念馆等 6 处具有龙池特色的组团式红色文旅党性教育基地综合体，形成了半径 3 公里的教育基地聚集圈，打造成融党史党性、政德政风、家风家训

“三位一体”的红色文旅党性教育基地，寓革命遗址保护于开发利用之中，寓红色革命传统教育于互动参与之中，让革命旧居“活”起来，让外来游客“动”起来，并在参观中受到感染、受到激励、得到升华，品牌效应不断提升。接下来，昌邑市委党校、中小学生综合实践教育基地还将入驻龙池，进一步整合党性教育基地资源，提升利用效率，开辟红色资源开发崭新道路。

立足于做大旅游产业，做优旅游产品，推动产业融合发展，龙池镇聘请中央党校柳建辉教授，指导全镇文旅产业建设和党性教育课题开发，先后打造了齐国盐都、孙膑采地、齐西古村、红色马渠4张名片，启动了瓦城、齐西、白塔、马渠四大旅游片区建设，形成了融传统文化、红色基因、美丽乡村“三位一体”的红色文旅小镇。自2016年7月份成功举办昌邑市首届乡村旅游节和龙乡文化节以来，已经连续成功举办了4届，分别通过中央电视台梅地亚新闻发布中心、北京人民大会堂、潍坊市人民政府新闻办公室举办新闻发布会，重点宣传和推介龙池红色文旅品牌，得到了各级领导的大力支持和社会各界的广泛关注，红色文旅品牌影响力与日俱增。

2018年，共接待游客10.2万人次。今年2月，成功举办“已亥迎春——孙膑庙民俗文化庙会”活动，扩大瓦城孙膑文化影响力，拓展民俗旅游产业链条；5月，隆重举办昌邑市第四届乡村旅游节暨第四届龙乡文化节，开幕式当天，接待游客3万余人次；6月，渤海走廊革命斗争陈列馆开馆，参观人数急剧上升。截止到8月10日，共接待游客7.9万人次，参观旅游团体313个，预计全年游客人数将突破15万人，形成了1个龙池人带动5名游客的格局。

随着红色文旅品牌效应的提升，使观光农业、体验农业与文化旅游、红色教育、养老养生等新型产业迅速发展，并催生了相关企业、新型经营主体、社会化服务组织、小农户的经营与合作，形成了龙池不同产业以及同一产业不同业态之间相互交叉、相互渗透、融合发展的态势，也实现了各主体的同步提升。龙池镇因势利导，投资300余万元，建成多彩丝路、醉人酒乡、银色盐海等6处主题民宿体验店；围绕民宿经济推进全域旅游，开办农家乐、特色餐厅，规划“吃、住、行、游”一日游精品路线，拓展参观游览区域；突出打造一批节会品牌，进一步打响乡村旅游节、龙乡文化节等特色节会的知名度和影响力，进一步促进了龙池一二三产业融合发展水平。

主要参考文献

郑金兰主编:《乡土瑰宝——潍坊民间艺术文集》，山东省出版总社潍坊分社，1988年2月。

潍坊市史志办公室编:《潍坊大事记（1840—1990）》，山东友谊书社，1991年3月。

山东省盐务局编著:《山东省盐业志》，齐鲁书社，1992年6月。

张在湘、蔡万江主编:《潍坊文化通鉴》，山东友谊书社，1992年9月。

山东省潍坊市文化局史志办公室编:《潍坊文化志》，齐鲁书社出版，1997年12月。

《潍坊人文自然遗产名录》编委会编:《潍坊人文自然遗产名录》，中国文联出版社，2006年12月。

赵兴涛主编:《潍坊文化通览》，山东人民出版社，2012年5月。

张祖陆主编:《山东地理》，北京师范大学出版社，2014年9月。

孙俐君主编:《潍坊文化遗产（非物质文化遗产卷）》，济南出版社，2017年4月。

孙俐君主编:《潍坊文化遗产（物质文化遗产卷）》，济南出版社，2017年4月。

中共山东省委党史研究室著:《中国共产党山东历史》第一卷（1921—1949），山东人民出版社，2018年2月。

燕东生著:《海岱考古与早期文明》，商务印书馆出版，2019年1月。

编纂始末

2019 年 6 月,《中国名镇志丛书 · 龙池镇志》(简称《龙池镇志》) 编纂工作启动，这是昌邑市首部入选中国名镇志丛书的镇志。

龙池镇党委、政府高度重视名镇志编纂工作，列入年度工作计划，并给予人力、财力保障。与此同时，成立《龙池镇志》编纂委员会，党委书记朱永红任主任，镇长王冰任副主任，聘请方志出版社潍坊工作站指导协助，并设立专门办公室，配备专兼职编辑人员。邀请潍坊市委党史研究院（潍坊市地方史志研究院）专家共同研究拟订篇目，突出龙池红色文化、绿色生态、蓝色经济特色，经报中国名镇志丛书编纂委员会办公室审查批准后组织实施。2020 年 1 月，举行《龙池镇志》编纂启动仪式。6 月,《龙池镇志》编纂委员会调整，党委书记马伟莲任主任。7 月，志稿初成。龙池镇党委、政府组织召开名镇志初稿研讨会，提出修改意见和补充建议。7 月 25 日，组织各村一起徒步调查镇域湾塘等情况，并梳理龙池镇传统文化、湾塘、人物、掌故等资料，丰富镇志内容。

在广泛征求意见的基础上，有关专家对志稿统编统审，编纂人员根据修改意见对志稿进行全面系统修改和补充。7 月底,《龙池镇志》志稿报送省、市党史史志研究院审核。8 月 26 日终审会后，9 月初，按省专家意见，对志稿进行全面修改，形成送审稿。

《龙池镇志》的编纂，得到中国地方志指导小组办公室、山东省委党史研究院（山东省地方史志研究院）、潍坊市委党史研究院（潍坊市地方史志研究院）、昌邑市委党史研究中心（昌邑市地方史志研究中心）、龙池镇党委和政府等各级领导、专家及全体编纂人员的支持和辛苦付出，也得到了社会各界的大力支持，谨在此表示衷心感谢！

因编纂时间仓促，掌握资料少，搜集困难，编写水平有限，难免会有疏漏和错误，敬请读者批评指正。

编　者

2020 年 9 月